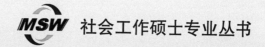

MSW 社会工作硕士专业丛书

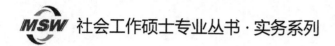 社会工作硕士专业丛书·实务系列

Designing and Planning
on Social Work Services

社会工作专业服务的规划与设计

童敏 著 ————

社会科学文献出版社
SOCIAL SCIENCES ACADEMIC PRESS (CHINA)

目　录

第二部分 项目的规划和设计

引　言

服务对象，男，12 岁，上小学四年级，和奶奶住在一起。父亲再婚后，对服务对象不闻不问，服务对象的手摔伤了也不带他去医院包扎。据班主任反映，服务对象有时很冲动，无法控制自己的行为，有暴力倾向，对其他学生很有影响力。从小学三年级升到四年级后，服务对象开始向好的方向发展，成绩也有所提高，但情况不稳定，有时还是不能独立完成作业，上课也时常走神。服务对象在体育运动方面比较擅长，经常代表班级参加学校的比赛，获得过 600 米、立定跳远、掷铅球等项目的冠军，对此，他感到很自豪。服务对象有四五个好朋友，他们经常一起下棋、聊天。班主任非常关心服务对象，但怕自己经常找他会伤到他的自尊心，希望社会工作者能够更多地关注他。

面对这样的案例，社会工作者应该怎么办？除了考虑运用具体的服务技巧帮助服务对象之外，首先需要思考的是怎样规划和设计合理、有效的服务方案，即对社会工作专业服务进行科学的规划与设计。经过规划和设计的社会工作专业服务既可以是个案形式的，例如，针对服务对象的行为和情绪问题开展个案辅导，也可以是小组形式的，例如，让服务对象和他的四五个好朋友组成小组，开展小组活动，当然，也可以涉及更宏观一些的帮助，如社区发放的困难补助金及提供的服务等，甚至可以把个案、小组和社区的有关服务整合起来，形成综合、立体的专业服务来帮助服务对象。合理、有效的服务规划和设计是社会工作专业服务不可缺少的核心内容之一。

针对同一个案例，社会工作者可以规划、设计不同的专业服务。就服务的综合性而言，社会工作专业的服务规划和设计分为两种基本类型：案例的规划与设计以及项目的规划与设计。案例的规划与设计涉及单个案例，仅针对一个案例开展服务，它可以是单个的个案、小组或社区。项目的规划与设计包括多个案例，它是对几个案例的整合。将多个案例的服务整合起来，形成多样统一的综合服务，这样的规划与设计，对社会工作者来说，要求比较高。当然，这也使社会工作者能够在更高的层次上提供专业化的服务。社会工作服务的专业化可以体现在不同的服务层次，包括服务技术、案例的规划与设计以及项目的规划与设计，如下图所示。

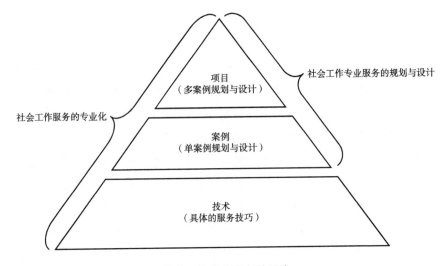

社会工作专业服务的层次

第一部分
案例的规划与设计

面对一个需要帮助的个案、小组或者社区，社会工作者首先需要考虑的是怎样评估这个案例的需求，并且根据案例的需求以及服务活动的规律规划和设计社会工作专业服务，从总体上安排和把握专业服务活动，以保证充分、有效地满足这个案例的要求，[①] 这就是案例的规划与设计。案例的规划与设计有一个显著特点，它只针对单个案例，把需要帮助的个案、小组或者社区视为一个单位，从案例的总体出发安排社会工作专业服务活动。[②]

---

① 有关社会工作专业服务技巧运用方面的问题可以参见童敏《社会工作实务基础——专业服务技巧的综合与运用》，社会科学文献出版社，2008。

② 案例的规划与设计和个案管理不同，个案管理通常以个案为中心组织各种不同的服务。参见 Rapp, C. A. & Chamberlain, R. (1985). "Case Management Services for the Chronically Mentally Ill". *Social Work*, 30, 417–422。

第一章
问题和能力：静态视角

服务对象，男，11岁，小学四年级学生，自父母离异后与母亲生活在一起，由母亲负责他的日常生活和学习。由于母亲没有什么文化，很难找到好工作，工资待遇不高，经济上有一定的困难。服务对象以前在一所公立小学上学，但是由于表现不好，经常打架、捣乱，被老师劝退了，于是来到现在就读的这所民办学校。在民办学校老师的表扬和鼓励下，服务对象在行为表现和学习上有了一定的进步，开始主动做作业，打架和捣乱的次数明显减少，而且学习成绩也有了一定的提高。但老师认为，服务对象目前学习还不是很认真，上课很容易开小差。服务对象的母亲也发现，服务对象贪玩，学习自觉性不强。她在家的时候，服务对象能够认真做作业；只要她一上班，服务对象就会跑出去玩。因此，服务对象的母亲经常给老师打电话，希望和老师合作，把孩子教育好。

看到这样一个案例，社会工作者应该怎样着手分析案例的情况，从而科学地规划和设计社会工作专业服务呢？尽管社会工作的服务模式有很多，但实际上对于案例的分析和理解不外乎两个方面：问题和能力。[1]

第一节 问题和能力的基本框架

无论服务对象还是周围他人，如果来找社会工作者寻求帮助，社会工作者首先需要了解服务对象到底出了什么问题，是什么因素导致的。只有了解了问题和原因，才能"对症下药"。

---

[1] McMillen, J. C., Morris, L., & Sherraden, M. (2004). "Ending Social Work's Grudge Match: Problems versus Strengths". *Families in Society*, 85 (3), 317 – 325.

一 问题

的确，问题是社会工作者规划和设计专业服务时需要关注的一个焦点。无论规划和设计的内容怎样，社会工作者都希望能够有效地帮助服务对象解决困扰。在上面的案例中，服务对象的问题不仅表现在学习方面，如"学习还不是很认真"、"上课很容易开小差"、"贪玩"以及"学习自觉性不强"等，而且还表现在行为方面，如"打架"、"捣乱"等。如果深究起来，问题还包括母亲工作忙，受教育水平不高，无法有效地指导和监督孩子的学习。当然，围绕这些问题，社会工作者还会进一步发现新的问题，像学校管理不力、家庭支持不足等。这样层层分析下去，社会工作者就能找到更细、更多的问题的原因。

尽管不同的社会工作者有不同的分析问题的方法，但他们都遵循同一个分析问题的基本逻辑：问题—原因—解决方案，即从问题着手，分析问题形成的原因，然后再根据问题的原因分析规划和设计专业服务。[1] 这样，社会工作专业服务的规划和设计就与问题的原因分析密切相关。如果把问题的原因分析的关注点集中在家庭（当然，也可以是其他方面）上，社会工作者就会继续深挖整个家庭的交往状况。像上面的案例，社会工作者就可以得到以下这些资料。

十几年前，服务对象的父母亲一起来到城市打工，当时两人的关系还不错。但是，自从父亲有了外遇之后，父亲与母亲经常争吵，甚至闹着要离婚，服务对象也因此荒废了学业。离婚后，父亲很少回来看他们母子俩，母亲也变得非常暴躁，经常对服务对象发火。生活的重担、婚姻的失败，再加上孩子的"捣乱"，一度让母亲感到很绝望。后来，母亲信了基督教，有空就带着服务对象参加教会的活动。在那里，她结交了一些信徒，心理压力慢慢得到了缓解，与服务对象的关系也得到了改善。换了学校之后，服务对象的学习和行为表现有了一些进步。

显然，服务对象生长在家庭功能缺失的环境中，父母亲的争吵、家庭照

---

[1] 问题视角的逻辑参见 Weick, A., Rapp, C., Sullivan, W. P., & Kisthardt, W. (1989). "A Strengths Perspective for Social Work Practice". *Social Work*, 34 (4), 350 - 354。

顾的不周、母亲面临的巨大生活压力以及缺乏必要的社会支持等，都对服务对象问题的产生有一定的影响。因此，社会工作者不能仅仅针对服务对象学习状况的改善和行为的调整规划和设计社会工作专业服务，更需要同时围绕服务对象家庭功能的正常发挥来设计相应的专业服务活动，如减轻服务对象母亲的生活压力、帮助服务对象的母亲克服婚姻的失败感等。这样，社会工作者就能根据对服务对象问题的深入分析规划和设计专业服务。对问题分析得越深入，专业的服务规划和设计也就越能够抓住问题的本质。但是，对问题的深入分析往往会带来专业服务规划和设计中的一个难题：专业服务基础的丧失。任何专业服务活动如果能够进行，都需要以服务对象能够做的为基础。如果深入挖掘服务对象问题背后的原因，就会逐渐忽视服务对象现实生活中的行动改变能力。[1]

实际上，这种问题分析与服务规划之间的冲突源于"问题—原因—解决方案"的思维逻辑。通过问题分析原因，这样的思维逻辑是在以往的经历和事件中寻找造成问题的影响因素，它的关注点在过去；而解决方案是以改变目前的生活状况为目标而进行的服务规划，它以现在为基础关注未来。[2] 如果直接依据对问题的原因分析设计解决方案，就会跳过现在去规划未来生活，这样做必然会失去服务的现实基础。因此，出现问题分析得越深入、服务规划越难以实施的现象，也就不足为奇了。这也说明，要科学地规划和设计专业服务，除了需要分析问题的原因之外，还需要寻找专业服务的现实基础：能力。[3]

二 能力

服务对象的能力表明服务对象在现实生活中能够做什么，它是服务对象改善目前生活状况的基础和条件。当然，它也是规划和设计社会工作专业服务的基础与起点。在上面的案例中，尽管整个故事是围绕服务对象的学习问题和行为问题展开的，但也仍然有对服务对象能力的描述。如到了一所新的

---

[1] de Shazer, S. (1994). *Words Were Originally Magic*. New York：W. W. Norton & Company, Inc., pp. 32 - 33.

[2] Weick, A., Rapp, C., Sullivan, W. P., & Kisthardt, W. (1989). "A Strengths Perspective for Social Work Practice". *Social Work*, 34 (4), 350 - 354.

[3] Saleebey, D. (1996). "The Strengths Perspective in Social Work Practice：Extensions and Cautions". *Social Work*, 41 (3), 296 - 305.

民办学校后，"服务对象在行为表现和学习上有了一定的进步，开始主动做作业，打架和捣乱的次数明显减少，而且学习成绩也有了一定的提高"。服务对象的母亲也发现，只要她在家监督，"服务对象能够认真做作业"。可惜，在上面的案例中，对这样的"能力"的描述并不多。如果社会工作者在第一次与服务对象接触时，能够有意寻找"能力"，就可以发现服务对象所具有的更多的能力。

虽然服务对象的语文、数学和英语三门功课的成绩都不好，但相比之下，数学好一点，有时能够及格。服务对象最喜欢数学，能够主动要求做数学练习题，而且学起来也很快。社会工作者发现，服务对象有很强的学习能力，能够在半个小时的时间里掌握社会工作者教他的26个英文字母和一些简单的单词。据老师反映，服务对象愿意主动为班级做一些事，如主动帮助老师整理班级的图书角等。服务对象还主动把老师布置的作业抄下来带回家。尽管服务对象有时不会认真完成作业，但他还是把作业放在心上；做完作业后，只要有机会，服务对象就会把作业拿给隔壁一位退休教师检查。在家里，服务对象还会帮助妈妈做一些简单的家务。

服务对象的这些能力对于他的学习问题和行为问题的解决发挥着极其重要的作用。如果社会工作者在规划和设计专业服务时，有意识地充分利用服务对象的这些能力，以这些能力为专业服务开展的基础和起点，就能够帮助服务对象更迅速、更有效地克服面临的困难。例如，在学习方面，社会工作者可以让服务对象发挥数学学习方面的能力，增强服务对象学习数学的动机；肯定服务对象保持抄写老师布置的作业的习惯；等等。在行为方面，社会工作者可以增强服务对象为班级服务的意愿，鼓励服务对象继续主动向隔壁退休教师请教，肯定服务对象为母亲分担家务的表现，等等。这样，就能把服务对象问题的解决建立在扎实的能力基础上。显然，对服务对象的能力了解得越详细，社会工作者就越能够快速地找到帮助服务对象解决问题的有效方法和途径。

如果社会工作者关注服务对象的家庭功能，同样也会发现，尽管服务对象的母亲面临"生活的重担"、"婚姻的失败"、"孩子的'捣乱'"等困难，但仍拥有许多能力，例如，"结交了一些信徒"、"与服务对象的关系也得到了改善"等。在入户访谈时，社会工作者还发现了服务对象母亲的其他一些能力。

母亲对孩子的学习很上心，很关心孩子的成长，为了给孩子创造一个良好的学习环境，愿意多花几百块钱把孩子送到教学质量较好的小学上学。只要在家，母亲就会陪孩子读书，甚至让孩子当她的老师，以调动孩子的学习积极性。母亲还经常和老师联系，了解孩子在学校的表现，愿意配合学校教育好孩子。为了帮助孩子，母亲还找到隔壁的一位退休教师指导孩子的学习。

在了解了服务对象母亲的能力之后，我们再来看这个家庭就会有完全不一样的感受，会被服务对象母亲的努力和坚持感动。如果从家庭功能缺失的角度分析，服务对象的母亲确实面临很多问题和挑战，但在这些问题和挑战面前，服务对象的母亲也拥有自己的能力，而且这些能力恰恰是推动家庭功能改善的基础和条件。

如果社会工作者只关注问题，就会依据对问题的原因分析，平均分配服务的时间、精力和资源等，采取一种"标准化"的服务策略。像上面这个案例，如果发现服务对象的问题只是表现为学习问题和行为问题，社会工作者就会依据一般的专业标准规划和设计专业服务，对服务对象的数学、语文和英语三门功课展开辅导，并且同时对服务对象的不良行为表现进行矫正。而在了解了服务对象的能力之后，情况就不同了。[1] 在三门功课中，服务对象最喜欢数学，数学成绩也相对好一些，自然，数学也就成为改善服务对象学习状况的重点。同样，服务对象主动帮助老师为班级做一些事，主动把作业拿给隔壁的退休教师检查，主动帮助母亲做一些家务，这些行为的维持也就自然成为服务介入的侧重点。

能力和问题永远是日常生活中相互关联的两个方面。[2] 了解能力不仅为帮助服务对象解决问题提供了基础和条件，而且也为帮助服务对象解决问题提供了重点和策略。

三　问题和能力的静态视角下服务方案的设计

显然，一项好的社会工作专业服务的规划与设计应该同时考察需要解决

---

① Saleebey, D. (1996). "The Strengths Perspective in Social Work Practice: Extensions and Cautions". *Social Work*, 41 (3), 296 – 305.

② Weick, A. & Chamberlin, R. (1997). "Putting Problems in Their Place: Further Exploration in the Strengths Perspective". In D. Saleebey (2nd ed.), *The Strengths Perspective in Social Work Practice* (pp. 95 – 104). New York: Allyn and Bacon, p. 97.

的问题和可利用的能力，它包括三个方面的具体内容，即利用什么能力，以什么为重点，解决什么问题。利用什么能力是专业服务的基础，表明专业服务从哪里开始；以什么为重点是专业服务的策略，说明专业服务开展的重点在什么方面；解决什么问题是专业服务的目标，它是专业服务希望达到的结果。如果以这一章介绍的案例为例，我们就可以利用通过分析得到的服务对象的问题和能力规划与设计针对这个案例的专业服务，具体内容见表1-1所示。

表1-1　问题和能力静态视角下社会工作专业服务的规划与设计

服务对象 ＼ 服务规划内容	专业服务基础	专业服务策略	专业服务目标
服务对象个人	①最喜欢数学,能够主动要求做数学练习题,而且学起来也很快; ②有很强的学习能力; ③学习成绩有了一定的提高;	(1)提高数学成绩;	1. 认真学习; 2. 上课注意听讲; 3. 增强学习自觉性; 4. 提高学习成绩; 5. 克服打架、捣乱等不良行为。
	④开始主动做作业; ⑤主动把老师布置的作业抄下来带回家; ⑥在母亲的监督下,能够认真做作业;	(2)完成家庭作业;	
	⑦打架和捣乱的次数明显减少;	(3)减少或消除打架和捣乱等不良行为;	
	⑧愿意主动为班级做一些事;	(4)参加班级活动;	
	⑨把作业拿给隔壁一位退休教师检查;	(5)促进与邻居退休教师的沟通交流;	
	⑩帮助妈妈做一些简单的家务。	(6)加强与母亲的沟通交流。	
服务对象的家庭	①母亲结交了一些信徒;	(1)增强母亲与信徒的支持关系;	1. 增强母亲的社会支持关系; 2. 增强母亲对服务对象的支持。
	②母亲与服务对象的关系得到了改善; ③母亲对孩子的学习很上心,很关心孩子的成长; ④母亲愿意陪孩子读书,甚至让孩子当自己的老师;	(2)改善母亲与服务对象的关系;	
	⑤母亲经常和老师联系,愿意配合学校教育好孩子;	(3)加强母亲与老师的沟通交流;	
	⑥母亲主动联系隔壁的一位退休教师指导孩子的学习。	(4)加强母亲与隔壁退休教师的沟通交流。	

　　简而言之，在加入能力概念之后，社会工作专业服务的规划与设计可以分为三步：第一步，分析问题和原因，确定专业服务的目标；第二步，寻找被问题包裹着的能力，确立专业服务的基础；第三步，概括和梳理不同的能力，明确专业服务的策略。这样，社会工作专业服务的规划与设计就能明确以什么作为服务的起点（专业服务基础），借助哪个服务焦点（专业服务策略），最终达到什么服务目标（专业服务目标）。

　　显然，问题和能力的结合不是简单地把这两部分内容放在一起，它要求社会工作者对专业服务规划与设计的原则做根本的调整，不再依据对问题的原因分析规划、设计"标准化"的专业服务，而是在充分发掘服务对象能力的基础上，找到服务对象最容易改变的方面作为服务的起点和侧重点，快速、有效地帮助服务对象解决问题。它促使社会工作者在专业服务的基础、策略以及目标之间做更好的联结和匹配，以提升规划与设计的专业性。

第二节　问题和能力的基本逻辑假设

　　把能力概念引入社会工作专业服务的规划与设计中，不仅扩展了专业服务规划与设计的内容，而且意味着社会工作者对服务对象的看法也发生了根本的变化，即不再仅仅视服务对象为遇到困难需要帮助的服务对象，而是拥有能力克服困难并能够改善目前生活状况的人。[①]

一　问题和能力并存

　　服务对象遇到的问题越严重，越希望社会工作者能够针对他（她）的问题开展服务。但这并不是说服务对象没有能力，而是问题严重干扰了服务对象的日常生活，迫使服务对象希望立刻摆脱问题的困扰，恢复正常生活。这个时候，作为服务对象，甚至服务对象的周围他人，很难关注到隐藏在问题下的能力，常常强调存在的问题和不足。如果转换一个角度去看服务对象的问题就会发现，在应对困难的过程中，服务对象必定有自己的经验和方法，[②] 尽

---

①　Saleebey, D. (2006b). "The Strengths Perspective: Possibility and Problem". In D. Saleebey (4th ed.), *The Strengths Perspective in Social Work Practice* (pp. 278 – 302). Boston: Allyn and Bacon, p. 284.

②　Weick, A. & Chamberlin, R. (1997). "Putting Problems in Their Place: Further Exploration in the Strengths Perspective". In D. Saleebey (2nd ed.), *The Strengths Perspective in Social Work Practice* (pp. 95 – 104). New York: Allyn and Bacon, p. 97.

管未必完全有效，但他们的经验和方法可能在某个方面、某种处境、某个时候有效。这些有效的经验和方法恰恰是服务对象改变的基础。只有借助服务对象的这些有效的经验和方法，社会工作专业服务的规划与设计才能和服务对象的日常生活紧密联结起来，才能帮助服务对象快速、有效地解决面临的问题。

服务对象的能力有不同的表现形式：可以是防止处境进一步恶化的困境处理能力，① 可以是一些仍旧有效的行为方式，② 也可以是困难处境中的某个生活"亮点"③，等等。这些能力就像钥匙，为帮助服务对象解决问题提供有效的途径和方法。④ 当然，细算起来，服务对象的能力不仅仅局限于此，像服务对象的兴趣爱好、优势、特长等都是能力的一部分。⑤ 不过，这些能力与问题并不直接相关，因此它们的发掘和利用并不能直接影响问题的消除，甚至有些时候，还可能增强服务对象对问题的回避。可见，这里所说的能力是和问题相对应的，直接与问题相关，是被问题包裹着的能力，它们的发挥状况直接关系到问题是否能够得到减轻或者消除。

对于社会工作者来说，在问题分析中加入能力概念意味着能力也像问题一样，是服务对象日常生活中不可忽视的一部分，它直接与问题相对应：问题强了，能力就弱了；能力强了，问题就弱了。⑥ 它们就像一个圆形中的两个半圆，彼此相互制约。问题和能力的结合还有另一层含义：从以专家的意见为标准只关注服务对象的问题，逐渐转向以服务对象的要求为标准强调将专业服务与服务对象的日常生活结合起来。这样，社会工作者就需要根据服务对象所拥有的独特能力规划、设计专业服务，使专业服务能够直接与服务对象的日常生活联结起来，融入服务对象的日常生活中。社会工作者的观察视角的转变可见下图（图1-1）所示。

---

① Nichols, M. P. & Schwartz, R. C. （2004）. *Family Therapy Concepts and Methods* （6th eds. ）. New York：Pearson Educations Inc. , pp. 318 – 319.

② O'Hanlon, W. H. & Weiner-Davis, M. （1989）. *In Search of Solution：A New Direction in Psychotherapy*. New York：W. W. Norton & Company, Inc. , p. 39.

③ 吉儿·佛瑞德门、金恩·康姆斯：《叙事治疗——解构并重写生命的故事》，易之新译，（台北）张老师文化事业股份有限公司，2000，第101~118页。

④ de Shazer, S. （1994）. *Words Were Originally Magic*. New York：W. W. Norton & Company, Inc. , p. 21.

⑤ 童敏：《社会工作实务基础——专业服务技巧的综合与运用》，社会科学文献出版社，2008，第78~85页。

⑥ Weick, A. , Rapp, C. , Sullivan, W. P. , & Kisthardt, W. （1989）. "A Strengths Perspective for Social Work Practice". *Social Work*, 34 （4）, 350 – 354.

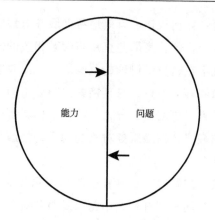

图 1 - 1　问题和能力并存的观察视角

二　问题和能力的基本逻辑

尽管从表面看问题和能力是截然相反的两个概念，两者"水火不容"，但细想起来，两者却又非常一致。无论问题还是能力，都是针对服务对象的困扰而言的，社会工作者正是借助对问题和能力的分析，希望彻底消除服务对象的困扰，帮助服务对象回到健康的生活方式上来。这样的健康观强调问题和健康是根本对立的：所谓健康，就是没有任何问题；有问题即表明不健康，需要调整和改变。① 如果服务对象遇到了问题而自己又无法解决，就需要像社会工作者这样的专业人士的帮助。社会工作专业服务就是帮助服务对象消除问题、回归健康的有效手段。能力概念的引入，并没有改变问题和健康之间的对立，只是为消除问题、回归健康找到了不同的方法和途径。将问题和能力结合起来之后，社会工作者在规划、设计专业服务时，就可以比较顺利地找到解决问题的起点以及开展服务的重点，保证社会工作专业服务活动能够更有效、更便捷地帮助服务对象解决问题，让服务对象回到健康的生活方式上来。

就社会工作的服务范围来说，在加入能力概念之前，社会工作者只关注服务对象的问题；在加入能力概念之后，社会工作者仍旧只关注服务对象的问题。整个专业服务的规划、设计都是围绕着服务对象的问题展开的，都需

---

① 对精神健康有三种不同类型的看法，参见 Herron, S., Barlow, J., Kavanagh, C., Nevin, I., & Jones, P. (1997). "Mental Health in General Practice". In D. Trent & C. Reed (eds.), *Promotion of Mental Health. Vol. 6, 1997* (pp. 163 - 170). Avebury: Aldershot, p. 164。

要解决一个根本难题：如何快速、有效地帮助服务对象解决问题。因此，所谓的能力是针对问题而言的，是那些直接与问题相关的能力。那些与问题不直接相关的能力，就不在这里所讨论的范围之内。而对能力的发掘和利用也只有一个目的：消除问题。不过，与直接关注问题不同，在加入能力概念之后，就为消除问题找到了更便捷的方式，社会工作者可以通过调动服务对象自身的能力来直接减轻或者消除服务对象的问题，使服务对象发挥自身仍旧起作用的那部分功能。

在分析服务对象的问题时，尽管社会工作者可以和服务对象一起协商，但判断服务对象是否有问题、有什么问题以及服务对象的问题是由什么原因导致的等，依据的仍是社会工作者的专业知识和判断。在加入能力概念之后，社会工作者开始关注服务对象在具体情境中的应对能力，强调服务对象的独特性，注重将社会工作专业服务与服务对象的日常生活进行对接。相比之下，问题和能力的结合使社会工作者更能够利用服务对象自身拥有的能力，更有效地帮助服务对象解决问题。但是，服务对象是否有能力、有什么样的能力，还主要依靠社会工作者的判断。因此，无论对问题的分析还是对能力的确定，社会工作者始终起着主导作用。

能力概念的引入并没有改变社会工作专业服务规划与设计的标准：快速、有效地帮助服务对象解决问题。从对问题的分析着手规划和设计社会工作专业服务，这样的方式假设，要有效地帮助服务对象解决问题，就需要首先找到问题背后的本质原因。对原因分析得越深入，就越能够彻底消除服务对象的问题，但这样的分析逻辑忽视了服务对象问题消除的现实基础。将问题和能力结合起来就是希望社会工作者在规划、设计专业服务时，既关注服务对象的问题，也注重服务对象的能力，为服务对象问题的消除找到可行的现实基础和有效的服务途径，保证社会工作专业服务快速、有效。

问题和能力看上去是一对相反的概念，但两者的结合并没有改变解决问题的基本逻辑，只是解决问题的方式和途径发生了变化。这种变化在社会工作专业服务的规划与设计上表现为：运用能力解决问题，帮助服务对象找回没有问题的健康生活。

第二章
问题和能力：动态视角

服务对象，女，32岁，小时候是个非常听话的孩子，学习成绩优异。但是，14岁遭遇的一次强暴经历彻底改变了她的生活，她的学习成绩从此一落千丈，情绪极不稳定，经常一个人自言自语、发呆，甚至连坐在教室读书都感到困难，经医生诊断她患了精神分裂症。在父母亲的辅导和帮助下，服务对象最终考取了一所师范大学学钢琴。大学的生活并不轻松，服务对象几乎每半年就要进医院接受药物治疗。大学毕业后，服务对象被分配到一所中学当音乐教师，但是因为与同事以及领导的关系处不好，她最终辞掉了这份工作，开始当家教辅导孩子学钢琴。最近，服务对象发现，自己连教孩子学钢琴也感到困难，总是出现父母亲或者孩子家长嘲笑自己的幻觉，很难集中精力，因此脾气变得越来越暴躁。服务对象对自己目前的状况感到很无奈、很沮丧，知道自己应该好好教孩子学钢琴，不要想其他的，但就是控制不住，总是出现这些幻觉，希望社会工作者能够帮助她把这些困扰她的幻觉赶走。

仔细阅读上面这个案例就会发现，服务对象面对的问题真不少，包括以往的不幸经历、患有精神疾病、不时出现的幻觉、对自己感到无奈和沮丧等。她最迫切的要求是希望社会工作者能够帮助她把这些妨碍她正常生活的幻觉消除掉。社会工作者真的能够做到这一点吗？这样做又会给服务对象造成什么样的后果？

第一节　问题的基本内涵

幻觉固然是服务对象自身疾病的重要表现，但同时也是服务对象应对生活压力的一种方式。幻觉已伴随服务对象十多年，与服务对象的日常生活息息相关。如果消除了幻觉，就意味着服务对象会失去很多应对环境压力的能力。显然，社会工作者需要重新审视服务对象的"问题"这个概念。

一　应对问题

没有问题的生活自然是一种完美的生活，但是现实中存在的却往往是不完美的生活，总是有这样那样的问题。问题似乎就是生活的一部分。如果用完美理想的、没有问题的生活标准衡量，就很难真正找到没有问题的健康生活。① 越希望没有问题，问题也就越难消除。读者阅读本章介绍的案例可以发现，服务对象在最近出现幻觉之后，也希望能够控制幻觉，并且努力尝试把幻觉消除掉，希望过一种没有问题的健康生活。但服务对象越想控制幻觉，越控制不了。幻觉已经成为服务对象应对环境压力的一种自然反应方式，只要压力增加，服务对象的幻觉就会加强。

服务对象告诉社会工作者，具体什么时候开始出现幻觉她也记不清楚了，只是脑海里会经常出现医生强按住她给她打针和护士嘲笑她的图像。最近，只要她一睁开眼睛，就会看见这些医生和护士围着她转，嘲笑她，而且还拿烟头烫她；有时也会看见父亲和母亲站在一旁，嘲笑她，挖苦她；有时是学生的家长对她指责谩骂。每当这时，她就会转移自己的注意力，到游泳池游泳或者在家弹钢琴；如果感到实在太压抑了，就会给自己信赖的姑姑打电话，说说这些苦恼。不过，最近这一次来得似乎比以前都要厉害，服务对象感到自己没有能力再和这些幻觉对抗了。

在深入了解服务对象的情况之后就会发现，其实幻觉一直伴随着服务对象，从初中到高中，到大学，最后再到工作单位。服务对象似乎一直都在与幻觉做伴。有了幻觉，并不意味着服务对象的生活就是问题，她仍可以安排好自己的主要生活。也就是说，在有问题的情况下，服务对象仍可以有自己的生活。特别是对患有慢性病的人和残疾人来说，如何与问题打交道、管理

---

① Walsh, F. (2002). "A Family Resilience Framework: Innovative Practice Applications". *Family Relations*, 51 (2), 130 – 137.

好自己的生活，是他们需要长期学习的。其实，即使是身体健康的一般人，在日常生活中也难免会遇到不同程度的问题，没有问题的健康生活是比较少见的。而且，正是因为有了问题，人们才会在日常生活中慢慢学习如何处理问题。如果以这样的视角看问题，就会把问题视为日常生活的一部分，问题就像能力一样随时存在。这样，对生活的看法就会发生根本转变，生活不再是完美无缺的，总有局限和问题。① 所谓的健康生活并不是没有问题，而是人们在问题面前仍能够发挥自身的能力，并且感到自己有能力应对问题。

当然，面对问题时，服务对象有不同的处理方式。像本章案例中的服务对象，在幻觉面前，有时希望直接消除幻觉，有时会通过转移自己的注意力减轻幻觉的影响，有时与自己信赖的姑姑通话来化解内心的压力。这些不同的处理方式都是服务对象应对问题的方法，而消除问题只是其中的一种。如果仅仅把消除问题视为有效处理问题的方法，显然把日常生活中的问题简单化了。对不同的问题，服务对象可以采取不同的处理方式，甚至对在不同的时间和地点出现的同一问题，服务对象也可以采取不同的处理方式。但是，不管采取哪种方式处理问题，服务对象的目标只有一个：有效地应对问题。即使问题依然存在，只要服务对象能够面对问题，而且感到自己有能力应对，问题也就不成其为问题。②

如果过分强调没有问题的健康生活方式，在某种程度上反而会使服务对象感到没有能力应对面临的问题。接连不断的挫折只会让服务对象逐渐丧失正视问题的勇气，促使服务对象把自己视为无法过上健康生活的失败者。本章案例中的服务对象就是这样，她希望自己能够好好指导孩子学钢琴，不想其他的，但是做不到。为此，服务对象感到"很无奈、很沮丧"。毫不夸张地说，服务对象的问题恰恰与服务对象不敢面对生活中的局限有密切关系，对没有问题的健康生活的强调反而妨碍了服务对象应对问题的能力的提高。③

有意思的是，服务对象感到自己无法应对问题，还与其自身的能力有着

---

① Walsh, F. (2002). "A Family Resilience Framework: Innovative Practice Applications". *Family Relations*, 51 (2), 130 – 137.

② Weick, A. & Chamberlin, R. (1997). "Putting Problems in Their Place: Further Exploration in the Strengths Perspective". In D. Saleebey (2nd ed.), *The Strengths Perspective in Social Work Practice* (pp. 95 – 104). New York: Allyn and Bacon, p. 97.

③ Walsh, F. (2003). "Family Resilience: A Framework for Clinical Practice". *Family Process*, 42 (1), 1 – 19.

密切的关系。通常在问题出现之前，有一个能力被强调、夸大的阶段，即对自己的能力过分自信，对自己提出过高的要求，从而逐渐由过分强调能力转向无法应对问题。无法应对问题和过分强调能力就像问题的两面，二者不断转化。[①] 本章案例中的服务对象的身上也呈现这样的特征。

如果在教孩子学钢琴的过程中发现自己弹得不够好，回家后就会自己练习。这个时候我就会对自己要求特别高，弹琴的速度也会越来越快，对自己的不满也就逐渐增加，恨自己达不到要求。实在无奈之下，就会用脚踢音箱，用拳头砸键盘。发泄完了之后，心里好受一些。为此，还砸坏了一架钢琴，和父母亲吵了一架。奇怪的是，接着还是这样，反反复复，很难跳出这个怪圈。

显然，在每个人的生活中都存在大大小小不同的问题，服务对象的问题不是因为有问题，而是有了问题后感到无法应对。这个时候，问题就成为服务对象无法逾越的障碍。它包括对没有问题的健康生活方式的"执著"追求以及对自己能力的过分强调等。这样，社会工作专业服务规划与设计的焦点就在于帮助服务对象学会利用自身的能力应对面临的问题。

二　问题的两个面向

服务对象无法应对问题既可以表现在"问题"的面向（被问题所困扰，妨碍了日常生活）中，也可以表现在"能力"的面向（过分强调自己的能力，不得不面对挫折）中。相比较而言，"问题"面向中的困扰更容易引起服务对象和周围他人的关注，也更容易成为社会工作者开展专业服务的焦点，因为此时的困扰已成为服务对象不得不面对和解决的难题。这样，帮助服务对象克服在"问题"处境中的困扰，就成为社会工作专业服务非常重要的内容。但是，一旦把"问题"处境中的困扰视为社会工作专业服务的唯一内容，就会把专业服务规划与设计的任务限定在"问题"的消除上，在"问题"处境中寻找问题，看不到"能力"面向中隐藏的问题[②]以及需

---

① 老子的《道德经》对能力和问题的转化有非常精辟的阐述，参见清宁子注解《老子道德经通解》，鹭江出版社，1996，如第二十四章。

② 老子的《道德经》对能力中隐藏着问题有非常精辟的阐述，参见清宁子注解《老子道德经通解》，鹭江出版社，1996，如第九章。

要开展的社会工作专业服务。

服务对象的父母亲一直向社会工作者抱怨，说服务对象在刚上班那段时间状态很好，工作很正常，生活也很规律，没有像现在这样的"病情"。服务对象只是有点儿小心眼，有时回家会说某某同事嫉妒她，说她坏话；她和领导的关系也处不好，很任性，不愿听他们的劝告，最终辞了职。没有了工作，服务对象自然就变得懒散了。开始时还愿意做家教，教孩子弹钢琴，可是时间一长，现在连家教也不愿意做了，整天"赖"在家里折腾他们。

服务对象父母亲的这段介绍很有意思，他们觉察到了服务对象问题的发展变化过程。与目前"整天'赖'在家里折腾他们"不同，在刚开始工作的那段时间，服务对象的"工作很正常，生活也很规律"，只是"有点儿小心眼"，"很任性"。显然，如果社会工作者只关注服务对象的问题，就会像服务对象的父母亲那样把注意力集中在目前"问题"处境中的各种困难上，而把刚开始工作时良好的工作和生活状态——"能力"面向视为"问题"处境的对立面。在"能力"面向中，问题最多只是出现了苗头。如果我们改变对问题的界定，把无法应对面临的挑战视为问题，就会发现，服务对象不仅在"问题"面向中存在问题，而且在"能力"面向中也存在无法应对面临挑战的现象。尽管从总体上说，服务对象呈现"能力"的一面，但是在"能力"中确实存在"很任性"、"有点儿小心眼"、"和领导的关系也处不好"等问题。因此，服务对象的问题既包括"问题"面向中的问题，也包括"能力"面向中的问题。

更有意思的是，服务对象目前"问题"面向中的问题既和"能力"面向中的问题有联系，也和"能力"面向中的能力有关系，是"能力"面向中能力和问题两个方面相互作用的结果，从而使服务对象的整个生活状况发生了变化。如果只关注"能力"处境中的问题和"问题"处境中的问题之间的联系，就会忽视在问题产生、变化的过程中服务对象的能力和问题两个方面相互作用和相互转化的过程。就像本章中的这个案例，服务对象"辞职"的影响不仅表现在问题方面——让服务对象变得更加"懒散"，而且也表现在能力方面——失去与同事和领导交流的机会。能力无法发挥，问题又在加重，两方面的相互作用才显得"辞职"对服务对象的影响非常大。

即使在"问题"占主导的处境中，服务对象的生活中也不都是问题，问题只是服务对象日常生活中的一部分。[①] 除了问题之外，服务对象的生活中还有一些没有问题的方面，甚至可能还有一些让服务对象感到愉快和成功的经验，这是服务对象"问题"处境中的能力方面。[②] 但是，当社会工作者只关注服务对象的问题时，就会不自觉地忽视这些能力。我们来看一看下面这段对服务对象的描述。在社会工作者的追问下，服务对象讲述了自己幻觉之外的生活。

虽然最近总是不时出现幻觉、幻听，但也有一些时候没有这些"症状"。对我来说，每天下午弹 2 个小时左右的钢琴曲是一段愉快的时光。有时候，自己可能着急，嫌自己弹得不够好，但至少没有平时这些烦恼和担心。还有，下午 5 点多一点，站在窗前向外看，草坪上不时走过几个闲逛、玩耍的人，如果有夕阳，斜斜的影子印在草坪上，让人感到很安心。

仅仅看上面这段文字描述不会让人觉得有什么特别的地方，但如果把它和服务对象目前面临的严峻问题放在一起就会发现，无论是下午弹 2 个小时左右的钢琴曲还是下午 5 点多钟站在窗前向外看，对于深陷"幻觉"困境中的服务对象来说，确实非常重要，使服务对象可以暂时不受幻觉侵扰。显然，服务对象问题的发展状况，不仅与服务对象的问题直接相关，而且与服务对象的能力有着密切的联系，是服务对象的问题和能力两个方面相互作用的结果。

总之，问题是日常生活的一部分，服务对象在日常生活中之所以出现困扰，不是因为有问题，而是因为无法应对面临的问题。服务对象的问题既存在于"问题"占主导的处境中，也存在于"能力"占主导的处境中，它的发展、变化是服务对象的问题和能力两个方面相互作用的结果。

---

① Weick, A. & Chamberlin, R. (1997). "Putting Problems in Their Place: Further Exploration in the Strengths Perspective". In D. Saleebey (2nd ed.), *The Strengths Perspective in Social Work Practice* (pp. 95 - 104). New York: Allyn and Bacon, p. 95.

② "问题"处境中的能力包括三个方面，详见童敏《东西方的碰撞和交流：社会工作的本土化与和谐社会建构》，《马克思主义与现实》2007 年第 4 期，第 140 页。

第二节　能力的基本内涵

转变对服务对象问题的观察视角，也就意味着转变了对服务对象能力的观察视角。实际上，在上一节的讨论中，细心的读者已经能够感觉到这一章谈论的能力与第一章界定的能力存在明显的差别。

一　解决问题的两种能力

如果把服务对象面临的问题视为不足和缺陷，我们就会采取弥补、修复的策略，即通过社会工作者的专业服务帮助服务对象解决问题，提高服务对象解决问题的能力。对于服务对象来说，这是一种"得"的能力，即学习获取某种东西的能力。当然，不同的服务模式强调的方面有所不同，像行为修正模式注重适应性行为的强化，[①] 认知模式侧重认知方式的改变；[②] 有的服务模式甚至关注从几个不同的方面同时着手，如认知行为治疗模式就强调从行为、认知和情绪三个不同方面同时开展服务介入活动。[③] 这些服务模式都有一个共同的目标：增强服务对象为了解决问题而需要的"得"的能力。实际上，西方社会工作服务模式在摆脱宗教的影响走上科学化的道路之后，注重培养的就是服务对象的"得"的能力。[④]

如果把问题视为人的日常生活的一部分，是无法回避的一部分，这时，应对问题的能力就不仅包括需要学习新的知识和技能以修补不足——增强"得"的能力，而且还包括对生活局限的理解和接纳——增强"舍"的能力。"舍"的能力与"得"的能力不同，它不是获取某种东西的能力，而是舍弃某种东西的能力。与"得"的能力相比，"舍"的能力看上去比较"被

---

① Thomlison, B. & Thomlison, R. J. (1996). "Behavior Theory and Social Work Treatment". In F. J. Turner (4th ed.), *Social Work Treatment: Interlocking Theoretical Approaches* (pp. 39 – 68). New York: The Free Press.

② Lantz, J. (1996). "Cognitive Theory and Social Work Treatment". In F. J. Turner (4th ed.), *Social Work Treatment: Interlocking Theoretical Approaches* (pp. 94 – 115). New York: The Free Press.

③ 王思斌主编《社会工作综合能力》，中国社会出版社，2010，第 121 ~ 123 页。

④ 西方社会工作服务模式关注"得"的能力，参见 Payne, M. (2005). *Modern Social Work Theory* (3rd ed.). London: Palgrave Macmillan。

动"、"消极",因此常常被人忽视。① 实际上,在任何"问题"处境中,"舍"的能力也是服务对象需要学习的部分,因为在学习获取某种东西的同时,也要学习舍弃另一些东西。学习"舍"的能力往往比学习"得"的能力更难。对自己喜欢的学会放手,对自己讨厌的学会接纳,这样的学习更需要耐心和毅力。

服务对象在与社会工作者的对话中不断强调,自己是"渣滓",是"混蛋",没有任何价值,只会给父母、社会添麻烦。自己每天都被幻觉困扰,想尽各种办法摆脱,不仅摆脱不掉,而且日益严重。现在自己连做家教也感到害怕,随着所教孩子的减少,开始担心教不好孩子,担心孩子的父母亲会责备自己,对自己越来越没有信心。

看了上面这段叙述,我们可以感觉到,仅仅让服务对象学习"得"的能力显然不够,还需要帮助服务对象学习"舍"的能力,包括对以前痛苦经历的释怀、对时常出现的幻觉的接纳以及对家教中的竞争和困难的理解。根据问题的特性和舍弃的方式,可以把这些"舍"② 的能力细分为三类:第一类是释怀,对日常生活中无法改变的问题采取坦然接受的态度。这类问题常常已是事实,没有任何改变的余地,或者它本身就是人类生活的局限,很难逾越。例如,在本章介绍的案例中,服务对象遭受的强暴经历和其他一些创伤已是事实,无法改变。如果服务对象对这些问题不采取坦然接受的态度,就会把它们视为自己的缺陷,强调自己是"渣滓",是"混蛋"。像幻觉伴随了服务对象近二十年,已成为服务对象回应周围环境压力的重要方式,很难一下子彻底消除。如果一味强调"摆脱"幻觉,反而会增强幻觉。对这些无法改变的问题采取坦然接受的态度看上去比较被动、消极,但实际

---

① Carver, C. S. & Scheier, M. F. (2003). "Three Human Strengths". In L. G. Aspinwall & U. M. Staudinger (eds.), *A Psychology of Human Strengths*: *Fundamental Questions and Future Directions for a Positive Psychology* (pp. 87 – 102). Washington, DC: American Psychological Association, p. 88.

② 有学者提出"舍"也是一种能力,但把"舍"视为"得"过程中的反面,详见 Carver, C. S. & Scheier, M. F. (2003). "Three Human Strengths". In L. G. Aspinwall & U. M. Staudinger (eds.), *A Psychology of Human Strengths*: *Fundamental Questions and Future Directions for a Positive Psychology* (pp. 87 – 102). Washington, DC: American Psychological Association, p. 88。

上却是比较主动、积极的选择，因为它能够帮助服务对象从已是事实的问题纠缠中或者难以逾越的生活局限中摆脱出来，关注生活中可以改变的方面。第二类是接纳，对在日常选择过程中的放弃采取坦然接受的态度。选择的过程其实是确定做什么，并且努力争取的过程，是增强"得"的能力的过程。不过，从另一方面来说，选择确定做什么也意味着选择放弃做什么。"得"和"舍"就像一枚硬币的两面，无法分割。在本章的案例中，社会工作者选择帮助服务对象接纳幻觉，这样服务对象才有可能把精力和时间放在其他可以改变的方面。只有将"得"的能力和"舍"的能力放在一起考察时，"得"的作用和价值才能被看得更清楚，服务对象才不会局限于暂时的"得"。第三类是忍耐，对日常生活中的选择、争取过程采取坦然接受的态度。选择其实是确定在什么时间、什么场景做什么，有一个时间顺序，需要服务对象学会忍耐，等待最佳的时间和条件。而且服务对象的改变不是一蹴而就的，同样需要耐心，需要服务对象学会坦然接受逐渐改变的过程。

　　实际上，无论"得"的能力还是"舍"的能力，都是服务对象有效应对周围环境挑战的保障，只有同时从"得"和"舍"两个方面来观察服务对象时，社会工作者才能更深入、更全面地了解服务对象面临的处境和困难。

　　服务对象一见到社会工作者就不停地讲述自己出现的幻觉以及在家教过程中的担心，害怕自己没有办法把家教坚持下去。听了服务对象的叙述之后，社会工作者并没有帮助服务对象分析幻觉产生的原因，也没有为服务对象提供消除幻觉的方法，而是要求服务对象记录幻觉的内容，出现的时间、频率和场景；同时，社会工作者还要求服务对象观察自己应对这些幻觉的方法，找出其中可以改进的地方。

　　在听服务对象讲述自己的担心之后，如果社会工作者和服务对象一起分析幻觉产生的原因，并且为服务对象提供消除幻觉的方法，那么这样的介入方式关注的就是服务对象弥补不足的"得"的能力。如果社会工作者要求服务对象记录幻觉的内容，出现的时间、频率和场景，那么这样的介入方式注重的是服务对象接纳幻觉的"舍"的能力。值得注意的是，社会工作者同时还要求服务对象观察自己应对幻觉的方法，并且找出其中可以改进的地方。显然，这是强调服务对象的"得"的能力。有意思的是，接纳幻觉的

"舍"的能力和消除幻觉的"得"的能力是紧密联系在一起的，接纳幻觉的"舍"的能力提高了，才能为消除幻觉的"得"的能力的增强提供空间；同样，消除幻觉的"得"的能力提高了，才能为接纳幻觉的"舍"的能力的增强提供保障。可见，当服务对象被问题困扰时，需要学习的不仅包括"得"的能力，而且包括"舍"的能力，这两个方面需要相互促进。

实际上，"得"的能力和"舍"的能力是相互影响、相互转换的。① 如果仅关注获得什么，就可能出现过分逞强的现象，忽视"舍"的能力的提高，从而妨碍"得"的能力的增强。同样，如果仅关注舍弃什么，就可能出现回避压力和挑战的现象，忽视"得"的能力的提高，从而无法增强"舍"的能力。"得"的能力和"舍"的能力是相互作用的，不可能舍弃一方来谈另一方。只有当"得"的能力和"舍"的能力相互促进时，服务对象才能逐渐摆脱问题的困扰，改善目前的生活状况。其实，服务对象无法应对面临的问题常常既表现在"得"的能力的欠缺上，也表现在"舍"的能力的不足上，而且这两者又经常纠缠在一起。社会工作者不仅需要知道怎样提高服务对象的"得"的能力和"舍"的能力，而且还需要根据两者的转换关系变相互对立为相互促进。只有这样，服务对象应对周围环境挑战的能力才能真正得到提高。

如果把"得"的能力和"舍"的能力放在一起考察服务对象应对周围环境的挑战的状况就会发现，社会工作专业服务能否成功，关键不在于服务对象获得多少，而在于通过获取和舍弃的学习过程帮助服务对象加深对自己生活处境的理解，让他（她）知道生活的限制是什么，知道生活中可改变的空间在哪里，并且能够通过具体的行动满足自己的要求。这是整个生活境界的提升，② 即让服务对象更有能力应对日常生活中的各种挑战。

二　与问题关联方式不同的两种能力

转变了对问题的理解之后，对能力的界定也需要做某些调整。增强服务对象应对问题挑战的能力，不仅可以从与解决问题直接相关的能力入手，提高服务对象解决问题的能力，而且也可以从与解决问题不直接相关的能力入

---

① 对"得"和"舍"哲学层面的讨论，可参见蒙培元《中国哲学主体思维》（人民出版社，1993）的第五部分"自我超越型形上思维"。

② 中国哲学中有关超越限制、提升心灵境界的思想，可参见蒙培元《心灵超越与境界》（人民出版社，1998）的第三章"心灵与超越"。

手（如利用服务对象的优势、兴趣爱好和特长等），提高服务对象应对问题挑战的能力。这样，社会工作者在规划、设计专业服务时，就需要同时考察服务对象的两种能力：与问题直接相关的能力和与问题不直接相关的能力。[①] 特别是后一种能力，因为它不直接与问题相关，而且社会工作者在服务介入过程中又常常只关注服务对象的问题及其消除，因此这种能力很容易受到忽视。事实上，即使服务对象被问题严重困扰时，也可以发现这种与问题不直接相关的能力的影响和作用。

服务对象一再强调这一次幻觉出现的情形与以往不同，让她透不过气来，只要一睁开眼就能看到这些让她讨厌的幻觉。而当社会工作者和她一起谈论没有幻觉时候的生活安排时，服务对象的情绪有了明显的改变，很高兴地聊起了自己最近的一项安排——向到本市巡回演出的钢琴表演者学钢琴。她还饶有兴趣地向社会工作者介绍了新学的一些演奏技法和自己的抱负：希望成为本地最好的钢琴家。

阅读上面这段描述我们可以发现，尽管服务对象的这些能力与问题不直接相关，但显然也是影响服务对象应对问题的重要因素。如果服务对象的这些能力增强了，不仅能够拓展服务对象没有问题的生活空间，而且能够限制服务对象问题的发展，从而间接地提高服务对象解决问题的能力。实际上，对于生理上的局限比较明显的服务对象，如残疾人、慢性病患者等，社会工作者经常采用这样的服务介入策略：在限制服务对象的问题发展的同时，拓展服务对象日常生活中的其他能力，使服务对象在问题面前仍能够最大限度地发挥自己的特长和优势。

从与问题直接相关的能力来看，如果过分强调这些与问题不直接相关的能力，则很容易出现回避问题的现象。因为在自己的优势和特长方面，服务对象可以暂时回避因问题而产生的压力。这样，服务对象的这些优势和特长就成了服务对象躲避压力的避风港。因此，社会工作者在规划、设计社会工作专业服务时，需要将服务对象与问题直接相关的能力和不直接相关的能力放在一起考察，在注重增强服务对象解决问题的能力的同时，发挥服务对象

---

① 参见童敏《社会工作实务基础——专业服务技巧的综合与运用》（社会科学文献出版社，2008）的第二章"服务对象能力的发掘和运用"。

的优势和特长；或者在发挥服务对象的优势和特长时，注重服务对象直接应对问题的能力的提高。

有意思的是，随着服务对象的问题逐渐减轻，与问题不直接相关的能力开始发挥越来越重要的作用，为服务对象提供进一步发展的空间。服务对象的这两种能力（与问题直接相关的能力和与问题不直接相关的能力）的发展并不是均衡的。实际上，服务对象应对问题能力的提高是一个过程，表现为以直接解决问题为主逐渐向以发挥优势和特长为主转变。在以直接解决问题为主的阶段，服务对象处于问题的困扰中，呈现"问题"的发展面向；而在以发挥优势和特长为主的阶段，服务对象处于"正常"的生活中，呈现"能力"的发展面向。因此，社会工作专业服务包括两个方面的功能：治疗和发展。在"问题"的发展面向，以治疗为主、发展为辅；在"能力"的发展面向，以发展为主、治疗为辅。但不管哪种发展面向，治疗和发展都是必不可少的。只有统筹安排与问题直接相关的能力和与问题不直接相关的能力，社会工作者才能更好地帮助服务对象回应周围环境的要求，科学规划、设计社会工作专业服务。

把服务对象的能力分为与问题直接相关的能力和与问题不直接相关的能力，这样的划分还有另一个好处：扩展所服务的对象的范围。不仅被"问题"严重困扰的人可以成为社会工作者的服务对象，而且即使问题不严重，甚至看上去没有什么问题的人也可以成为社会工作者的服务对象。[①] 这样的观点对于社会工作者来说非常重要，因为社会工作者注重把服务对象放在日常生活处境中，关注服务对象与周围他人之间的互动。这样，社会工作者在规划、设计社会工作专业服务时，既可以从被"问题"严重困扰的服务对象入手，也可以从看上去没有什么问题的周围他人着手，甚至可以同时从服务对象和周围他人入手，以提高服务介入活动的效果。而且，在实际的社会工作专业服务活动中，社会工作者有时需要主动寻找服务对象，这些服务对象不一定被"问题"困扰。这时，注重与问题不直接相关的能力的拓展，就能比较好地帮助社会工作者迅速与服务对象建立起信任合作的关系，开展专业服务。当然，随着服务对象能力的拓展，服务对象的问题也会逐渐显露出来，发掘服务对象与问题直接相关的能力就成为服务介入活动中的重要任务。

---

① 童敏：《中国本土社会工作专业实践的基本处境及其督导者的基本角色》，《社会》2006 年第 3 期，第 202～203 页。

就同一位服务对象来说，如果社会工作者只关注服务对象的问题及其解决方法，就会把社会工作服务介入活动限定在服务对象有"问题"的阶段，而其他时候的生活状况就不在考察的范围内。如果社会工作者把与服务对象的问题不直接相关的能力也引入专业服务中，那么社会工作专业服务的范围就从服务对象有"问题"的阶段扩展到服务对象的不同发展阶段，包括呈现服务对象优势和特长的"能力"阶段。因此，社会工作专业服务的规划和设计不能停留在服务对象问题的消除上，有时即使服务对象的问题已经消除了，社会工作者也仍需要继续帮助服务对象学会应对生活中的挑战。

通过上面的分析可以看到，社会工作者在界定服务对象的能力时采用了两组相对应的概念："得"的能力和"舍"的能力、与问题直接相关的能力和与问题不直接相关的能力。这样，能力就不再是一个静止的概念，而是随时都可以变化的，并且可以向相反的方向转变。[①] 因此，对于社会工作者来说，在规划、设计社会工作专业服务时，仅仅了解服务对象的能力还不够，还需要掌握服务对象的能力发展、变化的规律，在动态过程中发掘和利用服务对象的能力，帮助服务对象更有效地应对问题的挑战，避免陷于暂时的得失或者问题消除的误区。

第三节　问题和能力的融合

仅仅了解问题和能力的不同内涵还不够，对问题和能力的不同界定，意味着两者的关系也会因此而发生变化：能力不再是问题的对立面，仅仅用于消除服务对象的问题，而且问题和能力也不再是截然可分的。对于社会工作者来说，掌握问题和能力之间的内在关联同样非常重要。

一　问题中有能力

一旦将服务对象的问题界定为不能够应对面临的困难，这时的问题就不再是放在那里等待界定、分析的已经发生的困难，而是周围环境或者周围他人向服务对象发出的挑战。这样的挑战面向未来，并且随着场景和时间的变化而变化，具有某种程度的不确定性。面对未来的挑战，服务对象需要处理的困扰包括两个方面：自己无法做到的和自己能够做到的，即"舍"和

---

① 把能力视为动态的概念，可以参见清宁子注解《老子道德经通解》，鹭江出版社，1996。

"得"的困扰。① 仔细分析本章介绍的案例就会发现，案例中的服务对象不仅面临"舍"的方面的困扰，而且也面临"得"的方面的困扰。"舍"的方面的困扰就是服务对象能否包容自己无法做到的，具体包括能否包容：①以往的不幸经历；②所患的精神疾病；③不时出现的幻觉；④自己无法改变的处境；⑤自己所教钢琴曲的不完美；等等。如果服务对象无法包容这些局限，就会强调自己是"渣滓"，是"混蛋"，就会对自己感到不满和沮丧，对未来感到害怕和担心。同时，服务对象也面临"得"的方面的困扰，它是指服务对象能否积极争取自己能够做到的。本章案例中的服务对象在"得"的方面面临的具体困扰包括能否改善钢琴曲学习、钢琴教学、家教安排，以及能否减轻或者克服家教中的担心、幻觉出现的担心等。

在应对"舍"和"得"两方面面临的困扰的过程中，服务对象自然会形成与之相对应的两个方面的能力："舍"的能力和"得"的能力。不过，值得注意的是，尽管从理论上讲，不管服务对象面临的困扰有多严重，他（她）都拥有"舍"和"得"两个方面的能力，但是在实际生活中，服务对象的"舍"的能力和"得"的能力通常并不是一眼就能辨识出来的，需要社会工作者悉心观察和体会。就像本章介绍的这个案例，服务对象与自己的精神疾病和幻觉打了近二十年的交道，其间虽然病情不断反复，但仍坚持学习，考上了大学，完成了学业，并且在严重的幻觉困扰下坚持家教。对于钢琴教学也是这样，尽管有很多不满，但服务对象仍然坚持练习自己觉得弹得不满意的曲子。这些"舍"的能力很多都是在无奈中通过学习获得的，显得有些被动，但它们确实是服务对象应对困境能力的重要组成部分。"得"的能力则不同，"得"是主动获取什么，以弥补不足，因此比较容易辨识。本章案例中的服务对象在钢琴教学中就表现出这种能力：通过经常练习提高自己的演奏技能；在与幻觉抗争的过程中，服务对象学会了通过转移自己的注意力以及通过电话与姑姑交流的方式缓解内心的紧张，提高心理承受力。

有意思的是，服务对象的问题通常不是因为能力不足导致的，而是因为过分强调"得"的能力或者"舍"的能力，从而使能力的发展失去平衡，

---

① 把未来引入问题和能力概念中，视能力和问题为"阴"和"阳"两种力量相互影响的结果，可参见 Tong, Min. (2010). "A Study on the Concept of Mental Health and Its Implications for Social Work Education in the Context of Chinese Communities". *Candian Social Sciences*, 6 (6), 151－160。

导致应对困境的能力下降，出现问题。像本章中的案例，服务对象无法有效地应对面临的问题，这既与服务对象对自己过高的钢琴教学要求有关，也与服务对象无法容忍过去的不幸经历和不时出现的幻觉有关。服务对象一方面过分强调"得"的能力，另一方面又忽视"舍"的能力。而且值得注意的是，对"得"的能力的过分强调又会转化为对"舍"的能力的忽视，对"舍"的能力的忽视又会进一步强化对"得"的能力的要求。这样，在过高的钢琴教学要求和无法容忍过去的不幸经历以及不时出现的幻觉的相互影响过程中，服务对象应对困境的能力不断下降，"问题"变得越来越严重。如果过分强调"舍"的能力，就会忽视"得"的能力，其结果也会像过分强调"得"的能力一样。可见，问题与能力并不能截然分开，问题常常与过分强调"得"或"舍"的能力联系在一起。

总之，问题中有能力包含两层含义：①不管问题有多严重，服务对象始终具有在与问题抗争的过程中形成的"得"和"舍"两方面的能力；②服务对象的问题与过分强调"得"或"舍"的能力相关，是两方面能力发展失衡的结果。

二　能力中有问题

与问题的界定相对应，能力不再被视为固定的、与问题相对立的方面，它随时可能转化为问题。[①] 如果社会工作者太关注与问题直接相关的能力，就像本章介绍的案例，如果仅强调服务对象具有在严重的幻觉困扰下坚持学习、坚持家教、坚持学习钢琴曲的"舍"的能力，以及在与幻觉抗争的过程中学会的通过转移自己的注意力、通过电话与姑姑交流等方式缓解内心紧张的"得"的能力，对于增强服务对象应对困境的能力而言，很难有什么效果，因为这些能力是服务对象已经拥有的，强调它们并不能为服务对象提供学习和发展的方向，当然也就很难谈得上增强服务对象应对问题的能力。如果社会工作者在关注服务对象与问题直接相关的能力时，同时关注服务对象需要面对的问题（如包容以往的不幸经历、所患的精神疾病、不时出现的幻觉、无法改变的处境、所教钢琴曲的不完美和钢琴曲学习、钢琴教学、家教安排中的不足以及克服在家教过程中的担心、对幻觉出现

---

① 　能力和问题的转化在老子的《道德经》中有非常精辟的阐述，参见清宁子注解《老子道德经通解》（鹭江出版社，1996）的第二十四章。

的担心等）就会发现，此时服务对象的能力就有了发展的方向。正是借助利用能力应对问题的过程，社会工作者才能帮助服务对象将问题转化为能力。

当然，在提高服务对象应对困境的能力的过程中，仅仅关注服务对象的问题以及与问题直接相关的能力还不够，因为这样的专业服务仍然注重服务对象有问题的生活方面。尽管服务对象与问题直接相关的能力受到了社会工作者的重视，而且被视为提高服务对象应对问题的能力的重要方面，但实际上，问题只是服务对象生活的一部分。像本章介绍的案例，服务对象也有不受幻觉困扰的生活，如每天下午练习 2 个小时左右的钢琴，下午 5 点多钟向窗外悠闲观望，以及主动向钢琴演奏者学习演奏的技法，想成为本地最好的钢琴家，等等。过分关注服务对象有问题的生活方面，就会不自觉地夸大和强调问题，[1] 忽视服务对象拥有的这些与问题不直接相关的生活内容以及其中蕴藏的能力。更为重要的是，只关注服务对象与问题直接相关的能力，就会把服务对象的生活简单地视为与问题相抗争；而事实上，在一定的处境下，服务对象除了与问题抗争外，还会寻求自身最大限度的发展。即使与问题抗争，也是因为问题阻碍了服务对象的发展。随着服务对象的问题逐渐消除，服务对象的发展愿望也会随之增强。有意思的是，消除服务对象的问题可以带动服务对象的发展，促进服务对象的发展又会抑制服务对象的问题进一步恶化，这两个方面是相互影响的。作为社会工作者不仅要看到服务对象与问题直接相关的能力，而且也要看到其与问题不直接相关的能力，并且在专业服务的规划与设计中将这两种能力组合起来。只有这样，社会工作者才能跳出"问题"的限制，从服务对象生活的整体出发来理解他（她）在不同处境下的不同要求，规划与设计科学、有效的社会工作专业服务。

就服务对象而言，他（她）最愿意让人了解的是自己的优势和特长，是那些与问题不直接相关的能力。如果社会工作者认同服务对象的要求，就会不自觉地忽视服务对象的问题。[2] 这样的服务介入尽管能够得到服务对象的认可，但并不能增强服务对象应对问题的能力，甚至可能增强服务对象对

---

① Weick, A. & Chamberlin, R. (1997). "Putting Problems in Their Place: Further Exploration in the Strengths Perspective". In D. Saleebey (2nd ed.), *The Strengths Perspective in Social Work Practice* (pp. 95 – 104). New York: Allyn and Bacon, p. 95.

② 童敏：《社会工作实务基础——专业服务技巧的综合与运用》，社会科学文献出版社，2008，第 63 ~ 64 页。

问题的回避，从而使服务对象的问题进一步恶化，这样反过来又会限制服务对象的优势和特长的发挥。因此，社会工作者在调动服务对象与问题不直接相关的能力时，需要同时关注服务对象的问题以及与问题直接相关的能力，让两者相互促进、平衡发展。

三 问题和能力动态视角下服务方案的设计

通过上面的分析可以发现，社会工作者在规划、设计社会工作专业服务时，需要安排好三个方面的关系，让这三个方面的关系保持平衡：①"舍"的能力和"得"的能力；②问题和问题中的能力；③与问题直接相关的能力和与问题不直接相关的能力。因此，社会工作专业服务的目标可以通过分析服务对象面对的问题（包括"舍"的方面和"得"的方面）以及拥有的与问题不直接相关的能力来确定，包括问题消除的部分以及优势发挥的部分。同样，社会工作专业服务的基础也包括两个方面的内容：问题中的能力（包括"舍"的能力和"得"的能力）以及与问题不直接相关的能力。有意思的是，服务对象的这三个方面的关系是相互关联、相互影响、相互促进的。这样，社会工作者在确定专业服务的策略时，就需要关注"舍"的能力和"得"的能力、与问题直接相关的能力和与问题不直接相关的能力之间的平衡发展，使它们形成相互促进的循环圈，逐渐实现专业服务的目标。如果以这一章的案例为例，我们就可以根据上面分析得到的有关服务对象的问题（包括"舍"的方面和"得"的方面）、问题中的能力（包括"舍"的能力和"得"的能力）以及与问题不直接相关的能力的资料规划与设计针对这个案例的社会工作专业服务，具体的内容见表2-1所示。

通过看表2-1可以发现，问题和能力融合的动态视角把社会工作专业服务的规划与设计分为四步：第一步，分析"舍"的方面和"得"的方面面临的挑战以及与问题不直接相关的能力，确定专业服务目标。专业服务目标包括问题的消除以及优势的发挥两个部分。第二步，寻找和分析"舍"的能力、"得"的能力以及与问题不直接相关的能力，明确专业服务基础。第三步，概括和整理"舍"的能力、"得"的能力以及与问题不直接相关的能力三个方面，确定专业服务策略的焦点。第四步，明确各服务策略的焦点，让"舍"的能力和"得"的能力、与问题直接相关的能力和与问题不直接相关的能力之间形成相互促进的循环圈。

表 2 - 1　问题和能力动态视角下社会工作专业服务的规划与设计

服务规划内容 服务对象	专业服务基础	专业服务策略	专业服务目标
与问题直接相关	舍的能力： ①在精神疾病和幻觉的困扰下坚持学习考上了大学； ②在精神疾病和幻觉的困扰下顺利完成了学业；	(1)肯定成功,接纳以往的不幸经历(包括考上大学、顺利完成学业等)；	舍的方面： 1. 接纳以往的不幸经历； 2. 接纳患有精神疾病这一现状； 3. 面对不时出现的幻觉； 4. 容忍自己无法改变的处境； 5. 容忍自己所教的钢琴曲不完美。
	③在严重的幻觉困扰下坚持家教；	(2)赞扬其在严重的幻觉困扰下坚持家教的努力；	
	④虽然对所教的钢琴曲感到不满意,但仍坚持练习。	(3)寻找幻觉,直接面对困扰。 ⇕	
	得的能力： ①经常练习钢琴曲,不断提高自己的演奏技能；	(1)坚持练习钢琴曲；	得的方面： 1. 提高钢琴演奏的技能； 2. 增强做家教的能力； 3. 合理安排家教； 4. 增强做家教的信心； 5. 增强应对幻觉的能力和信心。
	②通过转移自己的注意力与幻觉抗争；	(2)寻找更多转移注意力对抗幻觉的方法,增强应对幻觉的能力；	
	③学会通过电话与姑姑交流,缓解内心的紧张,提高心理承受力。	(3)增强与姑姑以及其他重要周围他人的交流,特别是与父母亲的沟通。 ⇕	
与问题不直接相关	①每天下午2个小时左右的钢琴练习时间；	(1)保持每天下午练习钢琴曲的习惯；	1. 巩固和延长不受幻觉困扰的时间； 2. 增强学钢琴的兴趣； 3. 提高钢琴演奏的技能。
	②下午5点多钟向窗外悠闲观望；	(2)寻找和扩展不受幻觉困扰的生活经验；	
	③主动向钢琴演奏者学习演奏的技法；	(3)寻找更多学习钢琴演奏技法的机会；	
	④想成为本地最好的钢琴家。	(4)挖掘在钢琴学习方面的兴趣爱好。	

注：专业服务策略是动态的循环圈,涉及"舍"的能力和"得"的能力以及与问题直接相关的能力和与问题不直接相关的能力的平衡发展。

　　显然,在引入"舍"的能力和"得"的能力、与问题直接相关的能力和与问题不直接相关的能力等概念之后,社会工作者就可以跳出"问题"的限制,更完全、更细致地了解服务对象的不同需要。在利用服务对象的各种能力提高服务对象应对问题的本领时，社会工作者始终需要保持动态的视角，让对服务对象的"舍"的能力的学习与对"得"的能力的学习以及对与问题不直接相关的能力的学习三者之间协调起来，相互促进。这样，社会工作者就能充分利用服务对象的能力，掌握好专业服务的步伐和节奏，快速、有效地提高服务对象应对挑战的能力。不过，正是这种动态转换的特点增加了社会工作者掌握专业服务策略的难度。

第四节 问题和能力融合的基本逻辑假设

问题中有能力，能力中有问题。问题和能力的融合不仅打破了对两者的截然划分，而且使问题和能力转变为动态的、变化的概念，它们是服务对象在应对周围环境挑战的过程中呈现的状态。

一 问题和能力：日常生活的两种状态

如果把静态的问题和能力的概念放在日常生活中考察就会发现，随着时间的推移，问题可以慢慢转化为能力，能力也可以慢慢转化为问题。生活并不是一成不变的，而是有上升的阶段，也有下降的阶段，起伏不定。在下降的阶段之前，往往有一个上升的阶段；而在下降的阶段之后，也常常可以看见上升的阶段。如果以一般的生活状态为标准，日常生活就会表现为上升阶段和下降阶段的不断更替。在上升阶段，服务对象往往能够有效应对自己面临的各种日常生活的挑战，呈现能力的面向；而在下降阶段，服务对象往往无法有效应对日常生活中的困扰，被问题缠绕，呈现问题的面向。因此，日常生活的过程就是能力面向和问题面向不断转换、变化的过程。[①] 无论问题还是能力，都只是服务对象日常生活的呈现状态，具体图示如下（见图2-1）。

当然，生活没有那么简单，但为了便于理解，可以将其简化为问题和能力两个面向。有意思的是，如果仔细观察图2-1就会发现，能力面向中也存在上升的阶段和下降的阶段。也就是说，能力面向中也可能存在问题。如果只关注能力，能力就会转化为问题。同样，问题面向中也有上升的阶段，也

---

① 日常生活起落转换的观点在老子的《道德经》中有精辟的论述，参见清宁子注解《老子道德经通解》，鹭江出版社，1996。

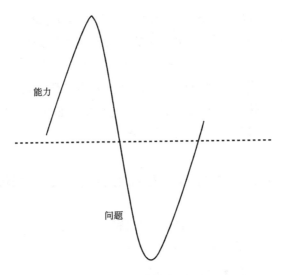

能力

问题

图 2 - 1 问题和能力融合的日常生活状态

可能存在能力，只要注意挖掘能力，问题就能转化为能力。问题和能力就是这样不断转换更替的。① 因此，作为社会工作者，重要的不是消除问题，也不是发掘和利用能力，而是掌握问题和能力之间相互转化的规律，在问题中看到服务对象的能力，推动服务对象向积极的方向转变；在能力中看到服务对象的问题，使服务对象维持积极的发展趋向。

这样，服务介入的范围和内容就得到了扩展，不再仅仅局限于服务对象有"问题"的生活内容，与服务对象的问题不直接相关的生活内容也可以纳入服务介入的范围。而且无论问题还是能力，都只是服务对象在面对日常生活挑战时呈现的状态，都是无法避免的。社会工作者的作用就是通过问题和能力的对接与转换，帮助服务对象提高应对挑战的能力。

二　两种问题和能力视角的一致性

虽然问题和能力的融合突出了两者之间不断转换、变化的关系，强调相互之间动态关联的特点，但仔细比较就会发现，问题和能力的动态视角和静态视角仍有许多相似的地方：它们都有清晰的关注对象——服务对象；围绕服务对象进行观察和分析，分析服务对象在日常生活中面临的问题，拥有的

① 问题中有能力，能力中有问题，问题和能力相互转化，这样的观点在老子的《道德经》中有精辟的论述，参见清宁子注解《老子道德经通解》，鹭江出版社，1996。

能力；有时，也会把服务对象身边的重要他人纳入考察的范围，但仅仅把他们作为支持服务对象改变的部分，而整个服务的焦点仍在服务对象身上。因此，社会工作专业服务的规划与设计是否具有科学性和有效性，完全取决于社会工作者能否正确了解服务对象的问题和能力。

加入了能力概念后，问题和能力融合的视角也像问题和能力结合的静态视角一样，更关注服务对象在日常生活中与周围环境交流的状况。对能力的不同分类，让社会工作者更容易了解服务对象在日常生活中的不同要求以及在问题面前的不同应对方式，而根据这些不同要求和能力设计的社会工作专业服务也就更能够贴近服务对象的日常生活。在规划、设计社会工作专业服务时，无论使用问题和能力的静态视角还是动态视角，它们的要求都类似：首先根据对问题的分析确定专业服务的目标；其次，通过对能力的寻找明确专业服务的基础；最后，依据对能力的梳理确定专业服务的策略，其目的是希望能够找到最可靠的现实基础和最便捷的服务路径。不过，问题和能力的动态视角加入了"舍"的能力和"得"的能力、与问题直接相关的能力和与问题不直接相关的能力等概念，使得社会工作者的视野更加开阔，他（她）的观察也就更加全面。

在运用问题和能力的动态视角时，社会工作者仍旧坚持静态视角提出的问题和能力并存的基本观点，即只要有问题，就一定存在在与问题抗争的过程中形成的能力。特别是针对"舍"的能力进行分析时，需要社会工作者细心观察。因为它是一种放弃、包容的能力，很容易受到忽视，甚至被曲解。在理解与问题直接相关的能力时，问题和能力的动态视角也强调问题和能力平衡兼顾的原则，防止偏向其中的任何一方。

如果说问题和能力的动态视角与静态视角有什么区别的话，其区别就在于：问题和能力的动态视角除了更加关注问题和能力之间的转换、变化的特点外，就是对与问题直接相关的能力划分得更为细致，加入了"舍"和"得"两个方面，而且增添了与问题不直接相关的能力的概念。当然，社会工作者在服务的策略上也相应地做了一些调整，强调问题中有能力，能力中有问题，通过问题和能力的对接和转换，帮助服务对象提高应对挑战的能力。

第三章
服务对象和周围他人：结构互动视角

服务对象，男，12岁，小学5年级学生，半年前，跟随打工的父母亲来到城市上学。服务对象有一个姐姐，也在该城市打工，平时在单位吃住。由于学习基础不好，服务对象在语文和英语学习方面跟不上班级的进度，加上个头偏小，时常被同桌欺负。老师发现后，给他调换了座位。目前服务对象在学校被人欺负的现象已经很少发生，他和新同桌以及几个老乡玩得很好，经常一起上学、一起回家。让老师和父母亲感到头痛的是服务对象的语文和英语成绩，平时测验服务对象只能勉强及格，而且作业也写得潦草。父母亲没有受过多少教育，只有小学文化，无法直接指导服务对象的学习，唯一能做的就是虚心听取别人的意见。为此，父亲专门请教了一位大学生，大学生认为背诵字典能够提高语文成绩，于是他给服务对象买来了《新华字典》和英语磁带，要求服务对象每天背《新华字典》。此外，父亲还规定服务对象每天听半个小时的英语磁带。服务对象自己也希望能够提高语文和英语成绩。对于数学，服务对象很自信，学得很好也很有兴趣。父母亲和老师都认为，服务对象目前的主要困难是提高语文和英语成绩。平时，母亲工作比较忙，工作时间也比较长，服务对象的学习主要由父亲负责。每天下午放学回家后，服务对象先在父亲的监督下完成作业，然后再看一会儿电视。

看了上面的案例可以发现，无论是服务对象学习的弱项——语文和英语，还是服务对象的学习强项——数学，都与周围他人的指导和要求联系在一起。服务对象在语文和英语学习上有困难，这不仅是服务对象的问题，而且也是让服务对象的父母亲和老师感到头痛的难题。而数学就不同了，没有受到服务对象的父母亲和老师那么多的关注。显然，服务对象的问题和能力是在与周围他人交往的过程中表现出来的，离不开日常的人际互动。

第一节　问题和能力的处境化

一旦把问题和能力视为动态的、变化的，社会工作者就会关注服务对象与周围环境之间的互动交流过程，并由此确定服务对象的问题和能力的具体内涵。这样，问题和能力就与特定的处境联系在一起，具有了处境化的特征。仔细观察现实生活就会发现，所谓的周围环境在日常生活中表现为人与人之间的交流，即人际互动。①

一　互动

在本章的故事中我们可以看到，服务对象时刻都处在人际互动过程中。半年前，服务对象跟随父母亲来到城市上学，这是服务对象与父母亲之间的互动；上学之后，由于基础差，在语文和英语学习方面跟不上班级的进度，这是服务对象与同班同学之间的互动；学习成绩不好，再加上个头偏小，时常被同桌欺负，这是服务对象与同桌之间的互动；老师发现服务对象时常被同桌欺负，给服务对象调换了座位，显然，这是服务对象与老师之间的互动……在以不同的方式与不同人交往的过程中，生活的故事就逐渐展现出来。当然，因为涉及不同人之间的沟通，这些互动必然会有顺利的和不顺利的。例如，服务对象在数学学习上就没有什么困难，自己也很有信心，不会让父母亲和老师担心；相反，服务对象在语文和英语学习上就有困难，不仅父亲每天监督，而且老师也感到头痛。有时，开始时互动不顺利，后来经过调整慢慢变得顺利了。例如，服务对象开始时时常被同桌欺负，但调换了位置之后，服务对象与新同桌玩得很开心。

如果服务对象能够顺利地与周围他人交流，则表明服务对象能够驾驭双方之间的互动交流过程，表明服务对象拥有能力。② 例如，服务对象在数学学习中就表现出这种能力，能够达到父母亲所要求的学习标准，不让老师担心。

---

① 社会学中的符号互动学派就是这种观点的代表，详细内容参见乔治·H. 米德《心灵、自我与社会》（赵月瑟译，上海译文出版社，1992）的第三篇"自我"和第四篇"社会"。

② 中国哲学注重人在日常生活中的实践能力，参见蒙培元《中国哲学主体思维》（人民出版社，1993）的第四部分"主体实践型经验思维"。

当然，在此过程中服务对象对数学的兴趣和信心发挥着很重要的作用。不过，这种对数学的兴趣和信心只有放在互动过程中才能发挥作用，即只有针对特定的对象、特定的处境，这种对数学的兴趣和信心才会发挥积极的作用。如果换了不同的老师、不同的要求，服务对象在数学学习方面就可能有不一样的表现。这并不是说只要关注人际互动就可以了，不需要考察服务对象内在的感受和想法，而是说要把服务对象的内在感受放在特定的人际互动过程中，真正做到问题和能力的处境化，这样才能准确把握问题和能力的具体运行机制。

相反，如果服务对象无法顺利地与周围他人沟通，则表明服务对象无法驾驭双方之间的互动交流过程，表明服务对象存在问题。像服务对象与同桌之间的交流就属于这种情况，他时常被同桌欺负。但是，调换了座位之后，服务对象与新同桌的关系处得很好，他们在一起玩得很愉快。这时，在与同桌的交往方面服务对象是有能力的。不过，服务对象在英语和语文学习方面就没有那么顺利了，不仅让父母亲和老师担心，而且自己也很不满意。有意思的是，问题是相互的，对于服务对象来说，语文和英语学习是问题，对于父母亲和老师来说这同样也是令人头痛的难题。为此，父亲专门请教了一位大学生，给服务对象买了《新华字典》和英语磁带，并且每天监督服务对象的语文和英语学习。当然，能力也一样，也是相互的。

二　结构

如果把服务对象与周围他人的互动关系勾画出来就可以发现，服务对象处在互动交流的网络中。他不仅与父母亲和姐姐有交流，而且与同桌和老师也有联系。在这些互动交流关系中，有的比较密切，像服务对象与父母亲之间的联系；有的比较疏远，如服务对象与姐姐的联系。显然，服务对象的互动交流网络是有结构的，每个人在其中的位置和作用各不相同。[1] 仔细阅读本章介绍的故事就可以发现，当服务对象在学习中遇到困难时，父母亲的作用就会凸显出来，尤其是父亲，每天监督服务对象的学习，而且寻找具体的方法来改善服务对象的语文和英语学习状况。当服务对象与同桌出现冲突时，老师的作用就变得非常重要，正是老师帮助服务对象调换了座位，才使得服务对象能够摆脱同桌的欺负。服务对象就处在这样的互动网络中，受到

---

[1]　Mullaly, B.（2007）. *The New Structural Social Work*（3rd ed.）. Canada：Oxford University Press，Chapter 9 "A Reconstructed Theory of Structural Social Work".

周围他人的影响，也影响着周围他人。

服务对象的改变就发生在这样的互动网络中，不仅服务对象自己会发生改变，而且也会影响周围他人发生改变。同样，周围他人的改变也会影响服务对象。服务对象和周围他人就处在这样的相互影响的网络中，社会工作者没有办法把服务对象从日常互动的网络中抽离出来，直接分析服务对象的变化和成长。[①] 就像本章介绍的这个案例，服务对象遭到同桌欺负后，老师及时给他调换了座位，换了新的同桌，服务对象与同桌以及同学的关系也因此得到了改善。当服务对象的语文和英语学习遇到困难时，父母亲的担心就增加了，父亲还为此专门请教了一位大学生，为服务对象购买了《新华字典》和英语磁带，要求服务对象每天背字典、听英语磁带。可见，服务对象的改变就是在与周围他人纵横交错的互动中发生的。实际上，这样的改变是服务对象与周围他人互动关系的改变。因此，如何科学地安排和调整服务对象与周围他人的互动关系就成了社会工作专业服务规划与设计的关键。

值得注意的是，不仅服务对象处在人际互动的网络中，而且周围他人也处于人际互动的网络中。像本章案例中的父亲就很关心服务对象的学习，除了平时监督服务对象完成家庭作业外，为了提高服务对象的语文和英语学习成绩，还专门请教了一位大学生，并且为服务对象购买了相关的学习资料。但同时，父亲还需要上班，处理与同事的关系；需要承担家庭的责任，处理与妻子以及女儿的关系；如果服务对象学习有困难，还需要与孩子的老师打交道。尽管父亲是服务对象改变的重要支持，而且也愿意尽自己的力量为服务对象提供尽可能良好的学习条件，但他自己也生活在一定的互动网络中，受到互动网络的限制。

互动网络概念给社会工作者提供了分析服务对象的问题和能力的基本框架，使其将服务对象放在与周围他人的互动交流中去理解。但在实际操作过程中社会工作者会发现，服务对象与周围他人的互动网络错综复杂，很难在短时间内整理出清晰的分析框架。为此，社会工作者就需要学会删繁就简，从繁杂的资料中整理出服务对象与周围他人交流的核心互动网络。以本章介绍的案例为例，服务对象与父亲、母亲、姐姐、老师、同桌、其他同学等都有交流。针对服务对象的学习问题（服务对象的学习问题最为突出，急需解

---

① Reason, P. & Bradbury, H. （2001）. "Inquiry and Participation in Search of a World Worthy of Human Aspiration". In P. Reason and H. Bradbury （eds.）, *Handbook of Action Research*：*Participative Inquiry and Practice*（pp. 1 - 14）. London：Sage, p. 6.

决），最核心的互动关系是服务对象—父亲—老师三者之间的关系，因为一旦服务对象的学习出现困难，这三个人之间的互动关系受到的影响最大，而且他们也最愿意做出调整，一起应对服务对象在学习中面临的困难。

正是基于这样的考虑，社会工作者在收集资料准备规划、设计社会工作专业服务时，就需要充分了解核心互动网络的交流状况。显然，本章案例的描述较多地集中在服务对象与父亲之间的互动交流上，而对服务对象与老师之间的交流状况描述得不够具体、深入。下面是社会工作者在与老师交流后补充的一些资料。

服务对象的班主任是一位三十多岁的女教师，教数学，对孩子很有耐心，只要发现孩子有进步就会给予及时的表扬。有时，放学后她还会给成绩不好的学生补课。班主任对服务对象也比较关注。由于服务对象经常被同桌欺负，班主任就给服务对象调换了座位。班主任希望服务对象的语文和英语成绩能够提高上去，赶上班级的整体水平。为此，她还与服务对象的父母亲沟通过孩子的学习情况。但是因为平时工作非常忙，而且自己的孩子还小，需要照顾，因此这位老师无法抽出更多的时间和精力放在服务对象身上，希望服务对象的父母亲能够承担更多的学习指导和监督的责任。

了解了服务对象的核心互动网络的情况后，再来规划、设计社会工作专业服务，社会工作者心里就比较有底了。

第二节 行动

要真正做到准确判断服务对象与周围他人的互动交流状况，特别是核心互动网络的交流状况，仅仅了解互动网络还是不够的，互动网络只是提供了服务对象与周围他人互动的基本框架，社会工作者同时还需要掌握服务对象与周围他人相互影响的具体方式，关注服务对象是怎样具体回应周围他人的不同要求的，即关注服务对象的行动。[①]

---

① 这里所说的行动不同于西方辅导模式中所强调的行为的概念，它是指让自己进入与他人或者周围环境一起经验和创造现实的过程，详见 Reason, P. & Bradbury, H. (2001). "Inquiry and Participation in Search of a World Worthy of Human Aspiration". In P. Reason and H. Bradbury (eds.), *Handbook of Action Research: Participative Inquiry and Practice* (pp. 1 – 14). London: Sage, p. 9。

一　关注行动

在收集资料分析服务对象的生活状况时，我们习惯于采用"事实是什么"的描述方式，即注重服务对象遭遇的事件是什么、受到什么因素的影响、发生了什么样的改变等，按照这样的因果逻辑来梳理来构建故事的发展脉络。仔细阅读本章介绍的案例就可以体会到其背后的基本逻辑。我们来看一看其中的一小段故事。

半年前，（服务对象）跟随打工的父母亲来到城市上学。服务对象有个姐姐，也在该城市打工，平时在单位吃住。由于学习基础不好，服务对象在语文和英语学习方面跟不上班级的进度，加上个头偏小，时常被同桌欺负。老师发现后，给他调换了座位。目前服务对象在学校被人欺负的现象已经很少发生，他和新同桌以及几个老乡玩得很好，经常一起上学、一起回家……

半年前服务对象来到城市上学，这是服务对象面临的新的事件。在新的环境里，服务对象由于学习基础不好，跟不上班级的学习进度。接着，学习不好和个头偏小又成为同桌欺负服务对象的原因。老师发现后给服务对象调换了座位，这促使服务对象与同桌以及其他同学的关系出现转机。这样的故事描述方式呈现了清晰的因果关系，读起来很顺畅。但是，仔细分析就会发现，这样的故事描述方式忽视了服务对象与周围他人相互影响的具体过程。读者无法从故事中看出服务对象在不同的事件或者周围他人的要求面前怎样应对的过程，采取了什么样的有效行动或者出现了什么样的无效行动。

我们还是拿本章案例中的这一小段故事为例。来到城市上学后，服务对象面临不小的学习压力。在学习压力面前，服务对象采用什么样的方式消除或者减轻压力？是怎样安排数学学习的？语文和英语学习又是怎样安排的？如果社会工作者不了解服务对象的这些具体的应对行动，就无法发现其中的有效行动和无效行动，当然也就无法准确判断服务对象在学习压力面前拥有的能力和面临的问题。在被同桌欺负后也一样，如果社会工作者不进一步了解服务对象的应对方式，就只能笼统地把它视为服务对象遇到的问题，看不到其中的具体困难以及可能蕴藏的有效的应对行动。

显然，关注行动其实是要求改变故事描述的方式，从强调"事实是什么"转变为"服务对象（周围他人）怎样应对"，即服务对象面临什么挑战，采取什么行动方式应对，出现了什么变化。这是一种"挑战—应对—结果（新挑战）"三者不断循环的过程，[①] 关注的焦点是对具体的应对行动的分析，找到其中的有效行动和无效行动。

二　无效行动：问题

从互动关系的角度来看，所谓问题和能力取决于服务对象是否能够顺利地与周围他人沟通；如果能够顺利地沟通，则表明服务对象拥有能力；如果不能够顺利地沟通，则表明服务对象存在问题。但是，加入了行动概念之后，情况就会有所不同。从互动关系来看是问题的，实际上未必如此。我们来看本章介绍的案例，最让服务对象感受到压力的是语文和英语学习，平时测验只能勉强及格，而且作业也写得潦草。这样的表现让服务对象的父母亲和老师很着急，希望服务对象能够通过社会工作者的帮助迅速提高语文和英语成绩。显然，这是令服务对象甚至周围他人感到头痛的问题。如果我们转到"服务对象怎样应对"的角度来看这个案例就会发现，案例中有关服务对象怎样应对语文和英语学习压力的内容不多，需要进一步补充。

服务对象比较害怕语文和英语老师，上课有什么问题也不敢问，做作业时遇到一些不懂的，就随便应付一下。父母亲没有受过多少教育，不知道怎样指导服务对象学习，只能强行要求服务对象每天背《新华字典》、听英语磁带，并且监督服务对象完成家庭作业。服务对象开始时有点儿不情愿，但时间一长慢慢形成了习惯，有时自己会主动要求听英语磁带、背字典，而且自己也表示希望能够提高语文和英语的学习成绩。

看了上面这段有关服务对象应对语文和英语学习的描述之后，我们可以发现，看上去是问题的互动关系其实蕴藏着不少能力。例如，服务对象已经逐渐养成每天背《新华字典》和听英语磁带的学习习惯，逐渐从被动学习转为主动学习，并且表示希望能够提高语文和英语的学习成绩。这些积极的应对行动在充满压力的不顺利的处境中显得尤为重要，也更显出服务对象应

---

① 经历一件事情就是参与其中的过程，既是塑造，又是相遇。这一观点参见 Heron, J. (1996). *Co-Operative Inquiry: Research into Human Condition*. London: Sage, p. 11。

对逆境的能力。① 当然，转变为"服务对象怎样应对"的视角之后，社会工作者也能够将服务对象的问题看得更清楚。例如，服务对象上课不敢问老师问题，遇到不懂的就应付一下。可见，行动概念的加入能够帮助社会工作者看清楚"问题"互动关系背后的具体问题以及其中蕴藏的各种能力。

在本章介绍的故事中有一段很有意思的描述，服务对象开始时和同桌的关系不好，时常被同桌欺负，但是调换了座位之后，服务对象与新同桌的关系处得很好。这样，服务对象就从原本看上去是问题的互动关系中摆脱出来，能够与新同桌顺利地交流。如果我们转换一下观察视角，从"服务对象怎样应对"的角度来看上述事件，就会发现与先前的分析结果大相径庭。

服务对象受到同桌欺负后，不敢告诉老师和父母亲，只能躲在一旁偷偷地流眼泪。有一次被老师发现了，问服务对象是谁欺负了他。这时，服务对象才把情况讲给老师听。接着，老师给他换了座位，调换到脾气比较温和的同学旁边。尽管服务对象与新同桌玩得很开心，但老师反映，服务对象还是比较胆小、被动。

读了上面这段描述之后，我们就能比较准确地了解服务对象在与同桌互动交流过程中的具体应对方式，就能够得出以下结论：尽管服务对象与新同桌相处得比较融洽，玩得比较开心，但服务对象的问题并没有消除，在应对周围他人要求的过程中服务对象仍旧显得比较被动。

三　有效行动：能力

在服务对象与周围他人的互动交流中，比较顺畅的要数数学的学习了。无论他自己还是父母亲、老师，都对此感到比较满意。显然，从形式上看，这是服务对象拥有的能力。② 正因为如此，服务对象的父母亲和老师都不担心服务对象的数学学习，服务对象的父母亲甚至在数学方面对服务对象没有什么具体的学习要求。但是，如果问服务对象的父母亲，服务对象在数学学习的哪些方面表现出了能力，他们未必答得上来。从本章介绍的故事中，我

①　Mandleco, B. L. & Peery, J. C. (2000). "An Organizational Framework for Conceptualizing Resilience in Children". *Journal of Child & Adolescent Psychiatric Nursing*, 13 (3), 99 – 112.

②　O'Hanlon, W. H. & Weiner-Davis, M. (1989). *In Search of Solution: A New Direction in Psychotherapy*. New York: W. W. Nortorn & Company, Inc., p. 39.

们也很难发现服务对象在数学学习方面到底拥有什么能力。

服务对象对数学很有兴趣，放学回家后，会先主动完成数学作业；上课时，也会主动举手发言。按他自己的说法，数学老师比较温和，对他们很好，不会大声训斥学生。因为数学学得比较好，经常受到老师表扬，服务对象对此感到很自信。父母亲对服务对象的数学成绩也感到比较满意，每次单元测验，服务对象都能考到90分以上。而且让父母亲感到比较放心的是，服务对象做数学作业不用催，会自觉地完成；有时，他还会主动做一些课外的数学练习题。

看了上面这段描述之后，我们就能够了解服务对象是怎样安排数学学习的，具体有什么样的能力。服务对象的数学学习能力可以概括为以下几个方面：①对数学学习有兴趣，能够主动完成数学作业；②数学课上能够主动发言；③喜欢数学老师，愿意和数学老师交流；④经常受到老师表扬，对数学学习很有信心；⑤数学成绩优异，让父母亲感到满意；⑥有时，主动做一些课外的数学练习题。显然，加入了行动概念之后，服务对象在数学学习方面的能力就表现得非常清晰、具体，即服务对象是如何有效应对数学学习中的要求的。这样，社会工作者在规划、设计社会工作专业服务时，就能够准确地了解服务对象所拥有的能力，找到专业服务活动的基础和起点。

当然，在运用"服务对象怎样应对"的视角审视服务对象在数学学习方面的互动关系时，我们看到的不仅仅是服务对象怎样有效应对数学学习中的要求，更能发现一些服务对象无法有效应对的方面。我们来看一看下面这段描述。

尽管服务对象在数学学习上没有太大的困难，但老师反映，服务对象比较粗心，经常漏掉计算单位、标点符号什么的，导致测验时失分。上数学课时，一旦听懂了，服务对象就容易开小差。另外，最让老师担心的是，服务对象对数学的兴趣很高，但对语文和英语就没有多少热情，出现严重的偏科现象。

读了上面这段描述之后我们就能发现，原本看上去是服务对象的优势的数学学习，也隐藏着一些问题，如服务对象做练习题时粗心、上课听懂了之后容易开小差以及严重偏科等。尽管这些问题还没有影响数学学习，但对服务对象的发展来说有一定的影响。设想一下，如果服务对象的语文和英语学习成绩没有明显提高，而数学成绩却出现了下滑，这个时候，无论服务对象还是周围他人，都会感到很大的压力。因此，及时发现服务对象在"能力"互动关系中的问题，做好预防工作，是社会工作专业服务必须考虑的内容之一。

通过这一节的分析可以看到，借助行动概念，服务对象的问题和能力的内涵就与具体的处境联系起来，是服务对象回应处境要求的具体方式，涉及人与环境之间的相互作用，具有场景性、变动性和发展性的特点。值得注意的是，这里所说的行动概念与行为主义提出的行为概念不同，它不是指个人在受到环境刺激时的动作反应，而是指人与社会处境的具体交流方式，具有人际交流的特点。[1] 行动概念还包含人在特定社会处境中积极选择和应对的要素，既涉及人对社会环境要求的理解，又包含人对社会环境的选择的复杂过程。服务对象如果能够有效应对，就是拥有能力；如果无法有效应对，就是存在问题。正因为如此，问题和能力的变动性十分突出，在不同的场合有不同的表现。

第三节 资源

服务对象在追求和实现自己的目标的过程中，需要与周围他人打交道，会受到周围他人的影响。周围他人既有可能是服务对象实现目标的有利支持，也有可能成为妨碍服务对象发展的限制。因此，学会充分利用周围他人的资源是帮助服务对象改变的重要一环，[2] 也是社会工作专业服务规划与设计中不可缺少的内容。

一 周围他人的资源

服务对象的改变总是发生在与周围他人互动的具体社会处境中，离不开周围他人的作用，需要周围他人的支持。[3] 仔细阅读本章的案例就可以发

---

[1] Heron, J. & Reason, P. (1997). "A Participatory Inquiry Paradigm". *Qualitative Inquiry*, 3 (3), 247 – 294.

[2] Saleebey, D. (1997). "Introduction: Power in the People". In D. Saleebey (2nd ed.), *The Strengths Perspective in Social Work Practice* (pp. 3 – 19). New York: Allyn and Bacon, p. 15.

[3] White, M. (1997). *Narratives of Therapists' Lives*. Adelaide, South Australia: Dulwich Center Publications, pp. 22 – 24.

现，服务对象的任何进步都与周围他人的关怀和支持分不开。服务对象遭到同桌欺负后，正是在老师的帮助下，才有机会调换了座位，改变了与同桌和其他同学的关系；在数学学习方面，服务对象因为经常得到老师的肯定和表扬，对自己的数学学习很有信心；语文和英语是服务对象学习中最薄弱的环节，也是得到父母亲最多关注的部分。为了提高服务对象的语文和英语成绩，父亲专门为服务对象买了《新华字典》和英语磁带，并且每天监督服务对象学习语文和英语。尽管目前服务对象的语文和英语成绩没有明显进步，但父亲的支持显然是服务对象语文和英语学习进步的重要条件。可见，服务对象要取得进步，既需要自身拥有应对周围环境的能力，同时也需要周围他人的积极支持——周围他人的资源。

运用"服务对象怎样应对"的视角来看服务对象的能力，意味着周围他人的资源也与行动密切相关，是周围他人回应服务对象的要求的具体过程。以服务对象遇到的语文和英语学习困难为例，服务对象的重要周围他人——父亲——因为没有受过多少教育，不知道怎样教育孩子，所以主动咨询了大学生，为服务对象购买了在他看来是必需的学习资料，并每天监督服务对象的语文和英语学习。可见，在服务对象面临语文和英语学习上的困难时，父亲的资源表现为：①主动咨询他人，寻找有效的教育服务对象的方法；②为服务对象购买必需的学习资料，创造良好的学习条件；③每天监督服务对象的语文和英语学习。同样，在数学学习方面，老师的资源表现在：①经常肯定和表扬服务对象；②愿意温和地与服务对象交流。也就是说，如果社会工作者希望在专业服务中充分发掘和利用周围他人的资源，就需要仔细寻找并增强周围他人的这些积极、有效的应对行动。

有意思的是，服务对象的能力和周围他人的资源并不是截然分开的，两者相互影响。借助具体的应对过程，服务对象的能力就能带动周围他人资源的调动；同样，周围他人资源的调动又能增进服务对象的能力。这样，两者相互促进，相互循环。服务对象数学学得好就是很好的例子。从能力角度来看，服务对象对数学学习很有兴趣，主动完成作业，而且上课积极举手发言，这样，就能经常得到老师的肯定和表扬，争取到周围他人的资源；而老师的肯定和表扬又反过来进一步影响服务对象对数学的学习，让服务对象对自己的数学学习很有信心。因此，在社会工作专业服务的规划与设计中，社会工作者既可以从服务对象的能力入手，也可以从周围他人的资源入手，让两者相互促进，形成良性的循环圈。

在日常生活中，服务对象处在人际互动的网络中，身边有很多周围他人，而真正对服务对象发挥重要影响的周围他人并不是很多，他们通常构成服务对象的核心互动网络。像案例中的服务对象的父亲和老师，就是核心互动网络中的重要周围他人。如果服务对象在学习上遇到什么问题，就会直接给这些重要周围他人造成压力，令他们担心，促使他们调动自己的资源帮助服务对象消除问题。

二　资源的结构互动性

周围他人的资源并不是服务对象可以随意利用的外部资源，它处在与服务对象以及其他人的互动交流中，具有结构性和互动性。也就是说，周围他人的资源受到周围他人自身互动结构的影响，是周围他人回应服务对象要求的方式。因此，我们不能撇开周围他人来谈资源。就像本章中的案例，服务对象语文和英语学习成绩的提高离不开父亲的关心与支持，但父亲的关心和支持并不是无限制的，而是会受到周围环境的影响。例如，服务对象的父亲是某单位的保安，晚上上班，白天休息，而且越是节假日越忙，没有办法请假，在时间上很受限制。此外，服务对象的父亲还需要照顾整个家庭，因为服务对象的母亲工作时间比较长，每天早上7点就要离开家，晚上8点才能回来，整个白天都不在家。服务对象的父亲表示，因为没有受过多少教育，自己无法给服务对象提供直接的学习辅导，只能检查服务对象是否完成了学习任务。这样，社会工作者在规划、设计社会工作专业服务时，就需要从周围他人的角度确定资源的运用状况。

在运用结构互动的视角分析周围他人的资源时就会发现，周围他人资源的发掘和利用又进一步受到周围他人的核心互动网络的影响。这样，一层连着一层，相互关联在一起，就像一张张开的网。在分析服务对象的资源时，社会工作者会发现服务对象、父亲和老师之间的核心互动网络；而进一步分析服务对象父亲的资源时，又会牵扯出服务对象的母亲等周围他人；在分析老师的资源时也一样。这样一层接一层，社会工作者会发现很多影响因素，涉及很多周围他人。从实际的操作层面来看，社会工作者的分析只要能够涵盖服务对象核心互动网络中的重要周围他人的互动网络就足够了，即包括下面的分析：服务对象——核心互动网络中的重要他人——重要周围他人的互动网络，见图3-1所示。

借助图3-1所示的三个层面的内容分析，社会工作者就能够比较准确

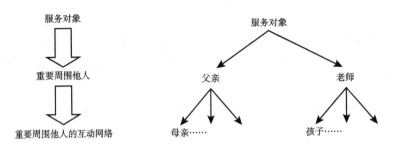

图 3 - 1   服务对象资源分析的层面

地了解服务对象的父亲和老师能够为服务对象的改变提供什么样的支持、什么程度的支持，充分发掘和利用重要周围他人的资源。不过，实际生活往往比理论复杂得多，尽管核心互动网络中的重要周围他人对服务对象的改变发挥着重要的作用，但是总有一些例外的情况。像本章案例中的服务对象的同桌，尽管不在服务对象的核心互动网络中，但确实对服务对象的学习发挥着重要的影响，因为他们经常一起做作业、一起学习。

社会工作者发现，服务对象经常与同桌一起做作业，而且两个人在一起学习时，服务对象的学习积极性和效率特别高，因为两个人会相互竞争，看谁作业完成得快。

显然，如果能够把服务对象的同桌纳入服务对象可以利用的资源范围内，将更有利于服务对象学习成绩的提高。因此，在分析了服务对象的核心互动网络之后，社会工作者还需要留意那些对改善服务对象的困境发挥重要作用的其他的周围他人。当然，整个社会工作专业服务的规划与设计仍需要以核心互动网络为关注点。

在核心互动网络中，重要周围他人之间的互动关系也可能影响服务对象。像本章案例中的父亲和老师之间的配合，对服务对象学习状况的改善发挥着积极的作用。可惜的是，尽管服务对象的父亲觉得自己没有受过多少教育，不知道怎样教育孩子，但很少主动与班主任沟通，认为自己的孩子学习成绩比较差，脸上不好看；而班主任又因为日常工作繁忙，没有时间定期与服务对象的父母亲沟通。如果服务对象的父亲和老师之间能够有很好的交流，将不仅有利于父亲了解怎样指导服务对象的学习，而且也能够让服务对象的家庭教育与学校教育之间有更好的配合。

第四节　结构处境中的行动

无论对周围他人资源的发掘和利用，还是服务对象问题的消除以及能力的发挥，它们的共同点在于：都是特定结构处境中的行动。[①] 借助具体的行动，服务对象的改变才能与身边重要周围他人的改变联结起来，形成相互作用的循环圈。[②] 这样，行动任务的布置自然也就成为社会工作专业服务规划与设计的核心。

一　行动任务的布置

社会工作专业服务的目标可以从两个方面来确定：问题的消除和能力的发挥。我们先来看一看让服务对象感受到压力的语文和英语学习。服务对象在这方面的问题主要表现在：①上语文和英语课时，不敢问问题；②做语文和英语作业时，遇到不懂的地方就应付一下。而服务对象在语文和英语学习方面的能力则主要表现为：①已经逐渐养成每天背《新华字典》和听英语磁带的学习习惯；②已经逐渐从被动学习转变为主动学习，并且表示愿意改善语文和英语的学习状况。根据上述服务对象在语文和英语学习方面存在的问题和拥有的能力，社会工作者就可以制定以下几个方面的专业服务目标：①培养服务对象主动问问题的习惯，如在语文和英语课上主动问问题，遇到不会做的作业主动问老师或者同学；②巩固服务对象主动学习的良好习惯，如每天主动背《新华字典》、听英语磁带、主动完成作业等。

在服务对象感到比较满意的数学学习方面，其主要问题表现在：①比较粗心，测验时容易失分；②上课听懂了之后就容易开小差；③对语文和英语学习没有多少热情，出现严重的偏科现象；等等。服务对象的能力主要表现为：①对数学有兴趣，能够主动完成数学作业；②数学课上能够主动发言；③喜欢数学老师，愿意和数学老师交流；④经常受到老师表扬，对数学学习很有信心；⑤数学成绩优异，让父母亲感到满意；⑥有时主动做一些课外的

---

① Fook, J. (2003). "Critical Social Work: The Current Issues". *Qualitative Social Work*, 2 (2), 123 – 130.

② Reason, P. & Bradbury, H. (2001). "Inquiry and Participation in Search of a World Worthy of Human Aspiration". In P. Reason and H. Bradbury (eds.), *Handbook of Action Research: Participative Inquiry and Practice* (pp. 1 – 14). London: Sage, p. 6.

数学练习题；等等。因此，社会工作者可以根据上面分析的服务对象在数学学习方面存在的问题和拥有的能力制定社会工作专业服务的目标，包括：①培养服务对象主动检查作业的习惯，提高服务对象数学作业的完成质量，改掉粗心的毛病；②培养服务对象预习数学科目的习惯，合理安排数学课外练习，增加数学学习的内容，减少服务对象开小差的机会，提高服务对象的数学学习成绩；③提高服务对象在数学课上发言的质量，争取得到老师更多的肯定。值得注意的是，培养服务对象主动问问题和主动学习的习惯，就能够在某种程度上解决服务对象在应对周围他人要求的过程中显得比较被动的问题，也可以提高服务对象对语文和英语学习的兴趣，消除服务对象严重偏科的问题。

由于结构互动视角关注的是一定结构下的互动关系，其中的核心互动网络在社会工作专业服务中发挥着十分重要的作用。这样，重要周围他人资源的充分利用也就成为社会工作专业服务的目标之一。在本章介绍的案例中，重要周围他人涉及服务对象的父亲和老师。就服务对象的父亲而言，他的主要资源表现为：①主动咨询他人，寻找有效的教育服务对象的方法；②为服务对象购买必需的学习资料，创造良好的学习条件；③每天监督服务对象的语文和英语学习。相应地，在向服务对象提供支持的过程中他也受到一定的限制，主要表现为：①没有受过多少教育，无法给服务对象提供直接的学习指导；②工作比较忙，尤其在节假日无法请假，时间上很受限制；③因为妻子工作时间比较长，还需要照顾整个家庭。在了解了服务对象父亲的资源和限制后，社会工作者就可以为服务对象的父亲制定相应的社会工作专业服务目标，包括：①主动咨询老师，与老师交流服务对象的学习情况；②合理监督和管理服务对象的学习，减少监督和管理的时间。

老师也是服务对象的重要周围他人，对服务对象学习状况的改善发挥着重要的作用。老师的资源主要表现为：①经常肯定和表扬服务对象在数学学习上的表现；②愿意温和地与服务对象交流；③与服务对象的父母亲沟通过服务对象的学习情况。当然，在帮助服务对象的过程中，老师也面临一些限制，主要包括：①平时工作非常忙；②自己的孩子还小需要照顾，无法抽出更多的时间和精力指导服务对象的学习。根据老师的这些资源和限制，社会工作者可以为老师制定相应的社会工作专业服务目标，主要包括：①在数学学习上，加强对服务对象的指导，提高服务对象的数学学习能力；②与服务对象的父母亲沟通服务对象的学习情况，加强对服务对象父亲的指导。

另外，服务对象的同桌也对服务对象学习状况的改善发挥着一定的作用。他的资源主要表现在：经常与服务对象一起做作业、一起学习，而且两人在一起学习时，对服务对象的学习积极性和效率有明显的影响。当然，也要防止两人在学习过程中出现对立和争吵。这样，社会工作者就能为服务对象的同桌制定相应的社会工作专业服务目标：①促进服务对象养成主动学习的良好习惯；②促进服务对象养成主动问问题的习惯。

二　焦点和场景的转换

运用结构互动视角开展社会工作专业服务，与运用其他视角开展服务有所不同，它要求既关注服务介入的对象，又要把服务介入的对象放到特定的互动结构中。这样，社会工作者在介入时就需要关注两个层面的要素：焦点和场景。这就像拍摄人物照片，关注的焦点——人物只是整个照片的一部分，如果希望图像清晰、醒目，仅仅关注人物本身还不够，还需要有一定的背景作为映衬。例如，社会工作者在针对服务对象的语文和英语学习开展专业服务活动时，其目的是培养服务对象主动问问题和主动学习的良好习惯，但是这样的活动会受到服务对象的父亲和老师的影响；反过来，这样的活动也会影响服务对象的父亲和老师。如果服务对象在语文和英语学习上变得更加主动，每天愿意花更多的时间，那么对于服务对象来说，这确实是进步。但是，这样的进步就会对服务对象的父亲和老师提出新的要求，需要父亲和老师给予服务对象更多的肯定和指导。可以想象，如果服务对象的父亲和老师跟不上服务对象的改变步伐，就会限制服务对象的进一步发展。服务对象的改变与父亲和老师的改变紧密联系在一起，彼此不能分割开来。当服务对象成为社会工作专业服务的焦点时，父亲和老师等周围他人就会成为服务对象改变的场景。同样，当服务对象的父亲或老师成为社会工作专业服务的焦点时，服务对象和其他周围他人就会成为父亲或老师改变的场景。他们之间形成的就是一个相互影响的互动网络，随着焦点的转换，场景也在发生相应的转换，如图 3 - 2 所示。

这样，专业服务介入活动就面临如何从一个焦点转到另一个焦点从而带动服务对象及重要周围他人一起改变的问题。通常，我们依据需要原则安排下一个专业服务介入的焦点，即服务介入对象改变之后，以他（她）的改变给谁造成的影响最大为标准确定下一个专业服务介入的焦点。以本章介绍的案例为例，如果社会工作者首先选择服务对象作为介入的对象，帮助服务

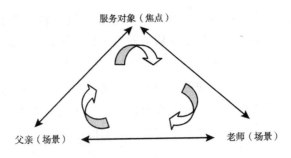

服务对象（焦点）

父亲（场景）　　　　　　　　　老师（场景）

图 3 - 2　结构互动视角的焦点和场景转换图

对象养成主动完成语文和英语作业的习惯，这样的改变给服务对象的父亲造成的影响最大，那么就要求服务对象的父亲及时敦促服务对象完成语文和英语作业，并且检查作业的完成情况。因此，社会工作者接着就需要与服务对象的父亲接触，协助父亲寻找有效指导服务对象学习语文和英语的方法。这样，老师的作用就变得越来越重要。如果社会工作者能够进一步和老师沟通交流，协助老师给予服务对象的父亲更好的教育指导，就能够进一步推动服务对象改变在语文和英语方面的学习习惯。

　　值得注意的是，社会工作者在从一个焦点转到另一个焦点开展社会工作专业服务时，其目的是希望在互动结构中找到最容易改变的服务介入对象，[①] 最快速地调整服务对象的互动网络，特别是服务对象的核心互动网络，保证最充分地利用服务对象的能力和周围他人的资源。当然，这样的服务策略也使得社会工作专业服务更具有场景性和流动性，要求社会工作者能够迅速融入服务对象的互动网络，并且在互动网络中组织和开展专业服务活动。

三　结构互动视角下服务方案的设计

　　显然，与前面章节介绍的两种视角相比，结构互动视角下的社会工作专业服务的规划与设计更为复杂，它首先需要社会工作者从纷乱繁杂的资料中找到服务对象的核心互动网络，确定核心互动网络中服务对象身边的重要周围他人。在本章的案例中，服务对象、服务对象的父亲和老师三者构成了服务对象的核心互动网络，父亲和老师就是服务对象的重要周围他人。不过，

---

① 童敏：《社会工作实务基础——专业服务技巧的综合与运用》，社会科学文献出版社，2008，第 206～208 页。

在这个过程中，同时也不能忽视对服务对象的问题消除和能力发挥产生重要影响的其他的周围他人。如本章案例中服务对象的同桌，他经常和服务对象一起做作业、一起学习。在确定了服务对象的核心互动网络之后，社会工作者接着就需要根据问题的消除和能力的发挥两个方面制定社会工作专业服务的目标，就像我们在这一节开始时规划和设计的那样，明确核心互动网络中每一位成员需要达到的目标。值得注意的是，专业服务目标一定是一种行动，而不是认识和判断，它所表示的是一种理想的互动方式。安排好了专业服务目标之后，社会工作者接下来就需要寻找社会工作专业服务的基础。与前面章节介绍的两种视角下的社会工作专业服务的规划和设计一样，也是以服务对象现有的能力作为专业服务的起点。不过，结构互动视角关注的是核心互动网络。因此，它涉及的服务介入的对象就不仅仅是服务对象，同时还包括其他重要的周围他人。也就是说，社会工作专业服务的基础既可以是服务对象的能力，也可以是重要周围他人的资源，涉及多个服务介入的对象。明确了专业服务的目标和基础之后，社会工作者在规划、设计社会工作专业服务时还需要考虑专业服务的策略。在结构互动视角下，专业服务的策略也需要依据不同的服务介入对象和互动关系来确定。这样，即使是同一个服务介入对象，在面对不同的互动关系时，也需要运用不同的专业服务策略。掌握了社会工作专业服务的基础、策略和目标，社会工作者就可以勾画出整体的社会工作专业服务方案。以本章介绍的案例为例，结构互动视角下社会工作专业服务规划与设计的具体内容如图3-3所示。

　　简单地说，在运用结构互动视角规划、设计社会工作专业服务时，可以分为四步：第一步，确定服务对象的核心互动网络；第二步，明确社会工作专业服务的目标；第三步，寻找社会工作专业服务的基础；第四步，制定社会工作专业服务的策略。需要注意的是，由于结构互动视角下的社会工作专业服务是在服务对象与周围他人的互动交往中展开的，因此它的专业服务策略会随着互动交往对象的不同而有所变化。例如，在服务对象与父亲的交往中，父亲将侧重让服务对象改善语文和英语学习状况以及培养数学课前预习和检查作业的习惯，关注如何监督和管理服务对象的学习。在服务对象与老师（班主任）的交流中，老师将重点关注服务对象在语文和英语课上主动发言的行为以及在数学课上的提问质量，强调在数学学习上指导服务对象。而服务对象的父亲与老师之间的交流，则围绕着服务对象的父亲主动与老师沟通以及老师及时给予服务对象的父亲教育指导。另外，服务对象的同桌也

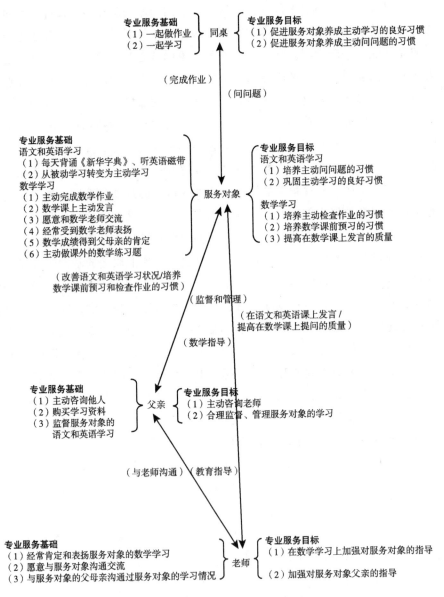

图 3-3   结构互动视角下社会工作专业服务的规划与设计

注：括号内为专业服务策略。

对服务对象的学习产生重要的影响，在服务对象与同桌的交流中，社会工作者将关注如何让服务对象的同桌与服务对象一起按时完成作业，以及如何鼓励服务对象主动问问题。

值得注意的是，一旦把社会工作专业服务放在服务对象与周围他人的互动交流中，服务的流动性就变得非常突出，社会工作专业服务策略就不再是固定的，需要社会工作者借助服务焦点和场景的转换，不断调整专业服务策略，在服务的流动过程中充分发掘和利用服务对象的能力以及周围他人的资源。

第五节 结构互动视角的基本逻辑假设

结构互动视角改变的不仅是问题和能力的具体内涵，让问题和能力的概念更为丰富、变动性更强，而且让问题和能力的概念与具体的日常生活处境联结得更为紧密。更为重要的是，结构互动视角从根本上改变了人与环境之间关系的基本假设，不再把环境简单地视为一个不分彼此的整体。

一 结构互动：问题和能力的处境化

人在环境中（person in environment）是社会工作的一个基本理念，[1] 无论问题和能力的静态视角还是动态视角都坚持这个理念。这个理念要求社会工作者在规划、设计社会工作专业服务时，把人和环境视为两个基本元素，了解服务对象在与周围环境互动的过程中表现出来的问题和能力，并依据对服务对象问题和能力的分析制订具体的专业服务方案。这样的视角看上去是把服务对象放在一定的社会环境中去考察，注重人与环境之间的互动关系，但实际上它对环境的认识是非常笼统的，无论对谁、对什么事，都可以简单地概括为环境的因素。这样的观点与我们在实际的社会生活中积累的经验是不相符的。而且，把人和环境放在一起，很容易将两者之间的关系理解为人去适应环境这种单向的联系。系统理论注意到了这个问题，强调人与环境相互影响。[2] 尽管系统理论依据系统的概念对环境做了进一步的区分，但它对环境的理解仍停留在比较抽象的层面上。

结构互动视角就不同了，它把服务对象放到具体的人际互动中，依据具

---

[1] Hamilton, G. (1951). *Theory and Practice of Social Work* (2nd ed.). New York: Columbia University Press, p. 3.

[2] Andreae, D. (1996). "Systems Theory and Social Work Treatment". In F. J. Turner (4th ed.), *Social Work Treatment: Interlocking Theoretical Approaches* (pp. 601 – 616). New York: The Free Press.

体的互动交流的对象观察服务对象的问题和能力。这样，周围环境就不再是一个笼统、抽象的概念，而是与服务对象进行沟通交流的具体的周围他人。不同的周围他人与服务对象的沟通方式是不同的，这也就构成了不同的环境；即使是同一位周围他人，因为时间、状态等不同，也会与服务对象形成不同的沟通交流方式，构成不同的环境。可见，借助结构互动视角，就可以把抽象的环境概念转化为具体的人际互动，并由此将问题和能力的概念与日常的社会生活紧密结合起来。

除了把服务对象放到具体的人际互动中，结构互动视角还强调人与人之间的互动并不是对等的，不同的人在其中占据着不同的位置，拥有不同的资源和条件，这就是人际交往的社会结构性。[①] 也就是说，所谓的服务对象的环境其实是服务对象与处于特定地位的周围他人的沟通交流方式。这样，通过互动和结构这两个概念，社会工作者就能将环境具体化，并进而将问题和能力处境化。

是人影响环境，还是环境影响人？为了避免二元对立划分，结构互动视角把注意力集中在行动上，[②] 观察服务对象与周围他人互动交流的具体过程——既包括服务对象对周围他人的影响，也包括周围他人对服务对象的影响——并从中确定人与环境互动交流的具体方式。这样就能避免抽象地讨论谁影响谁的问题，把握服务对象与周围他人具体的互动交流方式和过程。无论服务对象影响周围他人多一些，还是周围他人影响服务对象多一些，对行动的关注能够充分展现服务对象与周围他人之间相互影响的动态过程，并能够将问题和能力与具体的人与人之间的交往处境对接起来，保证问题和能力的处境化。

对核心互动网络的强调，使得社会工作者能够在实际的操作层面上运用结构互动视角。这样，社会工作专业服务规划与设计的关注焦点就从服务对象与周围环境之间的相互影响转变为服务对象在核心互动网络中与重要周围他人之间的相互作用，包含了结构、互动和行动等重要元素。正是借助核心

---

① 结构互动视角将互动理论与结构理论结合起来，它所强调的社会资源的结构性观点参见 Mullaly, B. (2007). *The New Structural Social Work* (3rd ed.). Canada: Oxford University Press, Chpater 9 "A Reconstructed Theory of Structural Social Work"。

② Reason, P. & Bradbury, H. (2001). "Inquiry and Participation in Search of a World Worthy of Human Aspiration". In P. Reason and H. Bradbury (eds.), *Handbook of Action Research: Participative Inquiry and Practice* (pp. 1–14). London: Sage, p. 6.

互动网络这个概念，问题和能力才得以真正在实际的操作层面上与服务对象
的日常生活融合起来。

二　问题和能力的变动性

无论问题和能力的动态视角还是结构互动视角，都有一个显著的特点：
变动性，即强调问题和能力并不是固定的，而是随着场景的变化而变化。在
动态视角看来，问题本身并不是问题，每个人都需要面对周围环境的挑战，
当不知道怎样有效应对周围环境的挑战时，"问题"就变成了真正的问题。
同样，结构互动视角也把服务对象能否有效应对周围他人的挑战视为判断问
题的标准，如果无法有效应对，就是存在问题。所不同的是，结构互动视角
的变动性更为突出，直接与具体的互动交流的对象联系在一起。与某个人的
互动交流存在问题，但很可能与其他人的交流就不存在问题。

在能力方面，动态视角把服务对象的能力分为"舍"的能力和"得"
的能力、与问题直接相关的能力和与问题不直接相关的能力。这样的分类展
现了服务对象在问题面前的不同应对方式和潜力，也为社会工作者充分发掘
和利用服务对象的能力找到了具体的实现途径。结构互动视角吸纳了动态视
角的这些基本观点，并且把它们放到具体的人际互动网络中，让能力的内涵
与具体的互动对象以及互动网络联结起来。这样，能力概念就能够扎根于服
务对象的日常互动交流中。

问题和能力的动态视角与静态视角不同，它把服务对象如何应对周围环
境的具体过程作为社会工作专业服务的关注点。如果服务对象能够有效应对
周围环境的挑战，就是拥有能力；如果无法有效应对，就是存在问题。因
此，无论问题还是能力，都是服务对象在应对周围环境挑战的过程中表现出
来的特征，包含了服务对象和周围环境相互作用的过程。结构互动视角也把
服务对象与周围他人互动交流的过程作为考察服务对象的问题和能力内涵的
关键，看服务对象能否采取有效的行动回应周围他人的要求：如果能够，就
是拥有能力；如果不能够，就是存在问题。因此，行动这个概念在结构互动
视角中占据很重要的位置。无论对服务对象的问题和能力的分析，还是对服
务对象发生改变的要求，都集中在服务对象的行动上。可以说，结构互动视
角下的社会工作专业服务其实就是对服务对象行动的规划和安排。当然，正
是借助行动这个概念，社会工作者才能将动态视角对服务对象应对周围环境
过程的强调进一步具体化。不过，结构互动视角的行动概念包含了互动网络

的要素，吸纳了更多的社会因素，因而它的内涵更为丰富。[①]

从问题和能力的静态视角到动态视角，再到结构互动视角，从中我们可以清晰地看到问题和能力内涵的变化轨迹：变得越来越具体，越来越与服务对象的日常生活紧密地联系在一起。尽管不同的视角具有不同的分析概念和逻辑框架，但它们都强调对服务对象的问题和能力做科学、准确的分析，并且由社会工作者规划和安排社会工作专业服务。像结构互动视角就坚持这样的基本服务策略：通过服务焦点和场景的安排以及行动任务的布置，让服务对象在增强与周围他人的社会支持关系的同时提高自身应对生活挑战的能力。

---

① 彼得·里森（Peter Reason）、约翰·赫伦（John Heron）和希拉里·布拉德伯里（Hilary Bradbury）等人提出参与式视角，强调现实是参与者通过行动与他人一起创造的过程，但是他们所说的行动没有社会结构的内涵。

第四章
服务对象和周围他人：叙事视角

服务对象，女，32 岁，四年前与丈夫离婚后来到东部的海滨城市打工，居住在城乡结合部的平房里，居住条件非常简陋，周围环境和卫生条件也不好。由于担心父母亲年龄较大，照顾不了自己的孩子，半年前服务对象把 8 岁的女儿接到自己身边，到自己打工的城市上学。服务对象发现，女儿虽然对学校的生活比较适应，与班里的同学相处得比较融洽，但学习基础比较差，学习成绩不好，尤其是数学成绩经常不及格。班主任老师也向她反映过，孩子比较听话，从不违反课堂纪律，但上课时常常走神，不知道在想些什么；而且孩子的学习接受能力比较弱，学东西比较慢，做题的速度也不快，看到别人都做完了而自己没做完，会急得直哭。最让服务对象感到不满意的是，孩子在家太调皮、不听话，做作业时还会和她讨价还价，甚至撒娇耍赖。而且孩子在老家养成的一些不好的行为习惯，如乱扔垃圾，从不整理自己的东西，等等，一时改不了，如果批评她，她还会顶嘴。

仔细阅读上面介绍的故事就会发现，服务对象做出的每一步选择都有自己的理由，都是依据自己的生活经验做出的。社会工作者如果希望准确了解服务对象面临的问题和拥有的能力，就得首先把自己放到服务对象的处境中和她一起面对日常生活中的各种压力与挑战，体会她内心的不安和紧张。这样的转变其实是叙事角度的转变，即从服务对象的角度叙述服务对象的故事。[1]

---

[1] White, M. & Epston, D. (1990). *Narrative Means to Therapeutic Ends*. New York: W. W. Norton & Company, Inc., p. 10.

第一节　故事描述视角的转变

服务对象面临什么问题，服务对象拥有什么能力，不同的人有不同的分析、理解的角度，当然也就有不同的结论。这些不同的分析和结论其实只是不同的故事叙述方式而已。说到底，无论问题还是能力，自己本身并不会表达，都需要有人从一定的角度来叙述。

一　事实

我们再仔细阅读上面这段故事，用心体会故事讲述者的角度，很快就能发现，这段故事采取的是客观"事实"的叙述方式，即故事的讲述者尽可能把自己视为观察者和分析者，保持中立、科学的态度，按事情本身的发展方式来叙述它的变化。① 我们来看一看故事开头的一小段描述：

> 服务对象，女，32 岁，四年前与丈夫离婚后来到东部的海滨城市打工，居住在城乡结合部的平房里，居住条件非常简陋，周围环境和卫生条件也不好。由于担心父母亲年龄较大，照顾不了自己的孩子，半年前服务对象把 8 岁的女儿接到自己身边，到自己打工的城市上学。

上面这段故事揭示了服务对象为什么离开家乡来到城市打工，为什么自己的生活条件那么艰难还把女儿接到自己身边、到城市上学的事件发展过程。显然，在整个故事的描述过程中，故事讲述者始终与所描述的对象保持着一定的距离，尽力避免把自己的感情偏好投入到对故事的描述中，让服务对象的故事以一种"客观"的方式呈现出来，不掺杂故事讲述者个人的主观经验和感受，不随故事讲述者的不同而不同。这样的故事描述方式想说明的是一种客观"事实"。

正是这样一种客观"事实"的描述方式，使得整个故事始终围绕着"是什么"这样的命题展开，重点揭示事件本身发展的内在逻辑：什么原因导致什么结果，出现了什么变化，等等。故事讲述者以故事的结尾作为分析

---

① "客观"事实描述是一种专家式的描述方式，它的基本逻辑参见 Payne, M. (2000). *Narrative Therapy: An Introduction for Counselors.* London: Sage Publications, pp. 20 - 21。

的起点，回过头来重新审视已经发生的事件，从中归纳出故事发展的因果逻辑。① 这样，阅读者很自然地从故事中领会服务对象所面临的"问题"的"必然"发展逻辑。就像本章介绍的这个故事，服务对象与丈夫离婚是因，来到东部的海滨城市是果；服务对象担心父母亲无法照顾好自己的孩子是因，把孩子接到自己身边是果。如果再读下去，还可以发现类似的故事线索。

由于关注故事中的"必然"逻辑，服务对象的发展愿望是否与周围环境的要求一致就成了故事讲述的关键。如果服务对象的发展愿望与周围环境的要求不一致，彼此之间就会出现冲突，导致问题的产生；如果服务对象的发展愿望与周围环境的要求一致，服务对象就能很好地适应周围环境的变化，这就是服务对象拥有的能力。因此，所谓的问题和能力就是服务对象的发展愿望是否与周围环境的要求相一致。就拿本章介绍的案例为例，服务对象之所以遇到问题，是因为孩子学习基础比较差，考试经常不及格，而且孩子不听话，做作业还要与她讨价还价；另外，孩子还有一些不好的行为习惯。服务对象与孩子之间的冲突恰恰是问题的根源。在故事的描述中，我们能够清晰地领会其中的基本逻辑：

差异—冲突—问题

只要仔细阅读本章的故事就会发现，其实，整个故事的描述都是围绕着差异—冲突—问题这样的逻辑展开的，它试图解释问题产生的原因和发展变化的过程。这样，差异成为冲突和问题的根源，被视为"非正常"的现象。如果服务对象在冲突面前能够将内心的发展愿望与周围环境的要求结合起来，就能够重新回到"正常"的轨道上来，这就是服务对象拥有的能力，它能保证服务对象避免与周围环境发生冲突。显然，在"客观"事实的描述视角看来，理想的生活方式是一种没有冲突、没有问题的生活方式。

总之，事实描述把故事视为事实，从"客观"、中立的立场讲述服务对象的故事，整理出服务对象与周围环境之间从存在差异到冲突再到出现问题的发展脉络。

二　真实

事实描述注重的是"客观"事实，尽管它也关注服务对象的内心感受、

---

① "客观"描述的必然逻辑受到法国学者利奥塔的批评，参见刘少杰《后现代西方社会学理论》（社会科学文献出版社，2002）的第六章"利奥塔的知识社会学"。

想法和动机等心理状况，但它是从"客观"的立场来倾听和解释的，把服务对象的心理状况视为观察、描述的对象。这样，从表面上看，事实描述似乎能够反映客观事实，但实际上，这样的对客观事实的描述总是与服务对象的内心真实感受存在一定的距离，并没有从服务对象的角度讲述服务对象自己的故事。因此，依据事实描述的故事并不能让服务对象真实地感受到、触摸到，它是一种"客观"的事实，但不是服务对象能够实实在在感受到的真实。真实和事实不同，真实是在事实的基础上加上观察视角，即真实 = 事实 + 视角。[①]

我们以本章案例中开头的一小段描述为例，如果从真实的角度描述故事，那么这段事实描述就需要转变为：

> 服务对象，女，32岁，四年前发现丈夫有了外遇，在不断的争吵中最终无奈地与丈夫离了婚。为了换一个环境调整自己的心态，服务对象离婚后来到东部的海滨城市打工。服务对象居住在城乡结合部的平房里，居住条件非常简陋，周围环境和卫生条件也不好，但她非常爱整洁，将简陋的家整理得井井有条，书桌也擦得干干净净，连桌布都是精心挑选的，墙上贴满了她以前的照片和明星画报。安顿好了自己的生活后，由于担心父母亲年龄较大，照顾不了自己的孩子，于是半年前服务对象把8岁的女儿接到自己身边，到自己打工的城市上学，希望能够为孩子提供一个良好的教育环境。

阅读上面这一小段故事描述就会发现，它与事实描述的不同之处在于：不管环境怎样变化，都要讲述服务对象自己是怎样想的、怎样做的。例如，四年前，服务对象为了"换一个环境调整自己的心态"来到东部海滨城市打工；虽然居住的环境条件很差，但服务对象却把家"整理得井井有条"；为了不给父母亲添太多的麻烦，并为孩子创造一个良好的教育环境，服务对象把孩子接到自己打工的城市上学。在整个故事的讲述过程中，有一条非常清晰的线索：服务对象自己的想法和感受。这样的想法和感受很可能与周围环境的状况不一致，但确实反映了服务对象自身的发展要求，尤其当服务对象处于逆境时，这样的想法和感受更加能够体现服务对象的执著和坚持。因

---

① 参见莱恩《分裂的自我——对健全与疯狂的生存论研究》（林和生、侯东民译，贵州人民出版社，1994）的第一章"人学的生存论—现象学基础"。

此，故事的讲述者在安排故事的发展线索时，不再把自己放在"客观"的位置上，科学地描述服务对象的故事，而是把服务对象视为有自己想法、有自己追求的一名社会成员，用心体会服务对象在不同处境中的期望和选择。①

由于真实的故事描述注重服务对象在特定处境中的期望和选择，因此它的关注焦点不是服务对象的故事"是什么"，而是服务对象在周围环境的要求面前是"怎样应对"的。这样，整个故事的描述将围绕服务对象是"怎样应对"的这个核心展开，具体的应对方式和应对过程就成了描述故事发展的很重要的内容。我们还是以上面介绍的这一小段真实的故事描述为例。服务对象面对离婚的打击，选择了到东部海滨城市打工，换一换环境，调整自己的心态；在简陋的居住条件下，服务对象把家整理的"井井有条"；城市优越的教育条件促使服务对象选择把孩子接到自己身边，到城市上学。在应对周围环境要求的过程中，服务对象成为行动的主体，有自己的想法，有自己的愿望，有自己的选择，有自己的应对方式，并不是必然逻辑的印证对象。②

服务对象内心的发展愿望与周围环境的要求之间常常存在着差异，这给服务对象造成了一定的压力，也迫使服务对象采取某种行动以应对周围环境的要求。当然，并不是通过努力每次都能成功地应对周围环境的要求。如果无法有效应对，服务对象的生活就会出现问题；如果能够成功应对，服务对象的生活就不会出现问题。显然，并不是因为服务对象内心的发展愿望与周围环境的要求之间存在差异，两者之间就会出现冲突，就会产生问题。问题是否产生取决于服务对象能否有效地处理与周围环境之间的冲突。

可见，真实描述与事实描述不同，它从服务对象自身的想法和感受出发，讲述服务对象在周围环境的不同要求面前的选择、行动的具体过程，梳理服务对象从期望到行动再到期望的不断循环的故事发展线索。

三　描述视角的转变

从事实描述转变为真实描述，需要调整的不是故事的某个元素，而是整个故事的描述方式，是故事描述视角的彻底转变。为了清晰地了解事实

---

① Cowger, C. D. (1994). "Assessing Client Strengths: Clinical Assessment for Client Empowerment". *Social Work*, 39 (3), 262–268.

② Glicken, M. D. (2004). *Using the Strengths Perspective in Social Work Practice: A Positive Approach for the Helping Professions*. Boston: Allyn and Bacon, p. 6.

描述与真实描述两者之间的差异，我们把它们做一比较。两者之间的具体差异见表4－1。

表4－1　事实描述与真实描述之间的差异

差异项目　　故事描述类型	事实描述	真实描述
描述的核心	事实	真实＝事实＋视角
讲述者的位置	客观，与服务对象保持一定的距离	主观，融入服务对象的日常生活
描述的重点	故事的必然逻辑	服务对象内心的发展愿望和应对方式
描述的基本逻辑	从差异到冲突再到问题	从期望到行动再到期望

了解了真实描述视角与事实描述视角之间的差异之后，我们从真实描述的视角出发来重新梳理本章介绍的故事。故事开头的一小段已做了调整，接下来我们把故事的其他部分也做相应的调整。下面是从真实视角出发描述的整个故事。

服务对象，女，32岁，四年前发现丈夫有了外遇，在不断的争吵中最终无奈地与丈夫离了婚。为了换一个环境调整自己的心态，服务对象离婚后来到东部的海滨城市打工。服务对象居住在城乡结合部的平房里，居住条件非常简陋，周围环境和卫生条件也不好，但她非常爱整洁，将简陋的家整理得井井有条，书桌也擦得干干净净，连桌布都是精心挑选的，墙上贴满了她以前的照片和明星画报。安顿好了自己的生活后，由于担心父母亲年龄较大，照顾不了自己的孩子，于是半年前服务对象把8岁的女儿接到自己身边，到自己打工的城市上学，希望能够为孩子提供一个良好的教育环境。不久，服务对象就发现，她对孩子不能适应学校生活的担心是多余的，孩子与班里的同学相处得比较融洽；但是孩子的学习基础比较差，学习成绩不好，尤其是数学成绩经常不及格。孩子在学习上遇到的这些困难让服务对象感到有些力不从心和无奈，因为她自己只有小学文化，无法指导孩子的学习，只能监督孩子按时完成作业。而孩子在做作业时，有时不听她的话，和她讨价还价，甚至还撒娇要赖。班主任老师也向她反映过，孩子比较听话，从不违反课堂纪律，但上课时常常走神，不知道在想些什么。服务对象还为此说过孩子，要求孩子上课时专心听讲，但没有什么效果。孩子的学习接受能力比较弱，学东西比较慢，做题的速度也不快。考试时，如果看到别人都做完了而自己没做完，孩子就会急得直哭，服务对象还笑话过孩子的这个"毛病"。最让她感到不满意的是，孩子在老家养成了一些不好的行为习惯，如乱扔垃圾，从不整理自己的东西，等等，一时改不了。每当遇到这样的情况，她就会批评孩子；如果孩子和她顶嘴，她就会打骂孩子。

阅读上面介绍的故事就会发现，在故事发展变化的过程中，有一个必不可少的元素在其中发挥着极其重要的作用。这个故事元素就是服务对象的期望，即服务对象对未来生活的规划和安排。

第二节 期望的作用

如果以服务对象为中心描述故事的变化发展，就不可避免地需要考察服务对象对未来生活的打算，了解服务对象在特定处境中为自己确定的发展方向，这是激励服务对象应对周围环境挑战的很重要的影响因素。这样，故事描述的焦点就从服务对象已有的需要转向服务对象对未来的期望。[1]

一 对未来的期望

在阅读故事的过程中，我们很容易发现，影响服务对象改变的一个很重要的因素，是服务对象自己希望改变，她对未来生活有自己的要求和想法。这些要求和想法是推动服务对象改变的直接动力，也是服务对象能力的重要表现。[2] 通常，我们可以在服务对象的"我想……"或者"我要……"的故事描述中发现服务对象的改变愿望。例如，在本章介绍的案例中，服务对象在离婚之后，希望换一下环境，调整自己的心态，这就是服务对象面对离婚挑战的改变要求。同样，服务对象来到东部海滨城市打工，居住的条件非常简陋，但服务对象把家整理得"井井有条"，而且在墙上贴满了自己"以前的照片和明星画报"，显然，这是服务对象在简陋的居住条件下的要求。为了不给父母亲添太多的麻烦，也为了给孩子提供一个良好的学习环境，在安顿好自己的生活后，服务对象接着把女儿接到自己身边……我们看

---

① 罗洛·梅把心理分析从关注本能推动转变为关注未来的牵动（爱），详见《罗洛·梅文集》（冯川、陈刚译，中国言实出版社，1996）的第五章"爱与原始生命力"。

② Saleebey, D.（1996）. "The Strengths Perspective in Social Work Practice: Extensions and Cautions". *Social Work*, 41（3）, 296–305.

到，服务对象的每一次选择，都是服务对象在一定处境中的期望和要求的体现。没有了期望，服务对象也就没有了改变的动力。

服务对象对未来的期望和要求并不是稳定不变的，会受到现实的挑战。这些期望和要求如果能够得到满足，服务对象就能保持积极的心态；如果不能得到满足，服务对象的改变愿望就会受到动摇，出现沮丧、失望等负面的情绪。我们来看一看本章这个案例就会发现，让服务对象感到"有些力不从心和无奈"的是，自己只有小学文化，无法指导孩子克服学习困难，而且孩子也不听她的话，和她"讨价还价"，甚至"撒娇耍赖"。针对孩子上课经常走神这一点，服务对象曾经要求孩子上课专心听讲，但没有什么效果。最让服务对象感到不满意的是，她希望孩子文静一些、有教养一些，但孩子在家乡养成了一些不好的行为习惯，到城市后也没有改掉；如果批评孩子，孩子还会顶嘴。需要特别注意的是，在这些沮丧、失望的负面情绪中包含了服务对象的改变要求，而这些要求是调动服务对象的改变动力从而消除问题的基础。因此，社会工作者在规划和设计社会工作专业服务时，需要转换一下角度来看服务对象的"问题"，寻找其中隐藏的服务对象的改变愿望和要求。在刚才介绍的案例中，尽管服务对象对孩子的学习感到不满意，但仍非常关注孩子的学习，仍希望能够给孩子力所能及的帮助。此外，服务对象还希望孩子能够改掉不良的行为习惯，适应城市生活的要求，等等。

尽管考察服务对象以往经历中的期望和要求有助于了解服务对象，但真正推动服务对象改变的基础不是在过去，而是在现在，需要看服务对象目前对未来的生活有什么要求和打算。服务对象的改变一定发生在对未来梦想的追寻过程中。[①] 因此，在服务对象的改变愿望和要求中，最重要的是了解服务对象现在想要什么，这是直接推动服务对象往前迈进的基础，也是社会工作专业服务的目标所在。在阅读了本章的案例后我们会有一个体会，案例的故事描述对服务对象现在的期望了解得不够，需要进一步补充。

在孩子的教育方面，服务对象希望能够与孩子好好沟通，对孩子的学习有所帮助，而且希望能够与孩子做朋友，了解孩子的想法，与孩子保持良好的关系。服务对象强调，孩子的个人习惯需要改变，希望她能够收拾好自己

---

① Saleebey, D. (2006a). "Introduction: Power in the People". In D. Saleebey (4th ed.), *The Strengths Perspective in Social Work Practice* (pp. 1 – 24). Boston: Allyn and Bacon, p. 22.

的东西，保持房间的整洁，而且孩子的性格也需要变得文静一些。服务对象已经有了男朋友，工作也比较稳定，因此希望将来可以与丈夫和女儿平平淡淡地生活下去，好好经营自己的生活。

阅读了上面这一小段故事后，社会工作者就可以总结服务对象目前的改变愿望和要求，它们具体表现为：①与孩子好好沟通，对孩子的学习有所帮助；②与孩子做朋友，了解孩子的想法；③孩子能够改变一些行为习惯，如收拾好自己的东西，保持房间的整洁，等等；④孩子的性格能够变得文静一些；⑤能够与丈夫和孩子平平淡淡地生活下去。这些改变愿望和要求是服务对象进一步改变的动力和基础。

二　具体的打算

参加过专业服务活动的社会工作者都会发现，服务对象在确定改变目标时，往往考虑得比较远、比较抽象，与实际生活有一定的距离。例如，在本章介绍的案例中，服务对象希望"与孩子好好沟通"、"与孩子做朋友"以及"能够与丈夫和孩子平平淡淡地生活下去"。这些改变的愿望和要求的内容就不够具体，比较抽象，特别是"能够与丈夫和孩子平平淡淡地生活下去"，这一要求与现实相距较远，无法在短时间内得到满足。这样，在激发服务对象的这些改变愿望时，就不一定能够真正影响服务对象的具体行动，甚至可能加剧服务对象内心的紧张和冲突。因此，如果社会工作者希望能够通过激发服务对象的改变愿望增强服务对象应对周围环境要求的能力，就需要首先将服务对象的这些改变愿望转变成具体的打算，将改变愿望具体化，与具体的行动计划联结起来，以便能够推动服务对象采取具体的行动，[①]即：

改变愿望——→具体打算——→行动

具体的打算和对未来的期望不同，它通常与具体的行动场景以及行动对象联系在一起，具有明确的行动目标，是服务对象对即将到来的未来生活的统筹安排和规划。显然，与一般的改变愿望相比，具体的打算更能够带动服务对象的行动。因此，社会工作者在了解了服务对象的改变愿望之后，还需要进

①　童敏：《社会工作专业实习——常见疑难问题及其处理》，社会科学文献出版社，2010，第17～18页。

一步帮助服务对象规划具体的打算，把服务对象对未来的期望转变为可以付诸行动的具体打算。我们还是以上面介绍的案例为例，当社会工作者了解到服务对象希望"与孩子好好沟通"、"与孩子做朋友"以及"能够与丈夫和孩子平平淡淡地生活下去"时，就可以进一步追问服务对象，她目前有没有具体的计划来实现这些愿望。这样，服务对象就能把自己的具体打算告诉社会工作者。当然，服务对象并不是对所有的改变愿望都有清晰的打算的。只有那些已有具体打算的改变愿望才能真正成为专业服务的目标，推动服务对象进一步改变。社会工作者通过追问发现，服务对象希望自己能够和孩子协商做家庭作业的具体安排，保证孩子有更多的时间独立完成作业，不要一有问题就问自己；服务对象还希望能够每天记录孩子的优点和取得的进步，多肯定和鼓励孩子。这些就是服务对象的具体打算。

　　在服务对象的改变愿望中有一类不是针对服务对象自己的，而是服务对象希望周围他人有所改变，像本章案例中服务对象的一些愿望，如希望"孩子能够改变一些行为习惯"以及"孩子的性格能够变得文静一些"，就属于这种类型的改变愿望。这里，服务对象要求改变的不是自己，而是孩子。因此，增强这种类型的改变愿望不仅无法调动服务对象的改变动力，而且还会造成服务对象与周围他人之间的紧张。自然，这样的改变愿望是无法作为服务对象进一步改变的基础的。为了把服务对象的改变愿望与具体的行动联结起来，社会工作者就需要对服务对象的这类改变愿望进行调整，把针对别人的要求转变为针对自己的要求。例如，社会工作者可以问服务对象，为了推动孩子能够改变一些行为习惯，具体她可以怎样做，或者为了让孩子的性格变得文静一些，她打算怎样做，等等。这样，服务对象的关注焦点就不再是孩子怎样改变，而是自己能够做些什么来推动孩子发生改变。服务对象认为，自己可以经常提醒孩子，特别是在孩子做完了作业之后，监督她把作业本和教科书等收起来。这样的具体打算就可以作为开展社会工作专业服务的目标。

　　这些有着具体打算的改变愿望是服务对象进一步改变的基础，可以直接增强服务对象的改变动力，并且为服务对象的行动调整以及应对问题的能力的增强做好准备。

第三节　行动的位置和含义

　　故事描述视角的转变使得行动在服务对象的改变中拥有非常独特、非常重要的地位，它不再是社会工作者根据专业分析所要求的行动调整，而是服务对象根据自己的改变愿望所进行的探索和尝试。①

一 行动：生活的尝试

当故事描述的视角从事实描述转为真实描述之后，服务对象就成为自己故事的讲述者，他（她）不仅是希望改变自己故事的人，而且也是自己故事的实践者，两者之间的联结就需要借助具体的行动，只有通过行动，服务对象才能把改变的愿望和具体的打算转变为实际生活中的尝试。因此，在真实描述视角下，服务对象就成为行动的主体，他（她）根据自己的改变愿望选择行动的方案，并且采取具体的行动影响自己的生活环境。尽管社会工作者以及周围他人也能够影响服务对象，但他们都没有办法代替服务对象来选择某种行动，因为真实的生活是针对行动者而言的，别人没有办法替代。显然，社会工作者发掘服务对象能力的最有效的方式，不是制定好专业服务方案让服务对象按照方案的要求行动，而是让服务对象根据自己的改变愿望选择行动的方案，并且对生活进行尝试和探索。可以说，在真实描述视角下，行动是服务对象实现自己改变愿望的具体方式，也是社会工作者发掘服务对象能力的关键所在。

对真实描述视角而言，无论服务对象的改变愿望是什么，它们与社会工作者的想法怎么不一样，它们都是真实的。② 作为社会工作者不是要判断它们是"对"还是"错"，或者是"好"还是"坏"，而是要鼓励服务对象根据自己的改变愿望做出行动尝试。一旦社会工作者追究"对"与"错"、"好"与"坏"的问题，就会把自己的价值标准强加给服务对象。有意思的是，尽管社会工作的价值观强调社会工作者要无条件地接纳服务对象，但是如果社会工作者不鼓励服务对象根据自己的改变愿望采取行动，就很容易陷入谁对谁错的价值判断中。

由于服务对象是根据自己的改变愿望做出行动尝试的，他（她）需要与周围他人沟通，应对周围他人的不同要求，处理生活中出现的意外。这样

① Reason, P. & Bradbury, H. (2001). "Inquiry and Participation in Search of a World Worthy of Human Aspiration". In P. Reason and H. Bradbury (eds.), *Handbook of Action Research*: *Participative Inquiry and Practice* (pp. 1 - 14). London: Sage, p. 9.

② 童敏：《社会工作实务基础——专业服务技巧的综合与运用》，社会科学文献出版社，2008，第 132～134 页。

的行动尝试有可能成功，从而达到自己的预定目标；但也有可能失败，从而实现不了自己的预定目标。不管成功与否，服务对象都需要面对自己的行动结果，并且根据行动的结果调整自己的改变愿望。显然，行动是服务对象与周围环境进行直接交流的具体方式，也是保证服务对象有效应对周围环境挑战的直接途径。作为社会工作专业服务来说，重要的不是服务对象的某个行动是否达到预定的目标，而是服务对象能否及时总结行动经验调整改变的愿望，从而有效地应对周围环境的挑战。

因此，在真实描述视角下，行动不仅是服务对象根据自己的改变愿望和具体打算而进行的生活尝试和探索，而且也是服务对象调整自己改变愿望的基础。如果用图来表示，行动的位置和作用如图 4-1 所示。

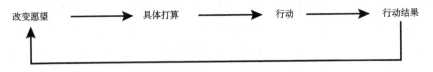

图 4-1　真实描述视角下行动的位置和作用

从图 4-1 可以看到，行动是帮助服务对象将心理感受与外部的社会生活联结起来的关键，促使服务对象形成内外相互促进的、积极交流的循环圈。[1] 这样，服务对象根据周围环境的变化调整自己行动的能力就能够得到提高，包括应对问题的能力也能够得到增强。

二　经验：前行的基础

服务对象在日常生活中的尝试，有的成功，有的不成功。不管成功与否，其中最重要的是服务对象目前已经能够做到的。这些能够做到的就是服务对象目前应对周围环境挑战的基本方式，是服务对象学习任何新的行动的基础，包括无效应对行动的消除以及有效应对行动的改善。就像本章案例中的服务对象，她平时能够做到的包括：①监督孩子按时完成作业，只是有时孩子不听她的话；②在孩子做作业时，给孩子留出一定的时间，让孩子独立完成作业；③及时指出孩子的不良行为表现，给孩子以指导。

① Reason, P. & Bradbury, H. (2001). "Inquiry and Participation in Search of a World Worthy of Human Aspiration". In P. Reason and H. Bradbury (eds.), *Handbook of Action Research: Participative Inquiry and Practice* (pp. 1-14). London: Sage, p. 9.

在寻找服务对象成功的行动经验的过程中，有一点值得注意，即使是服务对象已经能够做到的，仍有一个程度的问题。是能够完全做到还是能够部分做到，这些信息同样非常重要，能够帮助社会工作者准确判断服务对象行动改变的基础。

当然，如果服务对象遇到过与目前面临的问题相类似的问题，而且拥有一定的成功的行动经验，那么，这样的成功经验对于服务对象克服目前面临的困难而言是非常重要的。服务对象能够把以前积累的这些成功经验运用于目前的处境中，消除面临的问题。相比较而言，这样的学习方式要比直接学习新的行动来得容易些。阅读本章的故事就可以发现，故事的讲述者虽然知道服务对象的问题所在，但并没有进一步描述服务对象是否拥有成功的行动经验。社会工作者通过进一步询问发现，服务对象确实拥有一些容易被人忽视的以往的成功经验。

遇到孩子不愿意做作业时，根据她的经验，首先得哄着孩子，给她戴一些"高帽"，夸夸她，她就愿意做了。孩子刚开始到城里读书，做什么作业都问她，甚至上班的时候也会给她打电话。最后没有办法，只能要求孩子先把会做的做完，然后再向别人问不会的题。没想到，孩子此后就不再总是缠着她了。

读了上面这段故事描述之后，我们可以把服务对象以往的成功的行动经验概括为两个方面：①遇到孩子不愿意做作业时，首先哄着她；②让孩子先做会做的，然后再问不会的。

服务对象在应对"问题"的过程中也会出现一些无效的行动，会有一些失败的经历。这些失败的经历不是被夸大，就是被忽视，而其中的积极因素很难受到应有的关注。尽管"问题"中的无效行动不像有效行动那样可以作为社会工作专业服务的基础，但是它至少告诉社会工作者，不能让服务对象进一步尝试这些无效的行动。例如，在本章的案例中，服务对象在应对孩子学习上的困难时，也有一些无效的行动，主要表现为：①要求孩子上课时专心听讲，但没有什么效果；②笑话孩子做题的速度慢，但对孩子学习状况的改善没有什么作用；③批评孩子的一些不好的行为习惯，但孩子会和她顶嘴。显然，了解服务对象的这些无效的行动也是非常必要的，可以帮助服务对象避免陷入无效行动的恶性循环中，从反面为社会工作者提供帮助服务对象改善生活处境的方法。

第四节　社会工作者角色的转变

叙事视角不仅要求对服务对象的观察视角进行转变，让服务对象成为自己故事的创造者和讲述者，而且也要求对社会工作者的角色定位进行转变，让社会工作者真正成为服务对象的协助者和合作者。

一　协助者：让服务对象以自己喜欢的方式做喜欢的事情

服务对象喜欢什么、喜欢怎样安排未来的生活，这就是社会工作者开展专业服务的启动点，也是专业服务活动的发展方向。在叙事视角下，服务对象成为自己生活的创造者。社会工作者所要做的不是告诉服务对象应该做什么或者可以做什么，而是用心倾听服务对象的声音，了解服务对象的改变愿望，鼓励服务对象按照自己的改变愿望行动。社会工作者成为协助者的第一项任务，就是学会用心倾听和发现服务对象的改变愿望，让服务对象做自己喜欢的事情。在本章介绍的案例中，服务对象希望与孩子好好沟通，对孩子的学习有所帮助，等等。这些就是服务对象喜欢做的事情。不过，为了保证服务对象的改变愿望能够真正成为改变的动力，社会工作者还需要让服务对象把喜欢做的事情具体化，变成具体的打算。因此，如果社会工作者在开展专业服务活动的过程中发现服务对象没有改变的动力，那么，实际上不是服务对象真的没有改变的动力，而是社会工作者没有找到服务对象的改变愿望。[①]

很多时候，服务对象之所以被问题所缠绕，是因为他（她）的改变愿望与周围他人的要求发生了直接冲突，从而无法实现自己的愿望。这个时候，如果社会工作者鼓励服务对象按照自己的愿望行动，就会加深服务对象与周围他人之间的冲突。作为协助者不仅要肯定服务对象的改变愿望，而且需要和服务对象一起面对冲突，找到解决冲突的方法和途径。实际上，只有通过冲突以及对解决方法和途径的寻找过程，服务对象才能真正了解自己到底喜欢什么，需要做什么样的改变和调整。做自己喜欢的事情并不是不顾及周围他人的要求，而是根据周围他人的不同要求及时调整自己的位置和应对方法，充分利用实际生活处境提供的条件，最大限度地保证做自己喜欢做的

---

① O'Hanlon, W. H. & Weiner-Davis, M. (1989). *In Search of Solution: A New Direction in Psychotherapy*. New York: W. W. Norton & Company, Inc. , pp. 21 - 22.

事情。可见，所谓协助者的任务就是协助服务对象寻找合适的方式和途径做自己喜欢做的事情。

保证服务对象按自己喜欢的方式行动，是协助服务对象实现改变愿望的最佳途径。[①] 每个服务对象都有自己做事情的方式，这样的行动方式是服务对象在多次甚至多年的尝试中形成的，包含了服务对象的感情和偏好，绝不是简单的理性的选择。不管服务对象的行动方式怎样与周围他人或者社会工作者不同，让服务对象尽可能地按自己喜欢的方式行动，这是保证行动效果的有效方法。像本章案例中的服务对象能够监督孩子按时完成作业等，就是很好的例子。这些是服务对象能够做到的，她比较熟悉，不需要再花额外的精力学习。当然，以往成功的行动经验也是很重要的一个方面，像服务对象在遇到孩子不愿意做作业时，首先哄着她。这就是服务对象解决与孩子之间冲突的有效的行动方法。

一旦服务对象遇到"问题"，总会出现一些无效的行动。尽管这些无效行动不会给服务对象带来什么益处，但是服务对象通常表现出对这些无效行动的固着。这样，就会出现恶性循环的结果：服务对象越固着于无效的行动，就越无法改变处境；越无法改变处境，就越促使服务对象固着于某种无效的行动。让服务对象按自己喜欢的方式行动并不等于让服务对象固着于自己的某种无效的行动，而是协助服务对象以自己喜欢的方式应对问题的挑战，学习新的、有效的行动，减轻问题带来的压力。当然，通过问题的解决过程，服务对象就能积累成功的行动经验，从而进一步强化积极、有效的行动。显然，以自己喜欢的方式行动与问题的解决并不是对立的。

服务对象在行动过程中一定会积累新的经验，这些新的经验又会影响服务对象的改变愿望。这样，行动产生新的经验，新的经验又会影响改变愿望，改变愿望又会进一步影响行动，循环往复。在这一过程中，协助者有一项很重要的任务：协助服务对象总结行动中以及行动之后的经验，调整改变的愿望。[②] 值得注意的是，无论行动经验的总结，还是改变愿望的调整，都是服务对象自己的尝试。不管服务对象怎样总结自己的行动经验、怎样调整自己的改变愿望，社会工作者所要做的只是肯定和支持服务对象的这些努

---

① O'Hanlon, W. H. & Weiner-Davis, M. (1989). *In Search of Solution: A New Direction in Psychotherapy*. New York: W. W. Norton & Company, Inc., pp. 44 - 45.

② 童敏：《社会工作专业实习——常见疑难问题及其处理》，社会科学文献出版社，2010，第18页。

力，让服务对象学会一边行动，一边总结；一边总结，一边行动。

简单地说，作为协助者，其核心任务是让服务对象以自己喜欢的方式做自己喜欢的事情，在不断的行动循环中总结成功经验，学会有效应对问题的挑战。

二 合作者：与服务对象一起经历困难，一起面对困难

无论对谁而言，问题都会给其造成一定的压力，特别是当服务对象的基本生活受到严重影响时，问题造成的困扰会给服务对象带来挫败、沮丧、失望等消极感受，使服务对象不愿意面对问题，甚至有意回避问题。仅仅让服务对象以自己喜欢的方式做自己喜欢的事情，还不能推动服务对象直接面对问题。因此，社会工作者在开展专业服务时还需要承担合作者的角色，他（她）的首要任务是把自己放到服务对象的处境中体会服务对象面临的问题和压力，并且愿意和服务对象一起面对。[1] 通常，服务对象在问题面前会出现犹豫、摇摆甚至退缩的情况，这恰恰是服务对象学习直接面对问题的过程。作为合作者，不是指导和要求服务对象做什么，而是理解和接纳服务对象内心的不安，并且在服务对象犹豫不决的时候，愿意和他（她）一起直接面对问题，一起寻找解决问题的具体方法和途径。

愿意和服务对象一起面对问题并不意味着可以代替服务对象。在实际的专业服务活动中，服务对象常常因为害怕问题而不愿意直接面对它，希望社会工作者能够代替他（她）做他（她）需要做的事情。一旦社会工作者代替了服务对象，服务对象就没有机会发掘和培养自己的能力。这样，随着专业服务活动的开展，服务对象的依赖性就会增强，而能力却在下降。显然，这样的服务方式与社会工作的基本原则是背道而驰的。从资源提供的角度来说，社会工作者的能力和资源是有限的，代替服务对象至少不是一项明智的社会工作专业服务策略。

把服务对象能做的以及以往成功的行动经验作为专业服务活动的起点，这只是明确了专业服务活动从什么地方开始，但服务对象的问题并不会自己消失。在明确了专业服务基础之后，社会工作者还需要与服务对象一起面对问题。不过，问题之所以为问题，是因为它通常受到很多因素的影响，而且

① Saleebey, D. (1997). "Introduction: Power in the People". In D. Saleebey (2nd ed.), *The Strengths Perspective in Social Work Practice* (pp. 3 - 19). New York: Allyn and Bacon, pp. 10 - 11.

是经过一段时间的积累形成的，无法一下子解决。因此，在和服务对象一起直接面对问题之前，社会工作者还需要将问题简化，即把问题细分到服务对象可以直接通过具体的行动解决为止。这就是社会工作实务所推崇的从微小的改变开始。①

专业服务活动也像生活一样有起有落。遇到不顺利的时候，服务对象和周围他人就会感受到某种程度的挫败，很容易对服务活动的效果产生怀疑，对改变失去信心。这个时候，非常需要的是社会工作者的决心和勇气，他（她）愿意与服务对象和周围他人一起面对困境。如果在服务对象情绪低落的时候，也能让服务对象树立改变的信心，让他（她）得到周围他人的支持，那么这样的经历对于服务对象来说，就是很好地学习如何克服困难的过程。相反，在顺利的时候，服务对象和周围他人因为有了成功的经历，很容易对服务活动提出过高的要求，对未来抱有过高的希望。这个时候，让服务对象和周围他人看到成功经历中面临的困难，是非常必要的，可以帮助服务对象更好地学习如何利用自己的能力。因此，无论顺利的时候还是不顺利的时候，都是服务对象学习如何发掘和利用自己能力的时机。所不同的是，不顺利的时候，社会工作专业服务更关注服务对象能力的发挥；顺利的时候，更关注服务对象问题的消除。

总之，所谓合作者是指从微小的改变着手，愿意与服务对象一起面对问题，一起经历成功和失败，一起寻找克服困境、发挥能力的方法，但绝不替代服务对象。

三　叙事视角下服务方案的设计

叙事视角下社会工作专业服务方案的规划与设计和前面介绍过的专业服务方案的规划与设计不同，它有自己独特的要求。它首先需要明确的不是服务对象面临的问题，而是服务对象目前的改变愿望，并且将服务对象的改变愿望转化为具体的打算。这些具体的打算就是社会工作专业服务的目标。在本章介绍的案例中，服务对象的具体打算包括：①自己能够和孩子协商做家庭作业的具体安排，保证孩子有更多的时间独立完成作业，不要一有问题就问自己；②能够每天记录孩子的优点和取得的进步，多肯定和鼓励孩

---

① Ray, W. A. & de Shazer, S. (1999). *Evolution of Brief Therapies: In Honor of John H. Weakland*. Illinois: Geist & Russell, pp. 84 – 85.

子；③可以经常提醒孩子，特别是在孩子做完了作业之后，监督她把作业本和教科书等收起来。从专业服务目标的确定过程中可以发现，在叙事视角下，服务对象是整个社会工作专业服务规划与设计的中心，服务对象的改变愿望是社会工作专业服务的发展方向。

值得注意的是，在叙事视角下，社会工作的专业服务目标——服务对象的具体打算只是调动服务对象行动动力的具体方式，它本身并不是专业服务的最终目标。专业服务的最终目标恰恰是在专业服务的过程中，借助服务对象具体打算的实现过程提升服务对象应对问题的能力，使服务对象感到有能力应对面临的困扰。这样，无论服务活动顺利的时候还是不顺利的时候，都是社会工作者开展专业服务活动的有效时机。只不过顺利的时候，专业服务活动更为关注对服务对象能力的发掘和调动；而不顺利的时候，更为强调对服务对象问题的明确及消除。

整个社会工作专业服务仍旧以服务对象的能力为起点，包括服务对象已经能够做到的和拥有的成功的行动经验。在本章介绍的案例中，社会工作专业服务的基础可以概括为：①服务对象能够监督孩子按时完成作业，只是有时孩子不听她的话；②在孩子做作业时，服务对象能够给孩子留出一定的时间，让孩子独立完成作业；③服务对象能够及时指出孩子的不良行为表现，给孩子以指导；④遇到孩子不愿意做作业时，服务对象首先哄着她；⑤服务对象让孩子先做会做的，然后再问不会的。需要指出的是，这里所说的服务对象的能力只是指服务对象已经能够做到的行动和拥有的成功的行动经验。只有借助行动这个概念，社会工作者才能真正了解服务对象是怎样与周围环境交流的，真正了解服务对象往前迈进的基础。尽管服务对象失败的行动经验不能成为社会工作专业服务的基础，但它至少可以给社会工作者提供一个警示，在专业服务中避免采取这些无效的行动。因此，这些失败的行动经验也是非常值得关注的。在本章介绍的案例中，服务对象的无效行动主要包括：①要求孩子上课时专心听讲，但没有什么效果；②笑话孩子做题的速度慢，但对孩子学习状况的改善没有什么作用；③批评孩子的一些不好的行为习惯，但孩子会和她顶嘴。

在叙事视角专业服务方案的设计中，专业服务策略的规划是非常具有特色的，它关注社会工作者与服务对象的互动过程，把社会工作专业服务视为社会工作者与服务对象相互影响、相互作用的动态过程。这样，社会工作专业服务的过程就不是社会工作者根据预先制定好的服务策略逐步实施的过程，而是社会工作者与服务对象相互协商、一起经历成功和失败的过程。因此，在专业服务活动中，社会工作者随时需要根据服务对象的改变状况调整自己的节奏和步伐。不过，这并不意味着社会工作专业服务不需要规划，而是更加强调社会工作者的反思和调整能力。社会工作者在整个专业服务活动中始终需要扮演协助者和合作者的角色，从微小的改变着手，与服务对象一起面对问题，一起经历成功和失败，在不断的行动循环中总结成功经验，学会有效地应对问题的挑战，让服务对象以自己喜欢的方式做自己喜欢的事情。

如果用表格来表示，叙事视角下社会工作专业服务的规划与设计如表4-2所示。

表4-2　叙事视角下社会工作专业服务的规划与设计

服务规划内容 服务对象	专业服务基础	专业服务策略 （专业服务过程）	专业服务目标	专业服务的 最终目标
服务对象个人	（1）能够监督孩子按时完成作业，只是有时孩子不听她的话； （2）在孩子做作业时，能够给孩子留出一定的时间，让孩子独立完成作业； （3）能够及时指出孩子的不良行为表现，给孩子以指导； （4）遇到孩子不愿意做作业时，首先哄着她； （5）让孩子先做会做的，然后再问不会的。 **警示**（无效的行动） （1）要求孩子上课时专心听讲，但没有什么效果； （2）笑话孩子做题的速度慢，但对孩子学习状况的改善没有什么作用； （3）批评孩子的一些不好的行为习惯，但孩子会和她顶嘴。	（1）协助者。让服务对象以自己喜欢的方式做自己喜欢的事情，在不断的行动循环中总结成功经验，学会有效应对问题的挑战。 （2）合作者。从微小的改变着手，愿意与服务对象一起面对问题，一起经历成功和失败，一起寻找解决困境、发挥能力的方法，但绝不代替服务对象。	（1）自己能够和孩子协商做家庭作业的具体安排，保证孩子有更多的时间独立完成作业，不要一有问题就问自己； （2）能够每天记录孩子的优点和取得的进步，多肯定和鼓励孩子； （3）可以经常提醒孩子，特别是在孩子做完了作业之后，监督她把作业本和教科书等收起来。	借助专业服务目标的实现过程，提升服务对象应对问题的能力，使服务对象感到有能力应对面临的困难。

简单地说，叙事视角下社会工作专业服务的规划与设计具体分为以下三个步骤：第一步，了解服务对象的改变愿望，并将服务对象的改变愿望转化为具体的打算，确定社会工作专业服务的目标；第二步，寻找服务对象能够做的和以往的成功的行动经验，明确社会工作专业服务的基础；第三步，从专业服务的基础出发，在专业服务过程中扮演合作者和协助者的角色。在叙事视角下，社会工作专业服务的最终目标是借助专业服务目标的实现过程使服务对象感到有能力应对面临的问题。

第五节　叙事视角的基本逻辑假设

在事实描述转变为真实描述的过程中，社会工作专业服务规划与设计的重心也从社会工作者转向服务对象。倾听和了解服务对象的改变愿望，让服务对象成为专业服务活动的带领者，由服务对象自己确定专业服务活动的方向和目标，这是叙事视角的核心要求。

一　意义：生命的探索

区别叙事视角和其他视角的一个重要概念是意义。在叙事视角看来，无论什么人，都需要赋予所发生的事件以意义。[1] 不同的人对同一件事的看法是不同的，服务对象有服务对象的看法，社会工作者有社会工作者的看法，两者无法相互替代。实际上，无论服务对象还是社会工作者都是自己生活意义的解释者，都需要对自己生活的处境进行解释，并对面临的困难和威胁做出分析，确定应对的措施，明确未来的发展方向。在此过程中，离不开对意义这个重要元素的把握。因此，在叙事视角下，服务对象成为社会工作专业服务规划与设计的中心，不是由社会工作者告诉服务对象怎样做，而是让服务对象根据自己的理解和解释决定专业服务的方式。这样，服务对象是否喜欢改变、喜欢什么样的改变，就成为整个社会工作专业服务规划与设计的关键。[2]

其他视角也探索服务对象的内心感受和想法，也会了解服务对象怎样看待自己的生活。不过，它们是从其他人或者第三者的角度来看待服务对象的

---

[1] O'Hanlon, W. H. & Weiner-Davis, M. (1989). *In Search of Solution: A New Direction in Psychotherapy*. New York: W. W. Norton & Company, Inc., p. 48.

[2] Saleebey, D. (2006a). "Introduction: Power in the People". In D. Saleebey (4th ed.), *The Strengths Perspective in Social Work Practice* (pp. 1–24). Boston: Allyn and Bacon, p. 1.

内心感受和想法。这与叙事视角不同，叙事视角是让服务对象描述自己怎样看待生活中的事件。它以服务对象为中心，让服务对象讲自己的故事。显然，叙事视角所要求的转变不仅仅是观察内容的转变，同时也是观察视角的转变，让服务对象成为自己故事的述说者。这样一来，社会工作专业服务规划与设计的焦点也需要转变：不再是社会工作者如何分析问题并指导服务对象，而是社会工作者如何创造条件让服务对象能够顺利地讲述自己的故事。

如果服务对象希望有所改变，就需要积累新的经验，让自己对生活拥有新的、不同的解释。不能把意义简化为一种认知层面上的活动。实际上，对意义的理解和解释贯穿服务对象的认识、判断、行动和感受等整个生命的探索过程。其中，行动发挥着极其重要的作用。正是借助具体的行动，服务对象对生活意义的解释才能不断丰富；而不断丰富的意义解释又为进一步的生命探索提供了新的基础。这样，意义就不再是静态的，而是服务对象探索和理解生命的整个动态的过程。

因此，面对身处逆境的服务对象，社会工作者需要了解的不仅仅是服务对象面临什么压力和挑战，更为重要的是，要理解服务对象怎样看待和应对这样的逆境。对逆境的不同解释意味着对逆境的不同应对方式。逆境并不都会产生负面的影响，它同时也会为服务对象提供提升抗逆力的机会。[1] 实际上，我们很多的生活经验都是在逆境中学习的。当然，顺境也需要社会工作者关注，它也可能成为服务对象面临的问题。问题和能力是相互转化的，这一点在问题和能力的动态视角以及结构互动视角中也有论述。不过，叙事视角注重的是服务对象自己对生活处境的理解和解释。

二　行动：生命的整合

服务对象的内心感受是一个整体，相互之间是紧密关联在一起的，不能拆成不同的部分单独进行分析。服务对象对现实生活的认识会影响他（她）的行动，行动又会影响情绪，情绪又会影响认知。这样，心理的不同部分相互影响、相互作用，一起构成对生命意义的探索。可以说，如果服务对象遇到了"问题"，不是他（她）的哪部分心理出了问题，而是他（她）内部

① Kirby, L. D. & Fraser, M. W. (1997). "Risk and Resilience in Childhood". In M. Fraser (ed.), *Risk and Resilience in Childhood: An Ecological Perspective* (pp. 10 – 33). Washington, DC: NASW Press, p. 14.

心理的整个运行机制出了问题，服务对象就无法有效应对周围环境的挑战。当然，需要调整的也就不是某个或者某些心理因素，而是整个内部心理的运行机制。在服务对象内部心理的调整过程中，行动起着非常关键的作用，它将内部心理的不同部分联结起来，形成相互作用的整体。而且，正是借助行动，服务对象才能积累来自日常生活实践的新的经验，并将这些新的经验转化为内部心理调整的契机，重新规划自己的日常生活。

值得注意的是，通过行动，服务对象的内心感受就能与周围环境进行交流，服务对象就会理解和体会周围环境的要求，并且根据周围环境的要求调整自己的应对策略和方式，尝试不同的探索。在整个应对、探索的过程中，行动成了联结和沟通内部心理与周围环境的关键。一方面，通过行动，把服务对象的内心感受在具体的生活场景中呈现出来；另一方面，借助行动，把周围环境的要求转化为服务对象内部心理调整的动力。[①] 如果用图来表示行动的作用，则如图 4 - 2 所示。

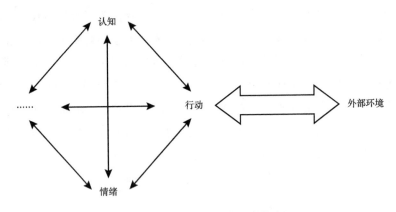

图 4 - 2   叙事视角下的行动整合

从图 4 - 2 可以看出，行动在两个方面实现了生命的整合，即服务对象内部心理的不同部分的整合以及服务对象的内部心理与周围环境之间的整合。

三   问题和能力：生命自我调节的状况

与问题和能力的动态视角以及结构互动视角一样，叙事视角也注重服务

---

① 童敏：《社会工作实务基础——专业服务技巧的综合与运用》，社会科学文献出版社，2008，第 110 页。

对象与环境之间的互动，把两者之间的交流视为整个社会工作专业服务关注的焦点，特别是服务对象是否拥有应对周围环境（周围他人）要求的行动能力，是直接判断服务对象是否面临问题的依据。如果服务对象能够有效应对周围环境（周围他人）的要求，就是拥有能力；如果无法有效应对周围环境（周围他人）的要求，就是存在问题。这样，无论问题还是能力都有一个显著的特征：变动性。它们不仅随着生活处境的不同而有所变化，而且即使面临同样的处境，如果服务对象不同，它们也会随之变化。因此，判断服务对象是否面临问题就需要直接观察服务对象应对周围环境（周围他人）要求的具体过程。服务对象的问题既受到周围环境（周围他人）因素的影响，又与服务对象的应对能力直接相关，是两方面因素在具体的生活场景中相互影响、相互作用的结果。

　　叙事视角与问题和能力的动态视角以及结构互动视角的不同之处在于，它强调服务对象拥有给自己的生活事件命名的能力。无论生活中的成功还是失败，服务对象都可以给出自己的理解和解释。不同的理解和解释会影响服务对象的内心感受，也会影响服务对象对行动做出的调整。因此，服务对象拥有自我调节的能力，他（她）既可以根据自己对周围环境（周围他人）要求的理解规划和安排自己的生活，也可以依据周围环境（周围他人）的变化及时调整自己的行动。[①] 这并不是说服务对象不需要理会周围他人的意见，而是不论周围他人怎样给予具体的指导，都需要服务对象自己去理解，只有这样，才能对服务对象的行动产生影响。服务对象像周围他人一样，拥有自己的生活经验、自己的生活态度以及自己的兴趣爱好等，这是周围他人永远没有办法代替的。

　　在困境中，服务对象自己对困境的理解发挥着重要的作用。如果服务对象把困境理解为每个人都必须面对的，而且保持乐观的态度，那么服务对象在应对困境的过程中就能够很好地调整自己，把困境转变为培养自己能力的很好的契机。当然，如果服务对象把困境理解为是自己的不足导致的，无法积极地面对困境，那么困境就很容易成为服务对象的问题，让服务对象感受到挫败。可以说，所谓的问题和能力其实是服务对象在面对周围环境（周围他人）的要求时自我调节的状况：如果能够应对周围环境

　　① Mandleco, B. L. & Peery, J. C.（2000）. "An Organizational Framework for Conceptualizing Resilience in Children". *Journal of Child & Adolescent Psychiatric Nursing*, 13（3）, 99–112.

（周围他人）的要求，服务对象就拥有能力；如果无法应对周围环境（周围他人）的要求，服务对象就存在问题。

在规划、设计社会工作专业服务时，叙事视角有一项根本的要求，就是以服务对象为中心，从服务对象的角度制订具体的服务方案，并且在服务对象的带领下开展服务活动。这样的看法与前面介绍过的问题和能力的静态视角、动态视角以及结构互动视角有着根本的不同，服务对象不再是被动接受指导的受帮助的对象，而是具有自己的判断力和理解力的行动者。相应地，在叙事视角下，专业服务的基本策略也需要调整，即由服务对象带领，通过不断行动，在行动中帮助服务对象学习发掘自身的能力，有效地应对面临的"问题"。

第五章
服务对象和周围他人：双向互动视角

服务对象，男，15岁，初中三年级学生，个头不高，体质比较弱，近视。服务对象平时喜欢看书，学习非常优秀，在全年级名列前茅，尤其是数学成绩总是全年级第一。服务对象对自己的学习充满自信。但是，在最近的一次考试中出现了意外，服务对象的学习成绩第一次出现了不及格，而且一向自信的数学也只达到了一般水平。知道考试结果后，服务对象非常沮丧，把自己锁在房间里，一声不吭。第二天，服务对象对父亲说他不愿意再上学了，担心同学笑话他。在父亲的一再鼓励下，服务对象来到学校，但发现自己很难记住老师抄写在黑板上的句子，主要是因为担心自己没有看仔细漏了内容，于是看了一遍又一遍，努力想记住它，但总是记不住。不久，服务对象在看书时也出现了同样的情况，反复阅读同一段文字，但就是记不住。不得已，服务对象选择了休学。在家轻松了几天之后，服务对象很快感到心里空落落的，白天父母亲上班，家里只剩下他一个人，整天无事可做，只能上网消磨时间。而且，服务对象感到越来越没有安全感，情绪起伏不定，经常与父亲吵架，抱怨父母亲对他关心不够。

在上面这段叙述中我们可以看到，整个故事的描述都是围绕着服务对象展开的。服务对象遇到了什么困难，这些困难是怎样变化的，服务对象是怎样应对的，等等，故事对这些都做了详细的介绍。可以说，服务对象成了整个故事描述的中心。与此相对应，周围他人的想法和要求在故事的描述中却没有像服务对象那样受到关注，他们只被视为服务对象成长过程中的外部环境。显然，这样的故事描述方式只是从服务对象的角度来看周围他人，忽视了这样一个基本事实：周围他人也像服务对象一样拥有自己的生活经验和观察视角，他（她）也是生活的积极行动者。这样，在社会工作专业服务的规划与设计中自然也就很难发掘周围他人的改变动力。唯一的解决方式是把单向的故事描述转变为双向的故事描述，让周围他人也能在故事的描述中展现自己的发展要求和经验。

第一节　双向故事描述

在故事描述中经常涉及服务对象和周围他人几个不同的行动者，每个行动者都有自己的观察视角和生活经验，都有自己对生活事件的不同解释。因此，对同一个故事就需要从不同的行动者出发解释故事的发展，充分呈现不同行动者的不同要求，形成双向的故事描述，即对生活中的同一事件，从服务对象和周围他人等不同人的视角展示事件的发展。[①]

一　服务对象和周围他人各自的生活安排

阅读本章的故事可以发现，故事除了涉及服务对象外，还有另一位重要的周围他人：父亲。如果要把以服务对象为中心的单向描述的故事转变成双向描述的故事，就需要把服务对象父亲的想法和要求增添到故事的描述中，展现在日常生活的交流中父亲自己的感受、想法和应对的方式。这样，故事的描述就拥有了多个视角，包括故事中所有主要行动者的经验。我们来看一看本章案例中的第一段描述：

服务对象，男，15 岁，初中三年级学生，个头不高，体质比较弱，近视。服务对象平时喜欢看书，学习非常优秀，在全年级名列前茅，尤其是数学成绩总是全年级第一。服务对象对自己的学习充满自信。

这段故事描述的都是服务对象自己的经历和感受，优秀的学习表现让服务对象对学习"充满自信"。但在孩子优秀的学习表现面前，父亲有什么感受和想法，这段故事并没有描述，但我们可以很容易猜到父亲一定有自己的想法和感受。实际上，父亲对服务对象的学习感到很满意，很为服务对象优

---

① 对生活中的同一事件，不同人有不同的解释，这些解释一起建构现实，这一观点参见 Gergen, K.（1999）. *An Invitation to Social Construction.* London：Sage Publications Ltd.，Chapter 7。

秀的学习表现感到自豪，毕竟服务对象就读的是一所很不错的重点学校。

当服务对象在考试中出现意外失误时，受到打击的不仅仅是服务对象，还有服务对象的父亲。服务对象的父亲也感到非常意外，但面对服务对象的沮丧和失望，作为父亲所能做的就是鼓励，相信自己的孩子一定能够挺过难关，重新回到原先良好的学习状态中。因此，当服务对象怕同学笑话不愿意上学时，父亲一再鼓励服务对象。可是，事与愿违，服务对象并没有恢复到原来的状态，而是出现了一些"强迫"的症状，迫使服务对象不得不暂时休学。这样的现实对于服务对象来说是一个不小的打击，而服务对象的父亲也感到非常不好受。可惜，上面介绍的案例并没有进一步展现服务对象父亲的想法，而只是关注服务对象的生活。

服务对象的父亲是高校的一位教师，因为觉得妻子太娇惯孩子，就要求由自己来负责孩子的教育。平时，只要有时间，他就会和孩子聊天，问问孩子的学习情况，但是目前正在参与一项重大的课题研究，经常到外地出差，没有多少空闲时间和孩子待在一起。父亲也知道这个时候孩子最需要父母亲的关心，但是工作又不能丢，只能暂时委屈孩子。了解了父亲的这些基本情况后，我们再来看上面介绍的案例中服务对象休学后的表现，就会有完全不一样的感觉，能够体会到父亲的无奈和艰辛。

二　服务对象和周围他人对未来生活的期望

在服务对象和周围他人的日常生活安排中，有一项内容需要社会工作者给予特别关注：服务对象和周围他人目前对未来生活的期望。这是促使服务对象和周围他人做出自我调整以及改善目前生活状况的重要动力来源。[①] 因此，社会工作者在了解了服务对象"问题"的发展变化过程之后，还需要进一步探问服务对象目前对未来生活有什么安排和打算。尽管服务对象目前面临很多"问题"的困扰，如没有安全感、整天无事可做、情绪容易激动等，但仍对未来抱有很大希望。

服务对象对自己目前的生活状态感到很不满意，希望每天能够安心读点儿书，以便一年之后顺利复学，恢复到以前的精神状态。服务对象希望父母

---

① Saleebey, D. (1996). "The Strengths Perspective in Social Work Practice: Extensions and Cautions". *Social Work*, 41 (3), 296-305.

亲，尤其是父亲能够有时间和他聊聊天，不要每天忙于工作，给他多一点关心。服务对象还希望能够有一些好朋友，平时有时间可以一起打球，一起外出。

读了服务对象对未来生活的描述之后，我们可以将服务对象对未来生活的打算分为三个方面：①安排好日常的学习，为以后复学创造条件；②希望父亲陪他聊天，给他多一点关心；③认识一些朋友，和他们一起打球，等等。

看着服务对象休学在家，整天无事可做，靠上网打发时间，父亲感到很失望，觉得服务对象像变了一个人似的，对自己没有什么要求，不求上进，而且一说他，他就和你吵，不但不体谅父母亲的辛苦，反而一见到父母亲就抱怨，责备父母亲不尽职。父亲知道服务对象这个时候需要别人的关心，但他们有自己的工作，不能扔下工作不管。服务对象不仅不听他们的解释，而且有时还会故意找茬。服务对象的父亲希望：

服务对象能够懂点儿事，体谅父母亲的辛苦，不要时不时地找茬；每天能够读一点书，安排好学习，毕竟休学只是暂时的；有时间可以出去打打球，锻炼锻炼身体，交一些朋友，这样心情会好一些。

显然，服务对象的父亲目前对未来生活的打算也包括三个方面：①希望服务对象能够体谅父母亲的辛苦；②希望服务对象平时安排好学习；③希望服务对象能够出门锻炼身体，结交朋友。

父亲的希望都是针对服务对象的，不是针对自己的，因为父亲认为"问题"出在服务对象身上。如果把这些希望作为专业服务的目标，父亲就会要求服务对象做出改变，而自己却会拒绝做出调整。因此，作为社会工作者，为了发掘和调动服务对象父亲的改变动力，就需要将父亲对服务对象的希望转变为对他自己的要求，即追问父亲，如果希望服务对象做到上述三个方面，他自己可以做些什么。服务对象父亲的回答是：①给孩子讲一讲他们的工作安排和要求，让孩子了解他们的辛苦之处；②给孩子一些积极的指导，帮助孩子安排好平时的学习；③鼓励孩子每天下午出门锻炼身体，同时结交一些同龄朋友，或者周末休息时，自己可以和他一起出门锻炼身体。同样，在服务对象对未来的打算中，也有要求父亲做出改变的地方，所以也需要调整，把针对父亲的要求转变为针对他自己的要求。例如，服务对象对未来生活的打算的第二个方面——希望父亲陪他聊天，给他多一点关心，就可以转变为主动找时间和父亲聊天，表达自己的一些想法。

三　服务对象和周围他人之间的循环影响

从服务对象和周围他人的双向视角来看故事的发展变化就会发现，双向视角下的故事描述逻辑与单向视角下的故事描述逻辑不同：不再是服务对象受到什么影响出现什么结果的因果分析，而是服务对象做出什么决定影响周围他人，周围他人的变化又会反过来影响服务对象。这样，服务对象和周围他人相互影响、相互作用，形成循环影响（见图5-1）。①

图5-1　服务对象和周围他人循环影响

我们来看一看上面介绍的案例中服务对象和周围他人各自的生活安排就会发现这样的规律：在"问题"出现之前，服务对象的优秀学习表现不仅让他自己对学习充满自信，而且也影响了周围他人，包括父亲，父亲也为孩子感到自豪。正是在这样的充满赞扬的氛围中，当服务对象第一次需要面对自己的失败时，他感受到的压力是非常大的，"把自己锁在房间里，一声不吭"。父亲虽然也感到非常意外，但他对自己的孩子还是充满信心的，一再鼓励服务对象继续上学。可惜，父亲的支持并没有减轻服务对象在学校感受到的压力。"强迫"症状的出现又一次打击了服务对象和父亲，而父亲这个时候还需要面对自己工作中的压力。尽管父亲知道服务对象希望得到自己的安慰，但苦于没有多余的空闲时间，感到很无奈。服务对象休学回家后，生活环境出现了变化，学习压力突然间消失了，服务对象感到轻松了许多，但没过几天又需要面对新的问题：怎样安排日常生活。由于没有做好准备，服

①　O'Hanlon, W. H. & Weiner-Davis, M. （1989）. *In Search of Solution: A New Direction in Psychotherapy*. New York: W. W. Norton & Company, Inc., pp. 41 -42.

务对象再一次陷入"问题"中，"整天无事可做，只能上网消磨时间"。服务对象不稳定的情绪和抱怨又给父亲的生活增添了新的压力，父亲第一次发现孩子这么不讲道理，好像和以前那个听话、懂事的孩子完全不一样了。

从循环影响的逻辑出发梳理服务对象与周围他人之间发生的故事，就可以发现在单向视角下很难发现的东西，特别是周围他人的内心感受和行动逻辑。但是仅了解服务对象与周围他人之间相互影响的原则，还是无法掌握服务对象和周围他人成功的行动经验，这样也很难在社会工作专业服务的规划与设计中调动服务对象和周围他人的能力。因此，社会工作者在整理故事时，还需要特别关注服务对象和周围他人在相互影响过程中的具体应对方式。

四　服务对象与周围他人相互影响的行动方式

仔细阅读本章的故事就会发现，故事开头一段描述的是服务对象在学习方面的成功经历和内心的"自信"感受，并没有涉及具体的行动。因此，这样的描述还不够细致，还需要进一步深入，把服务对象具体是怎样学习的呈现出来，否则，这样的故事描述无法帮助社会工作者找到服务对象成功的行动经验，也无法帮助社会工作者确定社会工作专业服务的基础。怎样才能发现服务对象成功的行动经验呢？社会工作者可以进一步关注服务对象的"自信"感受在行动上是怎样表现的。例如，服务对象每天按时起床、按时上学、按时做作业；上课时，积极举手发言，注意听老师讲课；回家后，首先完成作业，然后复习预习功课，学习非常主动；只有在周末，服务对象才偶尔上网。面对服务对象的积极表现，父亲也一定有自己的回应方式，但上面的故事只描述了父亲内心的"自豪"感受。显然，社会工作者还需要进一步发掘父亲的行动经验。父亲虽然没有当面直接夸奖服务对象，但大家都能看出来他对孩子很满意。有时，父亲还会和服务对象聊聊天，交流学习经验。

依据这样的双向视角，我们就能够重新梳理服务对象与父亲之间发生的故事，把行动作为关注的焦点。

服务对象，男，15 岁，初中三年级学生，个头不高，体质比较弱，近视。服务对象平时喜欢看书，学习非常优秀，在全年级名列前茅，尤其是数学成绩总是全年级第一。服务对象对自己的学习充满自信，每天按时起床、按时上学、按时做作业；上课时，积极举手发言，注意听老师讲课；回家后，首先完成作业，然后复习预习功课，学习非常主动；只有在周末，服务对象才偶尔上网。父亲对服务对象的学习感到很满意，很为服务对象优秀的学习表现感到自豪，尽管没有当面直接夸奖服务对象，但大家都能看出来他对孩子很满意。有时，父亲还会和服务对象聊天，交流学习经验。但是，在最近的一次考试中出现了意外，服务对象的学习成绩第一次出现了不及格，而且一向自信的数学也只达到了一般水平。知道考试结果后，服务对象非常沮丧，把自己锁在房间里，一声不吭。第二天，服务对象对父亲说不愿意再上学了，担心同学笑话他。父亲感到非常意外，但面对服务对象的沮丧和失望，作为父亲所能做的就是鼓励，相信自己的孩子一定能够挺过难关，重新回到原先良好的学习状态中。在父亲的一再鼓励下，服务对象来到学校，但发现自己很难记住老师抄写在黑板上的句子，主要是因为担心自己没有看仔细漏了内容，于是看了一遍又一遍，努力想记住它，但总是记不住。不久，服务对象在看书时也出现同样的情况，反复阅读同一段文字，但就是记不住。不得已，服务对象选择了休学。服务对象的"强迫"症状也给父亲不小的打击，父亲这个时候正在参与一项重大的课题研究，经常到外地出差，没有多少空闲时间和孩子待在一起。尽管父亲知道服务对象这个时候最需要父母亲的关心，但是工作又不能丢，只能暂时委屈孩子。服务对象休学回家后，生活环境发生了变化，学习压力突然间消失了，服务对象感到轻松了许多，但没过几天服务对象就感到心里空落落的，白天父母亲上班，家里只剩下他一个人，整天无事可做，只能上网消磨时间。服务对象感到越来越没有安全感，情绪起伏不定，经常与父亲吵架，抱怨父母亲对他关心不够。服务对象对自己目前的生活状态感到很不满意，不仅希望每天能够安心读点儿书，以便一年之后顺利复学，恢复到以前的精神状态，而且希望父母亲，尤其是父亲能够有时间和他聊天，不要每天忙于工作，给他多一点关心。服务对象还希望自己能够有一些好朋友，平时有时间可以一起打球、一起外出。服务对象不稳定的情绪和抱怨给父亲的生活增添了新的压力，父亲第一次发现孩子这么不讲道理，好像和以前那个听话懂事、勤奋好学的孩子完全不一样了，开始责备孩子不懂事。父亲希望服务对象能够懂点儿事，体谅父母亲的辛苦，不要时不时地找茬；希望服务对象每天能够读一点书，安排好学习，毕竟休学只是暂时的；父亲还希望服务对象有时间可以出去打打球，锻炼锻炼身体，交一些朋友，这样心情会好一些。

第二节　故事中的冲突

在服务对象与周围他人循环影响的过程中，最容易引起社会工作者关注的是故事中的冲突，它往往和服务对象的"问题"联系在一起，是服务对象和周围他人最希望改变的部分。

一　冲突：需要面对的故事

如果从双向互动视角出发描述服务对象的故事，读者很快发现服务对象和周围他人拥有不同的生活经验、不同的生活逻辑，两者在日常生活中必然出现冲突。冲突成了服务对象和周围他人在生活中必须学习面对的一部分。我们来看一看本章的故事，服务对象首先在学习方面与同学发生冲突，不愿意上学，怕"同学笑话他"。服务对象的挫败表现也影响了父亲，让父亲感到"非常意外"。当然，究其原因是服务对象在考试时出现了意外，这和他一贯的表现及他对自己的要求相差很远，对服务对象打击不小。仔细分析上面这段解释就会发现，服务对象对自己的学习要求中包含了同学、老师以及父母亲等人的希望。可以说，服务对象对自己学习考试成绩的不满本身就体现了服务对象与周围他人之间的冲突。

随着服务对象"强迫"症状的出现和强化，他与父亲之间的冲突表现得更为明显，加上父亲深知这个时候服务对象最需要他人的关心，但工作又不能丢，父亲内心的矛盾和冲突可想而知。服务对象休学回家后，整天无事可做，靠上网消磨时间，希望父母亲多关心他，但父母亲每天都要正常上下班，没有更多的空闲时间关心他，这进一步加深了服务对象与父亲之间的冲突。特别是服务对象的不稳定情绪和抱怨给父亲增添了新的生活压力，双方逐渐变得越来越对立，服务对象成了真正的"问题"。

从本章的故事中可以发现，冲突似乎是生活中不可避免的，冲突的加剧有可能转变为"问题"。在面对"问题"时，我们很容易想到的策略是消除"问题"，让服务对象的表现和周围他人的要求一致起来，不出现冲突。这样的服务策略不仅无法实施，而且还会造成服务对象与周围他人之间的紧张。尽管"问题"给服务对象和周围他人带来了困扰，但它也有积极的作用——能够帮助服务对象和周围他人认识并了解相互之间的差异和冲突。有意思的是，无论服务对象还是周围他人，在平时往往不愿意面对相互之间的差异和冲突，直到冲突加剧转变为"问题"时，他们才会注意彼此的不同要求和经验。

从积极的角度来看，"问题"给服务对象和周围他人创造了机会，让服务对象和周围他人有机会了解相互之间的差异。因此，社会工作者在帮助服务对象和周围他人解决"问题"时，还有另一项重要的任务：借助"问题"解决的过程，让服务对象逐渐学会面对"问题"背后所隐藏的服务对象与周围他人之间的差异。[①] 需要特别关注的是，服务对象的"问题"解决与直接面对"问题"背后所隐藏的差异是直接相关的。当服务对象的"问题"减轻之后，服务对象就容易直接面对与周围他人之间的差异了；同样，当服务对象能够直接面对与周围他人之间的差异时，就更容易找到解决"问题"的方法和途径。

因此，社会工作者在规划、设计社会工作专业服务时，关注的焦点不是通过"问题"的解决让服务对象与周围他人保持一致，而是通过"问题"的解决过程让服务对象和周围他人学会面对并了解相互之间的差异与冲突，否则，服务对象的"问题"就很难得到解决。即使解决了，也只是形式的转变，服务对象的"问题"又会以另一种方式表现出来。

二　问题：无法应对的冲突

当服务对象必须面对与周围他人之间的差异时，内心就会出现冲突，就需要调整自己，调动自己的能力和资源应对面临的冲突。就像本章介绍的案例，当服务对象的学习成绩突然出现退步时，就面临如何调整自己以面对挫折的问题。可惜，这样的学习退步对服务对象来说打击太大，超过了他所能承受的限度。服务对象一下子变得不知所措，于是选择了回避，告诉父亲不想再上学了。此时，原来一贯良好的学习表现就成了服务对象的"问题"。好在父亲仍旧对服务对象的学习充满信心，不断鼓励服务对象。显然，服务对象与周围他人之间存在冲突并不等于有"问题"，只有当服务对象无法应对冲突时，才会出现"问题"。

值得庆幸的是，父亲的鼓励和肯定多少缓解了服务对象内心的压力，让服务对象有勇气继续上学。但是，服务对象与同学和老师之间的冲突并没有

---

① Gergen, K. (1999). *An Invitation to Social Construction.* London: Sage Publications Ltd., pp. 168 – 170.

因此而减轻，特别是"强迫"症状的出现，使得服务对象与同学和老师之间的冲突不断加剧。服务对象再一次选择了回避：休学。服务对象的"问题"变得越来越严重了。这一次，服务对象没有那么幸运。父亲因为要完成课题研究，没有时间安慰、鼓励服务对象，服务对象的"问题"也就无法得到缓解。

如果说之前的冲突主要表现在服务对象与同学和老师之间，那么休学回家后服务对象与父亲之间的冲突就成为服务对象的主要问题。服务对象希望父母亲能够多关心他，而父母亲都有自己的工作，尤其是父亲工作比较忙，压力比较大，加上服务对象的不满和抱怨，使得服务对象与父亲之间的关系变得越来越对立，服务对象越来越无法应对面临的冲突，他的"问题"也就变得越来越严重。

从本章介绍的案例中可以发现，"问题"通常不仅表现为服务对象无法应对冲突，而且还表现为像父亲这样的重要周围他人也无法应对面临的冲突。这个时候，服务对象和周围他人就会相互影响、相互作用，使"问题"变得越来越严重，甚至出现服务对象与周围他人对立的现象。如果周围他人能够应对冲突，服务对象的"问题"就能够得到某种程度的控制。就像本章介绍的案例，当服务对象在学习上遇到挫折开始不愿意上学时，父亲的理解和支持就起了很重要的作用，帮助服务对象重新回到学校，直接面对学习上的困难。

三　行动："问题"改变的基础

对于社会工作者来说，仅仅了解服务对象和周围他人面临的冲突与"问题"，还是无法了解服务对象和周围他人成功的行动经验与目前面临的困难。因此，在冲突和"问题"面前，社会工作者还需要进一步询问服务对象和周围他人是如何应对的，他们各自采取了什么方式。就拿本章的案例为例，当服务对象的学习成绩第一次出现退步时，就与同学发生了冲突，怕"同学笑话他"。于是，服务对象选择了不去上学的方式来回避冲突。尽管服务对象的学习成绩出现退步对父亲的打击不小，但父亲仍旧对服务对象的学习能力充满信心，不断鼓励服务对象。显然，在学习出现退步这一"问题"面前，服务对象和父亲采取了完全不同的应对方式。

当服务对象的"问题"变得越来越严重，出现了"强迫"症状时，服务对象再一次选择了回避的应对方式——休学。作为父亲，尽管知道孩子此时非常需要安慰和鼓励，但因为工作忙，没有时间陪孩子，不得不选择委屈孩子。这样，服务对象与父亲之间的冲突就在慢慢加剧。特别是当服务对象休学在家无事可做而且变得越来越没有安全感时，服务对象选择了抱怨和与父亲争吵的方式。这给父亲增添了很大的压力，父亲开始责备服务对象。这样相互影响，服务对象与父亲之间的冲突进一步加剧。

在运用双向互动视角描述服务对象的故事时，社会工作者需要特别关注服务对象和周围他人目前应对"问题"的方式，这是服务对象和周围他人改善目前生活状况的基础。我们来看一看本章的案例，案例中虽然描述了服务对象和周围他人各自的改变要求，但没有讲述他们目前应对"问题"的具体方式。显然，为了科学地规划、设计社会工作专业服务，找到专业服务的基础，社会工作者还需要进一步了解服务对象和周围他人目前应对"问题"的具体行动方式。

服务对象目前每天看作文书，听英语磁带，做数学练习题，但坚持的时间不长。情绪好的时候，整个上午都能花在学习上；情绪不好的时候，看一会儿心里就开始觉得烦了。晚上父母亲回家，服务对象有时还会和他们打招呼；但情绪不好时，就不理他们了。服务对象喜欢打篮球，有时一个人跑到球场和陌生人一起打球。但因为球场离家有一定的距离，服务对象常常以没有伴为由拒绝出门，整天待在家里上网。父亲看不惯服务对象的懒散表现，有时就会直接责备服务对象。但服务对象不买账，抱怨父母亲对他关心不够。为此，父亲感到很无奈。在周末，父亲只要有时间，就会陪服务对象上球场打篮球或者出门散心。

根据上面案例中的描述，我们可以把服务对象目前应对"问题"的积极行动概括为：①每天看作文书、听英语磁带、做数学练习题；②有时和父母亲打招呼；③有时一个人跑到球场和陌生人一起打球。而服务对象的父亲目前应对"问题"的成功的行动经验表现为：只要有时间，就会陪服务对象上球场打篮球或者出门散心。

第三节　社会工作者的超越者角色

运用双向互动视角描述故事意味着故事拥有多个中心，不仅服务对象是自己故事的创作者，而且周围他人也是自己故事的讲述者。[①] 每个人都与他人不同，都拥有自己的生活经验和选择。因此，社会工作者在双向的故事描述中面临一项重要的挑战：同时从服务对象和周围他人的角度理解每个人独特的故事，并和他们一起寻找解决日常生活冲突的方法与路径。

一　学会面对冲突

从服务对象的角度描述故事的发展变化就会发现，服务对象的想法和要求经常与周围他人的期望和认识不同，相互之间总会存在某种差异和冲突。当服务对象无法应对这样的冲突时，"问题"就会出现。就像本章中的案例，服务对象的学习成绩第一次出现退步时，他对自己的期望和要求与同学和老师对他的期望和要求不同，相互之间的差异和冲突给服务对象造成了很大的压力，迫使服务对象采取消极的方式回避学习上的压力。进一步深入分析就可以发现，"问题"的不断升级反映了服务对象与周围他人之间冲突的加剧，直到最后服务对象和周围他人都感到无力应对时，才会寻求社会工作者的帮助。因此，当社会工作者协助服务对象面对和处理"问题"时，服务对象不可避免地需要学会面对冲突。特别是当服务对象被"问题"缠绕而且急于摆脱"问题"的困扰时，这种急切的心情很容易使服务对象失去理解自己与周围他人之间差异的耐心，而只要求解决自己面临的"问题"。如果此时连社会工作者也无法理解和接纳服务对象与周围他人之间的差异和冲突，服务对象就很难从"问题"的困扰中摆脱出来。

如果从周围他人的角度来看故事的发展变化，就会发现他们的想法和要求也时常与服务对象的想法和要求不一致。如果周围他人能够了解他们与服务对象之间的差异，并且积极应对由服务对象的"问题"带来的挑战，那么服务对象的"问题"就能得到某种程度的控制。就像本章中的案例，在父亲的鼓励和支持下，服务对象并没有放弃学业，而是继续上学。但是随着服务对象"问题"的加重，父亲越来越无法理解孩子的想法和要求，以致最后相互责备。显然，社会工作者在理解周围他人的故事时，也需要从周围他人的角度理解他们在日常生活中面临的冲突，特别是与服务对象之间的冲突。可以说，从双向互动的视角去分析这段故事，其实是从服务对象和周围

---

① Gergen, K. (1999). *An Invitation to Social Construction*. London: Sage Publications Ltd., pp. 174 – 175.

他人的角度理解他们之间的冲突和调整的过程。

差异和冲突贯穿故事发展变化的始终，成为日常生活的常态。作为社会工作者，如果不能面对差异和冲突，也就无法读懂服务对象和周围他人之间发生的故事。而要学会理解和接纳差异和冲突并不是一件简单的事，对社会工作者来说，不仅意味着能够容忍服务对象与周围他人之间的不同，而且还需要用一种欣赏的态度来看待他们之间的差异。特别是当双方地位不太对等时，处于弱势的一方更容易得到同情，尤其对社会工作者来说更是这样，因为社会工作者把帮助弱势群体视为自己的责任。这样，社会工作者在规划、设计社会工作专业服务时就会不自觉地忽视处于"强势"一方的要求。

对于服务对象和周围他人之间差异和冲突的理解程度，说到底，取决于社会工作者对自己生活中的差异和冲突的接纳程度。社会工作者在分析服务对象和周围他人的故事的过程中，不仅要了解服务对象和周围他人之间的不同，而且也要与自己的生活经验联结，反思自己应对差异和冲突的原则与方法。其实，社会工作者在理解令服务对象和周围他人感到头痛的"问题"时，就是在尝试接纳服务对象与周围他人之间的差异和冲突。整个"问题"的解决过程就是社会工作者协助服务对象和周围他人面对与处理冲突的过程。服务对象和周围他人之间的对立越严重，对社会工作者的挑战也就越大。

二 "中间人"

从双向互动视角来看，"问题"不是哪个人的，而是服务对象和周围他人相互影响、相互作用的方式，同时涉及服务对象和周围他人。[①] 这样的互动方式不仅妨碍了服务对象的发展，而且也影响了周围他人的日常生活，使服务对象与周围他人处于对立状态中。像本章中的案例，服务对象休学回家后，与父亲的关系变得越来越对立，"问题"也变得越来越严重。"问题"总是双方的，如果社会工作者在分析和理解"问题"的过程中偏向于服务对象，就会与周围他人形成对立，加剧服务对象与周围他人之间的冲突；如果社会工作者偏向于周围他人，就会给服务对象造成更大的压力，加深周围他人与服务对象之间的对立。显然，这两种方式都无益于"问题"的解决，

---

① 问题是一种互动的关系和结构，这一观点在结构式家庭治疗模式中得到了很好的体现，参见王思斌主编《社会工作综合能力》，中国社会出版社，2010，第133～135页。

因为它们都把"问题"视为某个人的，都只要求某个人改变，这样，自然也就无法影响服务对象与周围他人之间的互动交流方式。因此，当服务对象和周围他人向社会工作者讲述"问题"时，社会工作者需要保持"中间人"的立场，既从服务对象的角度理解他们的需要，也从周围他人的角度体会他们的发展要求，并且关注服务对象与周围他人之间相互影响的方式。

但是，在"问题"的产生过程中，服务对象和周围他人的地位通常并不是平等的，服务对象常常处于弱势地位，而周围他人常常处于强势地位。这样，周围他人就很容易利用自己的强势地位把"问题"推给服务对象，认为服务对象"不正常"，需要改变。因此，当社会工作者尝试了解服务对象的"问题"时，就很容易陷入两难的境地：一方面需要了解"问题"，明确"问题"产生的原因；另一方面又不能把"问题"归结为某个人有问题。事实上，只要社会工作者一接触服务对象，就会面临服务对象和周围他人提出的问题：谁出了"问题"？谁需要改变？如果社会工作者不给出明确的答案，或者不理会这样的问题，就很难与服务对象和周围他人建立起信任合作的关系，社会工作专业服务也就无法展开。面对这样的处境，社会工作者可以将"问题"拉远一些，拉远"问题"与服务对象的关系，同时关注怎样解决"问题"，将服务对象和周围他人的注意力集中在"问题"的解决上，而不是"问题"的原因分析上。[①] 这样，社会工作者就能将服务对象和周围他人对"问题"的改变要求整合起来，避免相互之间的对立。就像本章中的案例，如果社会工作者关注服务对象休学回家后与父亲发生争吵的原因以及服务对象在个性上存在的不足，就会加剧服务对象与父亲之间的冲突。如果社会工作者把服务对象的"问题"拉远一些，让服务对象和父亲讨论如何加强对服务对象日常学习的管理和安排，就能够增强服务对象与父亲之间的合作。

社会工作者作为"中间人"并不是充当服务对象和周围他人之间的和事佬，不管他们之间存在的差异，弱化他们之间的冲突；恰恰相反，社会工作者扮演的"中间人"角色是要让服务对象和周围他人面对相互之间的差异和冲突，并且协助他们一起寻找解决冲突的方法和路径。因此，社会工作者所扮演的"中间人"角色并不是第三者的客观角色，它包含了社会工作

---

① White, M. & Epston, D. (1990). *Narrative Means to Therapeutic Ends.* New York: W. W. Norton & Company, Inc., pp. 39 - 40.

者对服务对象和周围他人生活处境的投入与关心以及深入的理解。可以说，"中间人"角色体现了社会工作者对服务对象和周围他人自身能力和发展要求的肯定，是在人性层面上对服务对象和周围他人的无条件接纳。[①]

三　超越冲突

面对服务对象和周围他人之间的差异和冲突所造成的"问题"，社会工作者经常采用的服务策略是：帮助弱势一方对抗强势一方，或者消除他们之间的差异和冲突。前者注重的是社会工作专业服务中的公平正义原则，[②] 这样的服务策略虽然能够带来社会环境的积极改善，但同时也容易使社会成员之间形成对立；后者关注的是社会工作专业服务中的平衡和适应原则，这样的服务策略强调服务对象和周围他人之间的一致，减轻或者消除由他们之间的差异和冲突造成的生活压力，但它同时也容易出现忽视服务对象和周围他人各自独特的生活经验与需求的现象。双向互动视角既反对对立，也不赞同一致，因为无论对立还是一致，都是在一个水平面上谈论服务对象和周围他人的改变，这样的改变只是量的变化。在实际生活中，随着"问题"的消除，服务对象和周围他人的改变还可以表现为质的变化，即服务对象和周围他人对于自己与别人之间的差异有更深的理解，更能够直接面对相互之间的冲突，并且能够更好地利用和发挥自己的能力。这是一种整体生活安排能力的提升，是对自己原来生活状况的超越。[③] 它包括两个方面的基本要求：一是对自己与别人之间的差异有深入的理解；二是对自己能力的发挥有准确的把握。

有意思的是，对差异的理解和对能力的发挥这两个方面是紧密联系在一起的，两者相互作用、相互影响，一起影响"问题"的变化和发展。只有当服务对象和周围他人更深入地理解自己与别人之间的差异时，才能更为准确地了解自己的不足和长处，才能知道怎样更好地根据自己的要求选择自己喜欢的生活，发挥自己的能力。同样，当服务对象和周围他人在日常生活中

① 卡尔·罗杰斯：《成为一个人——一个治疗者对心理治疗的观点》，宋文里译，（台北）桂冠图书股份有限公司，1990，第18~32页。

② Lee, J. A. B. (2001). *The Empowerment Approach to Social Work Practice: Building the Beloved Community* (2nd ed.). New York: Columbia University Press, Chapter 2.

③ 超越原来的生活，实现更高层面的整合，这一观点参见 Canda, E. R. & Furman, L. D. (1999). *Spiritual Diversity in Social Work Practice: The Heart of Helping*. New York: The Free Press。

尝试发挥自己的能力时，就会加深对自己与别人之间差异的理解和把握。因此，所谓超越冲突，就是借助"问题"的解决过程让服务对象和周围他人更准确地了解自己与别人之间的差异，更好地发挥自己的能力，不断超越生活中的冲突。[①] 如果用图来表示，则如图5-2所示。

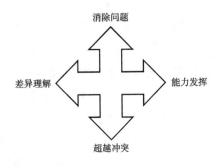

图5-2　双向互动视角下社会工作者消除问题、超越冲突图

我们以本章的案例为例，当服务对象面对"问题"的困扰时，他采取的积极的应对行动包括：①每天看作文书、听英语磁带、做数学练习题；②有时和父母亲打招呼；③有时一个人跑到球场和陌生人一起打球。显然，第一点表明服务对象希望提高对日常学习的安排能力，第二点表明服务对象想改善与父母亲的关系，第三点表明服务对象想结交同龄朋友。这三点都与服务对象的能力发挥相关联。在差异理解方面，服务对象休学回家后，首先需要面对的是生活环境的变化，家庭成了最重要的生活场景，服务对象需要慢慢适应这样的生活环境的改变；其次，服务对象需要面对以往不愉快的学习经历，这样的经历已经无法回避，服务对象需要学习逐渐接纳这样的不愉快经历。再次，服务对象需要面对父亲的工作问题，父亲正忙于课题研究，没有多少空闲时间可以陪他聊天。因此，服务对象还需要慢慢学会理解父亲面临的困难。可见，服务对象在差异理解方面需要面对三个方面的任务：①适应以家庭环境为主的生活方式；②接纳不愉快的学习经历；③了解父亲面临的困难。

在服务对象的"问题"面前，父亲采取的积极的应对行动表现为：只要有时间，就会陪孩子上球场打篮球或者出门散心。但同时，父亲还需要学习面对自己生活中的一些限制，理解自己与服务对象之间的差异，包括：①接

---

① 中国哲学强调超越生活中的冲突，实现境界上的完整性，具体可参见蒙培元《中国哲学主体思维》（人民出版社，1993）的第五部分"自我超越型形上思维"。

纳自己工作的要求；②了解服务对象适应环境变化和接纳不愉快经历的压力；③了解服务对象结交同龄朋友的要求。

显然，社会工作者在规划、设计社会工作专业服务时，无论在专业服务的基础还是在专业服务的策略方面，都需要同时关注服务对象和周围他人能力的发挥和对差异的理解两个方面，才能保证快速、有效地帮助服务对象和周围他人实现各自的目标，超越冲突，消除"问题"。

第四节　双向规划与设计

在双向互动视角下，社会工作者扮演超越者的角色，其所规划、设计的专业服务既需要体现服务对象的发展要求，也需要呈现周围他人的改变愿望；既需要关注服务对象和周围他人对差异的理解，也需要注重服务对象和周围他人能力的发挥。这样的角色要求显示了双向互动视角的核心特征，也必然贯彻在社会工作专业服务的规划与设计中。

一　双向规划与设计的基本原则

双向互动视角下专业服务的规划和设计与前面介绍的几种规划和设计不同，它可以从服务对象入手，也可以从周围他人入手，甚至可以同时从服务对象和周围他人入手。这样，社会工作专业服务的灵活性得到了很大的提高。社会工作者不需要一直盯着服务对象，如果服务对象暂时不愿意和社会工作者合作，社会工作者就可以从周围他人中愿意合作的入手，逐渐影响服务对象。如果服务对象和周围他人都愿意合作，就可以同时从几个人入手，提高社会工作专业服务的效率。因此，双向规划与设计的一项基本原则是：不同起点，即社会工作专业服务可以从不同的人或者同一个人的不同方面入手。

在本章的案例中，服务对象和父亲都愿意解决面临的"问题"，都愿意与社会工作者合作。因此，社会工作者可以同时从服务对象和父亲入手开展社会工作专业服务。就服务对象来说，他已经采取的应对"问题"的积极的行动包括：①每天看作文书、听英语磁带、做数学练习题；②有时和父母亲打招呼；③有时一个人跑到球场和陌生人一起打球。这三个方面可以作为服务对象能力发挥的起点。但同时，服务对象还需要学习理解自己与周围他人以及与周围环境之间的差异，这涉及：①适应以家庭环境为主的生活方式；②接纳不愉快的学习经历；③了解父亲面临的困难。就服务对象的父亲而言，他在"问题"面前的积极应对方式是：只要有时间，就会陪孩子上球场打篮球或者出门散心。当然，服务对象的父亲同时还需要学习接纳自己与服务对象以及与周围环境之间的差异，包括：①接纳自己工作的要求；②了解服务对象适应环境变化和接纳不愉快经历的压力；③了解服务对象结交同龄朋友的要求。

服务对象和周围他人在社会工作专业服务中不仅需要有不同的起点，而且还需要有不同的发展路径。这是双向规划与设计的另一项基本原则。因为在双向互动视角看来，服务对象和周围他人具有各自不同的生活经验和发展要求，面临不同的周围环境的挑战，当然也就会有不同的发展路径的选择。因此，在社会工作专业服务中，社会工作者需要对服务对象和周围他人保持开放的态度，鼓励他们根据自己的经验和要求做出自己的选择。允许选择不同的发展路径作为专业服务规划和设计的一项基本原则主要包括两方面的内容：①针对服务对象和周围他人制定不同的专业服务目标；②针对服务对象和周围他人采用不同的专业服务策略。

仔细阅读本章的案例就会发现，服务对象和周围他人的发展愿望是不同的，服务对象对未来的具体打算涉及以下三个方面：①安排好日常的学习，为以后复学创造条件；②希望父亲陪他聊天，给他多一点关心；③认识一些朋友，和他们一起打球，等等。而服务对象的父亲对未来的期望是：①给服务对象讲一讲他们的工作安排和要求，让服务对象了解他们的辛苦之处；②给服务对象一些积极的指导，帮助服务对象安排好平时的学习；③鼓励服务对象每天下午出门锻炼身体，同时结交一些同龄朋友，或者周末休息时，自己可以和他一起出门锻炼身体。显然，服务对象和周围他人具有不同的专业服务起点和专业服务目标，对他们采用的专业服务策略也会随着每个人的不同而不同。作为社会工作者，他（她）所扮演的是超越者的角色，除了鼓励服务对象和周围他人理解相互之间的差异和发挥各自的能力之外，还需要随时肯定服务对象和周围他人依据自己的经验和要求选择自己的发展路径。

在双向互动视角看来，尽管服务对象和周围他人具有不同的生活经验和要求，但两者是相互影响的，服务对象的改变会影响周围他人，周围他人的改变也会影响服务对象。因此，在规划、设计社会工作专业服务时，社会工作者需要坚持一项基本的原则：交叉但不重叠，即根据服务对象和周围他人的发展要求让两者相互影响，加深彼此的理解，鼓励双方依据各自的要求做出选择。[1] 也就是说，社会工作者在规划、设计社会工作专业服务时，需要寻找服务对象和周围他人可能相互交流的点，并且根据这个交流点带动服务对象和周围他人之间的沟通，让服务对象和周围他人更好地了解彼此的差异，发挥自己的能力。

　　我们来看一看本章中的案例，首先寻找服务起点中是否有服务对象和周围他人相互影响的活动。服务对象有时和父母亲打招呼、父亲有时陪服务对象上球场打篮球或者出门散心，这些活动就同时涉及服务对象和父母亲，可以增强他们相互之间的交流，这就是活动的交叉点。社会工作者在专业服务活动中可以利用这些交叉点增进服务对象和周围他人之间的交流，但同时还需要关注他们各自不同的发展要求。例如，服务对象有时和父母亲打招呼是为了让父母亲多给他一点关心，社会工作者就可以从服务对象的角度问他，除了打招呼之外，还有没有其他什么有效的影响父母亲的方式，协助服务对象解决"问题"。如果从服务对象父母亲的角度去问，方式就不一样了。社会工作者可以问服务对象的父母亲，面对服务对象的要求，他们有什么打算；怎样让服务对象感到更多的关爱，协助服务对象的父母亲处理好与服务对象的关系。显然，服务对象和父母亲在"打招呼"上有了交叉点，但社会工作者并没有要求他们就解决方案达成一致意见，只是鼓励他们增进相互理解。这就是交叉但不重叠。父亲有时陪服务对象上球场打篮球或者出门散心也一样，也可以运用交叉但不重叠的原则处理。当然，服务对象和周围他人的交叉点不仅仅只有这两个，像父亲希望给服务对象一些积极的指导，帮助服务对象安排好平时的学习，或者给服务对象讲一讲他们的工作安排和要求，让服务对象了解他们的辛苦之处等，都可以作为服务活动的交叉点。借助交叉点，社会工作者就可以同时影响服务对象和周围他人，达到"事半功倍"的效果。

　　双向规划与设计的另一项基本原则是：不同结果，即社会工作专业服务给服务对象和周围他人带来不同的改变。这项基本原则包含两层基本含义：①社会工作专业服务的安排遵循多中心的原则，既需要从服务对象的角度看服务活动怎样开展，也需要从周围他人的角度考察服务活动怎样进行。服务

---

① 交叉但不重叠的原则非常像复调小说强调的"多声音"的创作观点，详见巴赫金《陀思妥耶夫斯基诗学问题》，白春仁、顾亚玲译，三联书店，1988，第2～14页。

对象和周围他人有不同的要求，不能以一方为中心，要求另一方为其做出牺牲。例如，社会工作者在帮助儿童时，如果受助儿童有进步，则通常会要求父母亲给予积极的肯定和支持，而父母亲自身的要求却常常被忽视。显然，这不是双向的规划与设计。②社会工作专业服务促使服务对象和周围他人发生不同程度的改变。既可以是服务对象改变快一些、多一些，也可以是周围他人改变快一些、多一些。当然，通常情况下，服务对象的改变要比周围他人多一些。不过，不管两者哪个改变多一些，都需要保持两者同步改变。

总之，双向规划与设计就是依据多中心的原则，让服务对象和周围他人在专业服务活动中有不同的改变起点、不同的发展路径、不同的改变结果，两者交叉但不重叠。

二 双向互动视角下服务方案的设计

在运用双向互动视角规划、设计社会工作专业服务时，社会工作者需要做的第一步工作就是确定专业服务目标。由于双向互动视角关注服务对象和周围他人自身的发展要求，因此社会工作者就需要发掘和调动他们各自的发展愿望，由他们带领社会工作者开展专业服务。而社会工作者只是"中间人"，需要与服务对象和周围他人一起寻找面对和解决"问题"的方法与途径。因此，社会工作者可以把服务对象和周围他人的发展要求作为各自的社会工作专业服务的目标。确定了专业服务目标之后，社会工作者需要完成的第二步工作就是明确专业服务的出发点，找到专业服务的基础。社会工作者既可以把服务对象和周围他人已经具备的应对"问题"的积极行动方式作为专业服务的起点，也可以把服务对象和周围他人理解相互之间的差异作为着手点，找到专业服务的基础。有了专业服务的基础，社会工作者接着需要做的第三步工作就是明确专业服务的策略。社会工作者作为超越者，在社会工作专业服务活动中，除了需要抓住时机发挥服务对象和周围他人的能力以及增强服务对象和周围他人之间的相互理解之外，还需要及时肯定服务对象和周围他人依据自己的经验和要求做出的发展选择。此外，交叉点的把握非常重要，利用服务对象和周围他人之间的循环影响方式，加强他们之间的沟通，增强服务的效果。

如果用表格来表示，双向互动视角下社会工作专业服务的规划与设计如表 5-1 所示。

表 5-1　双向互动视角下社会工作专业服务的规划与设计

服务规划内容 / 服务对象	专业服务基础	专业服务策略（专业服务过程）	专业服务目标	专业服务的最终目标
服务对象个人	能力发挥： (1)每天看作文书、听磁带、做数学练习题； (2)有时和父母亲打招呼； (3)有时一个人跑到球场和陌生人一起打球。 差异理解： (1)适应以家庭环境为主的生活方式； (2)接纳不愉快的学习经历； (3)了解父亲面临的困难。	超越者角色： (1)能力发挥。抓住时机发掘服务对象和周围他人的能力。 (2)差异理解。及时增强服务对象和周围他人之间的相互理解。 (3)超越冲突。及时肯定服务对象和周围他人依据自己的经验和要求做出的发展选择。 交叉点的运用： (1)服务对象有时和父母亲打招呼； (2)父亲有时陪服务对象上球场打篮球或者出门散心； (3)父亲希望给服务对象一些积极的指导，帮助服务对象安排好平时的学习； (4)父亲希望给服务对象讲一讲他们的工作安排和要求，让服务对象了解他们的辛苦之处，等等。	(1)安排好日常的学习，为以后复学创造条件； (2)希望父亲陪他聊天，给他多一点关心； (3)认识一些朋友，和他们一起打球，等等。	借助专业服务目标的实现过程发掘服务对象和周围他人的能力，增强对彼此差异的理解，超越冲突，消除"问题"。
父亲(周围他人)	能力发挥： 只要有时间，就会陪孩子上球场打篮球或者出门散心。 差异理解： (1)接纳自己工作的要求； (2)了解孩子适应环境变化和接纳不愉快经历的压力； (3)了解孩子结交同龄朋友的要求。		(1)给服务对象讲一讲他们的工作安排和要求，让服务对象了解他们的辛苦之处； (2)给服务对象一些积极的指导，帮助服务对象安排好平时的学习； (3)鼓励服务对象每天下午出门锻炼身体，同时结交一些同龄朋友，或者周末休息时，自己可以和他一起出门锻炼身体。	

仔细分析表 5-1 就会发现，双向互动视角下社会工作专业服务的规划与设计要比叙事视角复杂，不仅具有多个服务介入的对象，而且针对每一个服务介入的对象，服务介入的起点又分为能力发挥和差异理解两个不同的方面。显然，这样的安排使得服务介入的灵活性大大提高。在专业服务策略方面，交叉点的运用是非常具有特点的：同时利用直接的服务和相互影响的方

式，以增强服务的效果。双向互动视角下社会工作专业服务的最终目标是通过超越冲突消除"问题"，但并不仅仅针对"问题"。

简而言之，双向互动视角下社会工作专业服务的规划与设计分为三步：第一步，通过了解服务对象和周围他人的发展要求确定社会工作专业服务的目标；第二步，从能力发挥和差异理解两个方面找到服务对象和周围他人的社会工作专业服务基础；第三步，明确社会工作者的"超越者"角色，利用交叉点，这是专业服务的策略。在双向互动视角下，社会工作专业服务的最终目标是借助专业服务目标的实现过程发掘服务对象和周围他人的能力，增强彼此对差异的理解，超越冲突，消除"问题"。

第五节　双向互动视角的基本逻辑假设

双向互动视角与我们前面介绍过的其他视角不同，具有自己鲜明的特点。它将服务对象和周围他人视为拥有不同生活经验和感受的社会成员，他们相互影响、相互作用，但无法替代。这样的看法背后有一个基本的假设：生活是多元的。[①]

一　多元：生活的基本方式

服务对象和周围他人各自拥有不同的观察生活的视角和态度，即使针对同一件事情，他们也会有自己不同的理解和解释以及不同的经验和感受；甚至是同一个人对同一件事的理解和解释，也会随着其生活经验的积累而不同。纯粹的外部"客观"环境是无法找到的。无论服务对象还是周围他人，在观察和理解周围环境时，都会赋予周围环境以自己的意义解释。这样，"客观"环境也就不纯粹了，拥有了"主观"的解释。[②] 就像服务对象，他（她）对日常生活有着自己的理解、解释和期望等。同样，周围他人对日常生活也有着自己的要求和想法。正是因为每个人都拥有与别人不同的独特的生活方式，所以，如果社会工作者希望了解服务对象和周围他人，就需要走进服务对象和周围他人的生活，尝试从服务对象或者周围他人的角度体会他

---

① 后现代主义思潮强调生活的多样性，详见 Noble, C. (2004). "Postmodern Thinking: Where Is It Taking Social Working". *Journal of Social Work*, 4 (3), 289–304.

② Pardeck, J. T., Murphy, J. W., & Choi, J-M. (1994). "Some Implications of Postmodernism for Social Work Pratice". *Social Work*, 39 (4), 343–346.

们面临的压力，感受他们的内心变化和要求，理解他们为此所做的各种努力。相反，如果社会工作者仅仅在外部进行"客观"观察，则很难真正了解服务对象和周围他人的想法和要求。

生活的多元性不仅表现为服务对象和周围他人拥有自己独特的生活经验和感受，而且还表现为无论服务对象还是周围他人都是自己生活的决定者，他们都拥有根据自己的经验和判断回应周围环境要求的能力。[1] 也就是说，服务对象和周围他人都不是周围环境影响的被动接受者，他们都会根据自己的经验和要求对自己的未来发展做出选择。这样的选择会影响周围环境的变化，而周围环境的变化又会反过来进一步影响服务对象和周围他人的选择。这样，服务对象和周围他人与周围环境之间就会形成不断相互影响的循环圈。显然，无论服务对象还是周围他人都是自己生活的中心，他们生活在一定的社会处境中，受到周围环境的影响，同时又影响着周围环境，并且努力将自己的希望和要求付诸实践。因此，服务对象和周围他人的能力不仅包括对周围环境要求的理解，而且也包括将自己的要求付诸实践，是在不断变动的社会环境中理解、判断、选择、行动的能力。当然，服务对象和周围他人的"问题"也呈现这样的特征。

正是这种多元的基本价值理念要求社会工作者在规划、设计社会工作专业服务时，坚持不同服务起点、不同的服务路径、不同的服务结果的基本原则。不过，生活的多元性并不意味着服务对象和周围他人可以只顾自己，不顾别人。实际上，服务对象和周围他人都处在相互影响的社会网络中，尤其服务对象身边的重要周围他人，是服务对象日常生活中的重要影响者。因此，无论服务对象还是周围他人都需要与别人交流，都需要处理彼此之间的冲突。这样，服务对象和周围他人就拥有了在沟通和交流层面的能力或者问题：服务对象或周围他人能否有效应对彼此之间的差异和冲突。这种能力和问题涉及服务对象与周围他人之间的沟通和交流。

二 超越：能力的真正提升

在双向互动视角看来，服务对象和周围他人的改变并不仅仅只是同一水

---

[1] 后现代主义强调建构，但不关注行动。对行动的关注见 Reason, P. & Bradbury, H. (2001). "Inquiry and Participation in Search of a World Worthy of Human Aspiration". In P. Reason and H. Bradbury (eds.), *Handbook of Action Research: Participative Inquiry and Practice* (pp. 1 – 14). London: Sage, p. 6。

平面上量的变化，更是不同水平面上质的变化。服务对象和周围他人能力的真正提高是一种境界的提升，是从原来较低的境界进入较高的境界，对自己、对别人有了更深刻的理解。显然，这种境界的提升离不开对自己与别人之间差异和冲突的理解与应对。差异和冲突为服务对象和周围他人提供了重新认识和了解自己的机会，帮助服务对象和周围他人更好地了解彼此之间的差异，并且了解自己的能力所在。① 如果在平时"问题"不突出的时候，服务对象和周围他人就会按照日常习惯的方式生活。一旦"问题"打乱了服务对象和周围他人的日常生活安排，服务对象和周围他人就会在"问题"的强迫下重新审视自己。因此，当服务对象和周围他人之间的冲突加剧，"问题"逐渐演变成令服务对象和周围他人感到头痛的困扰时，它既是"问题"的表现，也是能力提升的契机。

有意思的是，对差异的理解只有和能力的发挥结合在一起时，才能够真正提升服务对象或者周围他人的能力。因为无论对差异的理解还是能力的发挥，都反映了服务对象和周围他人如何看待彼此的不同和关联，是一种新的视野的引入，并由此带来服务对象和周围他人之间不同的交流方式。在这种新的交流方式下，服务对象和周围他人表现出更强的责任承担能力和更积极的生活态度，同时对别人与自己不同的处境也具有了更大的包容性和更深的理解。因此，我们可以看到，服务对象和周围他人把自己的想法直接付诸实践的能力与他们在沟通交流中的能力是紧密关联在一起的，它们都是服务对象和周围他人提升自身境界所不可缺少的部分。在这一点上，双向互动视角与上面介绍的叙事视角不同，双向互动视角更强调服务对象和周围他人对自身生活限制的超越，而不仅仅是主动性的增强。

双向互动视角所强调的交叉但不重叠的服务原则，就是为了推动服务对象和周围他人加强相互之间的交流，并且鼓励服务对象和周围他人根据自己在交流过程中的感受和想法做出决定，采取适合于自己的行动，避免出现为了服务对象或者周围他人一方的想法和要求强迫另一方服从的现象。当然，当过分关注服务对象和周围他人的不同要求与想法时，又容易使双方陷于相互对立和冲突的处境中，不仅无法增进服务对象和周围他人

---

① 对差异和冲突的超越可以参阅中国哲学有关境界的讨论和西方有关灵性的讨论，如蒙培元《中国哲学主体思维》（人民出版社，1993）的第五部分"自我超越型形上思维"，以及 Cowley, A. (1993). "Transpersonal Social Work: A Theory for the 1990s". *Social Work*, 28 (5), 527–534, "Social Work Practice in the Postmodern Age"。

之间的沟通，而且可能使双方的关系出现紧张和对立。双向互动视角所要做的就是维持服务对象与周围他人的平衡发展，即在沟通过程中，肯定服务对象和周围他人各自不同的要求；在服务对象与周围他人依据自己的要求发展时，双向互动视角鼓励服务对象和周围他人相互交流。

总之，在双向互动视角下，服务对象和周围他人能力的提升表现在两个方面：对自己的生活更为投入，对别人的生活更为包容。[①]

三　服务对象或周围他人：服务活动的主导

尽管双向互动视角所坚持的是多元生活的理念，它与注重服务对象个人的主观经验和感受的叙事视角存在明显的差异，但仔细分析就会发现，两者仍然有很多相似的地方：两者都把服务对象视为拥有自己独特的生活经验和感受的主体。这样的主体能够依据自己的想法和要求做出自己的判断，并且采取相应的行动应对面临的挑战。因此，无论叙事视角还是双向互动视角，都要求社会工作者在规划、设计社会工作专业服务时，根据服务对象或者周围他人的发展要求确定专业服务的目标，并且由服务对象或者周围他人自己选择专业服务的发展方向，主导整个专业服务活动。[②] 而社会工作者只是服务对象或者周围他人改变的协助者和合作者，帮助服务对象或者周围他人更好地实现自己所希望达到的目标。所不同的是，双向互动视角同时还强调服务对象和周围他人理解和接纳彼此的差异，增添了服务对象和周围他人超越自己原来生活境界的要求。但不管怎样，由服务对象或周围他人主导专业服务活动、社会工作者来协助，这是叙事视角和双向互动视角下社会工作专业服务规划与设计的基本要求。

在考察社会工作专业服务的起点时，双向互动视角和叙事视角都把服务对象在"问题"面前积极的成功行动经验视为重要的内容，关注服务对象在应对"问题"的过程中能够做什么，哪些行动是有效的，哪些行动是无

---

① 有学者提出中国人在日常生活中采用的是宿命自由主义（fatalistic voluntarism）的生活策略，即在认可命运安排的前提下鼓励个人发挥自己的主动性，详见 Lee, R. P. L.（1995）. "Cultural Tradition and Stress Management in Modern Society: Learning from the Hong Kong Experience". In T. Y. Lin, W. S. Tseng, & Eng-kung Yeh（eds.）, *Chinese Societies and Mental Health*（pp. 41 - 52）. New York: Oxford University Press。

② 后现代主义取向的辅导模式强调发挥服务对象的主动性，由服务对象主导辅导活动，参见 Gergen, K.（1999）. *An Invitation to Social Construction*. London: Sage Publications Ltd., pp. 168 - 175。

效的。把有效的行动作为社会工作专业服务的基础，从服务对象或者周围他人能做的开始，避免服务对象或者周围他人重复无效的行动。不过，双向互动视角在关注服务对象的有效行动的同时，还注重周围他人的有效行动，并且让两者相互影响、相互促进。此外，双向互动视角还强调培养服务对象和周围他人对彼此差异的理解能力。因此，双向互动视角比叙事视角拥有更多的专业服务的介入对象、更广的专业服务介入的内容。

在专业服务的目标方面，双向互动视角和叙事视角也具有相似的特征：不把服务对象的"问题"的解决作为专业服务的最终目标。因为在双向互动视角和叙事视角看来，服务对象的"问题"不仅反映服务对象无法有效应对周围环境或者周围他人的要求，而且还说明服务对象对自己与周围环境或者周围他人之间的差异理解得不准确。① 如果社会工作者过分关注"问题"的消除，就会迫使服务对象认同周围环境或者周围他人的要求，忽视彼此之间存在的差异。这样，不仅无法真正消除"问题"，而且还有可能使"问题"变得严重。因此，叙事视角强调社会工作专业服务的最终目标是让服务对象感到有能力应对"问题"；而双向互动视角在规划、设计社会工作专业服务的最终目标时，更为关注通过超越冲突的方式消除"问题"。

在规划、设计社会工作专业服务时，社会工作者可以从问题和能力的静态视角、动态视角、结构互动视角、叙事视角和双向互动视角五种不同的视角出发，安排具体的服务内容，明确社会工作专业服务的目标、基础和策略。在介绍这五种视角时，有一条清晰的线索：能力和问题的概念越来越具体化、越来越场景化。如果说问题和能力的静态视角和动态视角是直接针对问题和能力这两个概念进行分析与理解，那么结构互动视角就试图将问题和能力的概念放在服务对象与周围他人的互动处境中，让问题和能力与具体的处境对接起来。而叙事视角则把服务对象从被动接受指导的受帮助对象转变为拥有自己的判断和理解的积极行动者。这样，问题和能力就表现为服务对象在周围环境的要求面前安排自己生活的方式。双向互动视角进一步把周围他人的故事引入周围他人与服务

---

① 从关注问题解决转到关注差异理解，这是后现代主义取向辅导模式的显著特点，特别是注重反思过程的合作模式，具体内容详见 Anderson, T. (1992). "Reflections on Reflecting with Families". In S. McNamee & K. J. Gerge, *Therapy as Social Construction* (pp. 54 – 68). London: Sage Publications Ltd. , pp. 56 – 57.

对象的互动中，让服务对象与周围他人在相互影响的过程中坚持自己的发展方向和要求。这样，服务对象的问题和能力不仅涉及他（她）自己对生活的安排，而且也涉及他（她）对自己与周围他人之间差异的理解，与自身生活境界的变化联系在一起。因此，在双向互动视角下，社会工作专业服务的基本策略也需要做相应的调整，可以同时从不同的介入对象入手，在协助服务对象和周围他人实现各自目标的过程中，发掘他们的能力，增强他们对彼此差异的理解和接纳，超越冲突，消除"问题"。另外，值得一提的是，前面在介绍对问题和能力的五种观察视角时运用的都是单个家庭的资料，这主要是为了讲解的方便。实际上，这五种对问题和能力的观察视角同样也可以运用于单个小组或者单个社区的社会工作专业服务的规划与设计中，它们是规划与设计单个案例社会工作专业服务的基本视角。

第二部分
项目的规划和设计

上面介绍的是单个案例的社会工作专业服务的规划与设计。如果把几个案例、不同的人群放在一起，根据他们之间的互动关系和规律规划、设计社会工作专业服务，最优化地组合多种不同的专业服务活动，达到最大化的专业服务效果。[①] 这样的规划与设计要比前面介绍过的案例的规划与设计更为复杂，是几个案例的整合，属于项目的规划与设计。项目的规划与设计为社会工作者在更广的社会环境中充分发掘服务对象的能力和资源，快速、有效地解决问题提供整体的安排和指导，它是更高层面的社会工作服务的专业化。当然，它对社会工作者的专业素质的要求也更高，需要社会工作者具备更多的"社会"的眼光。

---

① 社会工作产生之初就注重邻里为本的综合服务模式（neighborhood-based services），参见 Halpern，R.（1995）."Neighborhood-Based Services in Low-Income Neighborhood：A Brief History". In P. Adams and K. Nelson（eds.），*Reinventing Human Services：Community and Family-Centred Practice*（pp. 19 – 39）. New York：Aldine de Gruyter, p. 21。

第六章
以服务对象为主导的项目规划与设计

在某社区居住着4位精神疾病患者,他们均患精神疾病多年。平时,他们与父母亲住在一起,由家人照顾他们的日常起居;发病时,他们就被送到附近的医院就诊,在医院接受药物治疗。他们的病情时好时坏,好的时候,住在家里;不好的时候,住在医院。这4位精神疾病患者及其家庭主要照顾者的基本情况如下。

A,男,32岁。在18岁时,A被诊断出患有精神疾病。当时,A正在准备参加高考,由于考试压力太大,在高考前夕出现头痛、恶心、失眠等症状,被医生确诊为患有精神疾病。为此,A不得不放弃学业,接受为期半年的药物治疗。出院后,A发现自己已经无法再继续读书,也无法工作,整天由母亲照顾。为了照顾好A,母亲提前退休,全身心地照顾A的日常起居。开始时,母亲认为,A的病只是一时的,不久就会痊愈,但没想到A的病情总是反复,不见任何好转。于是,母亲开始信佛烧香,希望神灵能够保佑A。自从A患上精神疾病之后,母亲有意躲着单位的同事和邻居,怕别人知道后歧视他们。

B,男,36岁,在20多岁时,B被诊断出患有精神疾病。在医院的积极治疗和家人的精心照顾下,B的病情得到了有效的控制和改善。于是,B开始光顾人才交流市场,想找一份工作继续上班。B以前学过厨艺,当过厨师,但他发现现在没有人再愿意雇用他,而他也没有其他专长。由于在找工作的过程中屡屡碰壁,B感到十分沮丧,整天闷闷不乐,待在家里不愿意出门。母亲很着急,因为家里的经济条件不好,希望B能够重新工作,减轻家庭的负担。因此,当她发现B总是赖在家里不出门时,就会责备B,要求B出去找工作。无奈之下,B就会到公园坐一天,晚上才回家。

C，女，30岁，上高中时，在一次回家的路上受到过往汽车的惊吓而患上精神疾病。之后，C住院接受药物治疗，病情有了明显的好转。出院后，C回到家中，由母亲照顾她的日常起居。尽管C每天坚持服药，还接受心理治疗，但仍有一些明显的病症，怕别人说她坏话，指责她；散步时，也很有规律，每天定时定点，如果耽误了，C就会变得非常暴躁，甚至打骂自己的母亲。母亲每天陪女儿散步，但因为年纪大了，身体不好，有时跟不上女儿的步伐，这时，女儿就会大吵大闹。面对女儿的失常表现，母亲感到很无奈。

D，男，16岁，在上初中一年级时，因为与老师发生冲突遭到退学处理，之后患上精神疾病。D的病情时好时坏，一直接受药物治疗。因为整天待在家里无法上学，D变得非常烦躁，情绪很不稳定，经常发脾气，甚至有时动手打人。母亲为了孩子提前办了退休，全身心地在家照顾孩子的日常生活。但是平时只要不顺心，D就会骂人，甚至打人，D曾经踢断了母亲的一根肋骨。照顾孩子这几年，母亲的头发全白了，她感到很无助，觉得生活无望，不知道孩子的病什么时候才能完全好。她每天提心吊胆，生怕哪点的疏忽激怒了孩子。D有一个姑姑，曾经当过教师，她对D的病情非常关心。

社区居委会有一位残疾人管理员，她负责整个社区残疾人（包括精神疾病患者）的管理工作，有时她会对这些精神疾病患者的家庭进行家访，了解他们的生活状况，帮助他们申请办理低保等事项。尽管她也很同情这些精神疾病患者及其家人的处境，但感到自己的知识和能力都很有限，除了在节假日送给他们一些慰问金和慰问品之外，无法给这些精神疾病患者其他方面的帮助。

分析上面这个案例就会发现，这4位精神疾病患者的康复不仅涉及他们自身的调整和改变，而且也与家庭的主要照顾者——母亲的支持以及社区残疾人管理员的帮助有着密切的关系。如果仅从精神疾病患者入手，这样的服务策略的效果可想而知。因此，面对这样的服务对象，社会工作者就需要跳出单个案例的视野，从服务对象所处的更广的社会环境出发规划、设计社会工作专业服务，充分发掘和利用服务对象所拥有的社会资源。

第一节　服务对象主导型服务的专业服务理念

面对需要帮助的服务对象，社会工作者可以依据两种不同的专业服务理念规划、设计社会工作专业服务，即机构（社会工作者）主导型服务和服务对象主导型服务。前者以机构（社会工作者）的要求为中心规划和设计社会工作专业服务，后者以服务对象的需求为导向规划与设计社会工作专业服务。我们先来比较一下这两种社会工作专业服务规划与设计的差别。

一　专业服务关注的中心：从机构的需求转向服务对象的需求

机构服务是社会工作在专业化和职业化发展过程中产生的现象，其目的是为了向需要帮助的服务对象提供专业化、标准化的服务。[①] 一方面，机构服务确实提高了服务的效率，使服务更为规范、更符合标准，从人员、设备到工作场景都体现了专业服务的要求；但另一方面，机构服务也带来了不可忽视的问题。面对需要帮助的服务对象，它采取了分割服务的方式，不是依据服务对象的需求开展专业服务活动，而是遵循机构的服务标准组织专业服务活动。如果服务对象的情况不符合机构服务的标准，就需要将其转介到其他适合的服务机构。就拿本章的案例为例，如果以机构为主导的理念来规划、设计社会工作专业服务，就需要首先考察哪些机构提供相关的专业服务。面对这类需要帮助的服务对象，医院可以提供药物治疗。如果病人的病情得到了控制，他们就需要出院，之后的服务就不属于医院的专业服务范围了。精神疾病患者回到家中，尽管仍需要继续接受心理治疗和康复指导，但因为没有相关机构的支持，他们的这部分需求就无法得到满足，更不用说对家庭主要照顾者的培训和支持了。显然，在机构主导型服务中，服务对象能否得到专业服务依据的不仅仅是服务对象自己的需求，更为重要的是服务对象的需求是否符合机构的专业服务标准。

如果服务对象的需求符合机构服务的标准，机构就会给服务对象提供机构所拥有的专业服务。专业服务的具体内容和程序则由机构来确定，机构通常根据自己的专长和事先已经做过的专业服务项目组织针对服务对象的专业服务活动。[②] 在整个专业服务过程中，服务对象只是遵从者，无论在专业知

---

① Adams, P. & Nelson, K. （1995）. "The Context of Community and Family-Centred Practice". In P. Adams and K. Nelson （eds.）, *Reinventing Human Services：Community and Family-Centred Practice* （pp. 15 - 17）. New York：Aldine de Gruyter, p. 17.

② Halpern, R. （1995）. "Neighborhood-Based Services in Low-Income Neighborhood：A Brief History". In P. Adams and K. Nelson （eds.）, *Reinventing Human Services：Community and Family-Centred Practice* （pp. 19 - 39） . New York：Aldine de Gruyter, p. 19.

识和专业训练方面还是专业权威方面，服务对象都处于弱势地位，是需要接受专业服务的对象。因此，在机构主导型服务中，专业人士拥有绝对的权威，他们相信自己是专家，服务对象是需要帮助的对象。[①] 服务是否符合专业化的标准，依据的是专业人士所制定的行业标准。

服务对象主导型服务就不同了，它是根据服务对象的需求来规划、设计专业服务。阅读本章的案例就会发现，4 位精神疾病患者在接受了医院的药物治疗后回到家中，不仅需要调整自己的认知、行为和情绪等心理状况，而且也需要继续上学或者重新找工作，包含多个层面的不同需求。这样，社会工作者在依据服务对象主导型服务原则规划、设计社会工作专业服务时，就需要从服务对象的需求出发，同时涵盖服务对象不同层面的不同需求，保证社会工作专业服务能够有效促进服务对象的成长。

这样，衡量社会工作专业服务的标准就从以机构（社会工作者）为标准转变为以服务对象为标准——看服务对象是否满意，是否能够有效地利用社会工作者提供的专业服务健康地成长和发展。

二   专业服务关注的对象：从有问题的服务对象转向服务对象和周围他人

机构主导型服务所关注的服务对象通常是根据机构所拥有的专业服务确定的。如果是个案服务，就会关注需要帮助的服务对象；如果是家庭辅导，就会关注整个家庭。就像上面介绍的案例，医院负责对精神疾病患者进行药物治疗，社区负责为精神疾病患者家庭申请低保补助。至于精神疾病患者在康复过程中所需要的精神疾病患者、家庭主要照顾者和社区残疾人管理员等多方的配合，就不属于机构主导型服务的范围，因为涉及的需要帮助的对象太多，而且像家庭主要照顾者和社区残疾人管理员这种类型的服务对象并没有明显的问题，他们也就很难进入机构服务的视野。服务对象主导型服务就不同了，它关注的中心是如何帮助服务对象消除问题。如果服务对象的改变与周围他人的支持密切相关，就像上面介绍的案例那样，那么专业服务关注的对象就不仅包括服务对象，而且涉及对服务对象发挥重要影响的周围他人。在本章的案例中，专业服务关注的对象就是精神疾病患者、家庭主要照

---

① Abramovitz, M. (1998). "Social Work and Social Reform: An Arena of Struggle". *Social Work*, 43 (6), 512 – 526.

顾者（母亲）和社区残疾人管理员。

显然，机构主导型服务确定服务对象的标准是看谁出了问题。谁出了问题，谁就是需要帮助的对象。当然，是否能够真正成为服务对象还需要看机构的服务标准，但就其根本要求而言，服务对象就是那些有问题的人。同样，如果周围他人想成为机构服务的对象，就需要找出自己的问题。如果周围他人仅仅作为支持者，就很难成为机构的服务对象。通常，作为支持者的周围他人被机构视为服务对象改变的外部资源。服务对象主导型服务就不同了，它要求社会工作者站在服务对象的角度，看服务对象的问题是如何变化的。无论服务对象和周围他人在问题的形成过程中各自有着什么样的作用，他们都是服务对象需要解决的问题的一部分，都可以而且也需要作为服务的对象。在上面介绍的案例中，精神疾病患者的母亲和社区残疾人管理员承担了精神疾病患者的支持者角色，她们同样也面临很多困惑和挑战，如精神疾病和护理的相关知识的不足，心理压力疏导方面的困难和社会认同的缺乏，等等，这些方面的改善将有利于精神疾病患者的康复。

为了帮助服务对象快速消除问题，在服务对象主导型服务中，社会工作者可以同时从几个不同的受助对象着手开展专业服务活动，让服务对象和周围他人相互影响、相互促进，增进服务的效果。例如，在本章的案例中，社会工作者就可以同时从精神疾病患者、家庭主要照顾者（母亲）和社区残疾人管理员等不同的受助对象入手，安排和组织社会工作专业服务活动。当然，针对不同的服务对象，社会工作者需要根据他们的不同需求安排不同的专业服务活动。显然，这样规划和设计的社会工作专业服务，效率要高得多，效果也会好得多。

不过，同时从不同的服务对象入手开展专业服务，这样的服务方式也给社会工作者提出了更高的要求。特别是不同服务对象之间的相互配合，成为专业服务规划和设计的关键，它不仅影响不同服务对象自身的发展和改变，而且也关系到整个专业服务能否顺利开展。

三 专业服务关注的内容：从部分需求转向整体需求

机构主导型服务所关注的内容通常是需要消除的问题，是那些急需解决的困扰。它常常以治疗为取向，帮助服务对象解决问题并修补不足。可以说，机构主导型服务关注的是服务对象的部分需求，并且以部分需求为依据规划和设计社会工作专业服务。可以想象，这样的专业服务规划与设计的重点是修复不足。服务对象主导型服务就不同了，它除了了解服务对象的问题之外，还需要了解服务对象的能力。不仅强调帮助服务对象消除问题，而且也关注协助服务对象发挥能力，把服务对象的整个需求作为分析和理解的对象，并且以此为基础规划、设计社会工作专业服务，其目的是希望从整体上改善服务对象的生活状况，包括问题的治疗、预防和能力的发挥等不同方面。

正是因为希望从整体上改善服务对象的生活状况，服务对象主导型服务非常强调站在服务对象的角度，了解服务对象自身的发展需求和愿望，并且以服务对象的发展需求和愿望为指导规划、设计社会工作专业服务。如果服务对象希望以问题的解决作为主要目标，社会工作专业服务的规划和设计就需要围绕服务对象问题的解决；同样，如果服务对象希望以能力的发挥为主要目标，社会工作专业服务规划与设计的重点就在服务对象能力的发挥上。实际上，即使服务对象的目标是解决问题，其需求也会包含能力的发挥；而当服务对象关注能力的发挥时，又会涉及问题的解决。纯粹解决问题的专业服务非常少见。这也说明，在规划、设计社会工作专业服务时，社会工作者需要同时关注服务对象的问题解决和能力的发挥。至于两者之间怎样搭配则完全取决于服务对象的愿望和需求。机构主导型服务也会考虑服务对象的发展愿望和需求，不过它以机构所能提供的专业服务为前提，只关注机构所能提供的专业服务。就像上面介绍的案例，作为服务对象的精神疾病患者不仅有消除疾病困扰的需求，而且也有继续上学或者重新找工作的愿望。只有同时关注服务对象的这些不同方面的发展需求，才有可能真正在整体上改善服务对象的生活状况。

服务对象主导型服务关注服务对象的整体需要，这意味着社会工作者在规划、设计社会工作专业服务时需要考察服务对象自身的成长和变化规律，并且依据考察结果在服务对象的不同发展阶段组织安排不同的专业服务活动，让社会工作专业服务真正成为带动服务对象成长的有效工具。机构主导型服务就不同了，它只关注需要解决的问题，问题解决了，专业服务活动也就结束了。显然，它不需要考虑服务对象的发展需求是否发生了变化。如果服务对象的发展需求发生了变化，就是另外一种专业服务要解决的问题。它可以把服务对象转介到相应的服务机构或部门。

显然，机构主导型服务考察的是服务对象的部分需求，重点是如何解决服务对象的问题；而服务对象主导型服务关注的是服务对象的整体需求，核心是如何促进服务对象的成长。

四　专业服务关注的焦点：从标准化的专业服务转向整合服务

机构主型导服务以机构的标准化和规范化服务为依据对服务对象开展专业服务，它所强调的是服务是否规范、是否符合专业化的标准，机构的服务人员是否接受过社会工作专业训练，他们是否拥有社会工作的专业知识和专业价值观。显然，机构主导型服务以专业和非专业的区分为基础，认为专业服务高于非专业服务和日常生活，它所坚持的是正式化、机构化的服务方式。这样，机构主导型服务必然导致专业服务与非专业服务和日常生活的脱节。在本章的案例中我们也能看到机构主导型服务的特点，例如，为精神疾病患者提供的药物治疗和心理治疗，关注的就是精神疾病患者的生理和心理方面。尽管医生和心理治疗师有时也会关心精神疾病患者的日常生活，但那只是为了更好地提供专业服务。

服务对象主导型服务与机构主导型服务明显不同，它以服务对象的日常生活和非专业服务为基础，强调社会工作提供专业服务的焦点是帮助服务对象更好地发掘和利用非专业服务的资源，巩固和增强服务对象日常生活中的社会支持关系。这样，社会工作专业服务的好坏就不仅仅是看它能否为服务对象提供专业的服务，更为重要的是，这样的专业服务是否有利于拓展服务对象在日常生活中的能力、增强非专业服务的效果。从对服务对象的影响来看，日常生活和非专业服务更为基础，它们发挥的作用也更为持久，而且专业服务只有融入到非专业服务和日常生活中才能发挥作用。

因此，在服务对象主导型服务中，专业服务与非专业服务以及日常生活的结合就成了社会工作专业服务规划与设计中需要考虑的重点。就像本章讲到的这个案例，社会工作者在规划、设计社会工作专业服务时，首先需要把自己投入到这 4 位精神疾病患者的生活处境中，观察他们的日常生活是如何安排的，明确谁是他们的主要照顾者，了解如果遇到困难，他们可能得到什么样的非专业帮助。像母亲就是这 4 位精神疾病患者的家庭主要照顾者，而社区的残疾人管理员可以为他们提供一些经济上和情感上的支持。显然，社会工作者如果希望自己提供的专业服务有效，除了给精神疾病患者提供在非专业服务和日常生活中无法获得的直接的专业服务外，同时还需要通过这样的专业服务增进精神疾病患者在非专业服务和日常生活中的社会支持关系。

服务对象主导型服务与机构主导型服务不同，它以服务对象的需求为中心来规划、设计社会工作专业服务，既关注服务对象问题的消除，也关注服务对象能力的发挥，强调把社会工作专业服务与非专业服务以及服务对象的日常生活结合起来，为服务对象及相关的重要周围他人提供一种整合的服务。

五　从机构主导型服务转变为服务对象主导型服务

通过以上对服务对象主导型服务的分析，我们可以看到，在从机构主导型服务转变为服务对象主导型服务的过程中，社会工作专业服务的关注焦点逐渐从服务活动的科学安排转向服务对象的健康发展，它对资料的收集也就有了不同的要求。对于社会工作者来说，首先需要了解的是，服务对象和重要周围他人在问题的困扰面前有什么样的发展愿望和需求。在本章的案例中，尽管4位服务对象和他们身边的重要周围他人都面临如何应对服务对象的精神疾病的问题，但他们对未来的打算是不同的。

A希望自己的疾病能够慢慢好起来，有更多的精力和时间读自己喜欢的历史传记。但目前自己的病情总是出现反复，很不稳定，这让他感到很失望。A的母亲强调自己照顾A那么多年，感到非常疲惫，对A的康复也逐渐失去了信心。另外，她还需要面对邻里和社会的歧视。

B希望自己能够找到一份工作，但是在找工作的过程中，B屡屡碰壁，对未来感到很迷茫、很沮丧，对自己也没有任何信心，而母亲希望他出门找工作的要求更让他感到无助和绝望。面对社会的歧视，B的母亲既感到气愤，又感到无奈，家庭的经济压力已经让她透不过气来，她还必须面对B的苦恼。

C希望母亲能够每天陪她散步，跟上自己的步伐。但是如果自己有规律的生活被打乱，C就会变得非常暴躁，甚至打骂自己的母亲。有时，C还会怀疑别人说她坏话，指责她。面对C的这些表现，母亲感到很无奈，不知道怎样应对。

D的目标是希望自己能够继续上学，但现在整天待在家里，无事可做，这让D感到气愤和烦躁。在照顾D的过程中，母亲对D的病情变化感到很无助，不知道怎样应对，怕激怒了D，加重D的病情。D的姑姑非常希望自己能够给D的改变提供一些帮助，主动学习心理治疗方面的知识和技能。

社区居委会的残疾人管理员也希望这些精神疾病患者能够逐渐康复，摆脱疾病的困扰。她很想为这些精神疾病患者及其家人做一些事情，但不知道做什么，怎样做。

在充分了解了服务对象和重要周围他人的发展需求后，社会工作者就可以根据他们的发展愿望，依据服务对象主导型服务的要求和标准，规划、设计社会工作专业服务。这样，所提供的社会工作专业服务才能把专业服务与非专业服务以及服务对象的日常生活结合起来，快速、有效地服务于需要帮助的服务对象。

第二节　服务对象主导型服务的专业服务标准

什么样的社会工作专业服务项目才算是一个好的专业服务项目？对此，服务对象主导型服务有自己的评估标准，不同于强调专业化、规范化的机构主导型服务。服务对象主导型服务的专业服务标准可以概括为三个方面的结合：专业服务与非专业服务的结合、不同专业服务的结合以及不同专业服务方法的结合。

一　专业服务与非专业服务的结合

社会工作专业服务如何与非专业服务结合，这是社会工作者在运用服务对象主导型服务理念规划、设计专业服务时需要考察的重点内容之一。它的目的是保证社会工作专业服务能够与服务对象平时获得的非专业服务整合起来，让社会工作专业服务走进服务对象的日常生活中，扩大社会工作专业服务的影响和作用。[1] 社会工作专业服务和志愿服务的结合就是很好的例子。需要特别注意的是，要将社会工作专业服务与服务对象日常生活中的社会支持关系结合起来。[2] 当服务对象遇到问题时，他（她）身边的周围他人就会给予一定的支持和帮助。这样的帮助和支持，对于服务对象来说非常重要。

---

① Halpern, R. (1995). "Neighborhood-Based Services in Low-Income Neighborhood: A Brief History". In P. Adams and K. Nelson (eds.), *Reinventing Human Services: Community and Family-Centred Practice* (pp. 19 – 39). New York: Aldine de Gruyter, p. 19.

② Specht, H. & Courtney, M. E. (1994). *Unfaithful Angels: How Social Work Has Abandoned Its Mission*. New York: The Free Press, p. 170.

尽管它可能不那么专业的，但它发挥的作用比专业服务更为基础，而且持续的时间也更长。如果把社会工作专业服务引入服务对象的日常生活中，与服务对象日常生活中的社会支持关系结合起来，就能够保证社会工作专业服务扎根于服务对象的日常生活中，充分发掘和利用服务对象拥有的能力和资源。

分析本章介绍的案例就会发现，自从患病之后，精神疾病患者 A 的日常生活就主要由母亲来照顾，母亲日常照顾的好坏对他的康复来说至关重要。精神疾病患者 B 尽管能够自己照顾自己，但母亲的支持对他来说依然非常重要——除了能够提供必要的经济支持之外，还能够为 B 提供家的温暖。特别是当 B 在找工作的过程中不断碰壁、心情变得沮丧的时候，母亲的理解和支持就显得特别重要。精神疾病患者 C 和 D 的日常起居都是由母亲负责的，他们与母亲之间配合的好坏直接影响康复的效果。不过，精神疾病患者 D 在日常生活中还有另一项重要的资源：姑姑的关心和支持。

显然，面对这 4 位精神疾病患者，如果社会工作者在规划、设计社会工作专业服务时，能够将他们身边的重要周围他人纳入服务项目中，这样的专业服务的效果就比仅仅关注 4 位精神疾病患者更好。也就是说，社会工作者所规划、设计的社会工作专业服务项目，既要包括怎样为服务对象提供直接、有效的专业服务，又要包括怎样为服务对象身边的重要周围他人提供有效的专业服务，让服务对象身边的重要周围他人与服务对象建立起更为有效的相互支持关系。

社区中通常有一些非专业的服务活动，如青年志愿者服务、社区组织的各种活动等，这些也是社会工作者在规划、设计社会工作专业服务时可以利用的资源。像精神疾病患者 B 就可以参加社区组织的各种活动，在活动中扩大自己的交往圈子。当然，社会工作者也可以把社区中的非专业服务引入精神疾病患者的家中，增强精神疾病患者及其家庭主要照顾者的社会支持关系。

二　不同专业服务的结合

服务对象在面临问题困扰时，往往需要不同的专业服务，不仅涉及社会工作专业服务，而且也可能涉及其他的专业服务，像医院的药物治疗、辅导室的心理治疗等就是常见的服务对象所需要的专业服务。在实际生活中，社会工作者会发现，服务对象的问题越严重，他（她）所需要的专业服务也就越复杂，所需要的服务的种类也就越多。而且此时，服务对象常常首先需要接受其他专业服务，等服务对象的生理机能恢复到一定程度后，才需要社会工作者的帮助。社会工作者的作用是协助服务对象恢复心理和社会方面的功能。显然，社会工作专业服务只是多种专业服务中的一种，它是否有效不仅取决于社会工作者能否为服务对象提供直接、有效的专业服务，而且取决于社会工作者能否将服务对象所需的不同的专业服务整合起来，让不同的专业服务相互促进。① 只有按这样的原则规划、设计社会工作专业服务，社会工作者才能充分发掘和利用服务对象所拥有的专业服务资源，发挥这些不同专业服务的作用。因此，社会工作者在依据服务对象主导型服务的理念规划、设计专业服务时，不仅需要为服务对象提供直接的专业服务，而且也需要将不同的专业服务整合起来，为服务对象提供间接的专业服务。

在本章的案例中，服务对象是 4 位精神疾病患者，他们在接受社会工作专业服务之前，已经接受了医院的药物治疗，而且他们接受药物治疗的时间都不短，有的长达十多年。仔细阅读 4 位精神疾病患者的资料就会发现，尽管他们都在服用医院所开的药，但所处的药物治疗阶段是不同的。A 和 D 的病情不太稳定，反复比较大；C 的病情刚开始有点好转，但仍比较严重；而 B 的病情比较稳定，恢复得比较好，他已经能够自己管理自己的生活。显然，社会工作者在规划、设计社会工作专业服务时，就需要考察这 4 位精神疾病患者的药物治疗和生理康复状况，根据精神疾病患者的药物治疗阶段安排社会工作专业服务活动，让社会工作专业服务与医院的药物治疗结合起来。这样，药物治疗就能为社会工作专业服务提供必要的生理基础，而社会工作专业服务反过来又能巩固和增强药物治疗的效果。

除了医院的药物治疗外，这 4 位精神疾病患者还接受社区残疾人管理员的管理，她负责为这 4 位精神疾病患者及其家庭申请低保和相关的医疗补助。尽管从形式上看，低保服务似乎与精神疾病患者的康复没有直接的关联，但仔细分析就会发现，服务对象患有精神疾病，不仅影响自己的工作能力，而且也必然影响家庭照顾者的工作能力，因为照顾精神疾病患者需要家庭照顾者全力付出。就像本章中的案例，A 和 D 的母亲为了照顾自己的孩子都不得

---

① Macmillan, R. & Townsend, A. (2006). "A 'New Institutional Fix'? The 'Community Turn' and the Changing Role of the Voluntary Sector". In C. Milligan and D. Conradson (eds.), *Landscapes of Volunteerism: New Spaces of Health, Welfare and Governance* (pp. 15 – 32). UK, Bristol: The Policy Press, p. 18.

不提前办了退休。因此，家庭中只要有一位成员患有精神疾病，就会影响整个家庭的经济状况，常常给家庭带来很大的经济压力。可见，经济保障对于精神疾病患者的康复来说也是非常重要的条件，不可忽视。

另外，在本章的案例中，精神疾病患者 C 还接受了心理治疗。这方面的信息也是社会工作者在规划、设计社会工作专业服务时需要特别关注的。心理治疗与社会工作专业服务比较接近，但它更偏向心理的调适。如果社会工作者能够将社会工作专业服务与心理治疗配合起来，就能够更好地发挥社会工作专业服务的作用。

三　不同专业服务方法的结合

针对不同的服务对象和不同的问题，社会工作者可以运用不同的社会工作专业服务方法，如个案工作、小组工作和社区工作的专业服务方法等。但是，这样的服务方式很容易导致服务被割裂的现象，出现个案工作只关注服务对象的个人方面的困扰，小组工作只强调服务对象之间关系的改善，社区工作只侧重社区环境的改变。如果社会工作者以服务对象主导型服务理念为指导框架，就需要根据服务对象的发展需求规划专业服务方法，将社会工作的三大专业方法整合起来运用于服务对象。① 也就是说，社会工作者在规划、设计社会工作专业服务时，首先不是去考虑运用什么样的社会工作专业方法，而是去理解服务对象有什么发展需求，然后再考虑运用什么样的社会工作专业方法能够促进服务对象发生改变。需要运用个案工作的专业服务方法的时候，就运用个案工作的专业方法；需要运用小组工作和社区工作的专业服务方法的时候，就运用小组工作和社区工作的专业方法。这样，社会工作三大专业方法的运用就可以围绕着一个服务焦点：快速、有效地促进服务对象发生改变。因此，在服务对象主导型服务中，社会工作的三大专业方法只是手段，它的目的是帮助社会工作者更好地协助服务对象满足自己的要求。

我们以本章的案例为例。在案例中，4 位精神疾病患者的康复不仅涉及他们自身状况的改善，而且涉及与家庭主要照顾者——母亲的社会支持关系的增强，以及社区残疾人管理员服务工作的改进，等等。因此，在规划、设计

---

① 三大社会工作专业方法的割裂导致对专业化的狭猛理解和专业服务领域的分割，详见 Specht, H. (1988). *New Directions for Social Work Practice*. Englewood Cliffs, New Jersey: Prentice-Hall, Inc., p. 45.; Abramovitz, M. (1998). "Social Work and Social Reform: An Arena of Struggle". *Social Work*, 43 (6), 512–526。

社会工作专业服务时，就需要涵盖4位精神疾病患者、他们的母亲和其他照顾者以及社区残疾人管理员。这4位精神疾病患者身处不同的康复阶段，而且他们所需要的服务的内容也存在较大的差异。显然，针对这4位精神疾病患者，运用个案工作的专业服务方法比较合适。这4位精神疾病患者的母亲和其他照顾者面临的困难比较集中，而且他们之间也需要相互支持，因此选用小组工作的专业服务方法更为合适。社区残疾人管理员面对的主要困难是，如何在社区层面给这4位精神疾病患者及其家庭更有效的帮助，这个时候，选择社区工作的专业服务方法更恰当。这样，针对这4位精神疾病患者规划和设计的专业服务就同时包括了个案工作、小组工作和社区工作三种社会工作专业服务方法。

不过，并不是所有的社会工作专业服务都需要涵盖社会工作的三大专业服务方法。用什么社会工作专业方法以及怎样用，完全取决于社会工作者对服务对象的发展需求的分析与理解，没有固定的格式。综合运用社会工作专业服务方法的目的只有一个：打破分割服务，快速、有效地促进服务对象的成长及其生活状况的改善。

通过以上的分析可以发现，当社会工作专业服务从机构主导型服务转变为服务对象主导型服务时，社会工作专业服务的规划与设计就包含了三个方面的基本要求：①整合三大社会工作专业服务方法，为服务对象提供直接的专业服务；②整合不同的专业服务，为服务对象提供间接的专业服务；③整合专业服务和非专业服务，为服务对象提供综合的专业服务。

第三节　"精神疾病患者社区康复"项目的规划与设计

在了解了服务对象主导型服务的专业服务理念和专业服务标准之后，我们接下来将具体介绍"精神疾病患者社区康复"项目，进一步解释如何具体规划、设计社会工作专业服务项目。"精神疾病患者社区康复"项目是针对本章案例中的4位精神疾病患者、家庭主要照顾者以及社区残疾人管理员的情况设计的。

一　"精神疾病患者社区康复"项目的基本理念

根据本章中的分析可以发现，4位精神疾病患者的康复不仅涉及他们自身状况的改善，而且也与家庭主要照顾者——母亲的社会支持关系的增强，以及社区残疾人管理员服务工作的改进相关。也就是说，"精神疾病患者社区康复"项目的服务对象除了4位精神疾病患者之外，还包括家庭主要照顾者和社区残疾人管理员。具体来说，这个项目的服务对象包括4位精神疾病患者、4位精神疾病患者的母亲、D的姑姑以及社区残疾人管理员。显然，只有当这些不同类型的服务对象都发生相应的改变时，针对这4位精神疾病患者的康复工作才能顺利展开。

每类服务对象的发展愿望和面临的问题是不相同的。4位精神疾病患者面临的主要困难是精神疾病康复过程中的认知、行为和情绪等心理方面的调整；家庭主要照顾者的基本苦恼表现为：精神疾病和护理的相关知识不足、社会认同的缺乏以及心理压力无处排解等；而社区残疾人管理员的主要疑惑是不知道怎样帮助这些精神疾病患者及其家庭照顾者。因此，社会工作者在规划、设计"精神疾病患者社区康复"项目时，就需要针对每类服务对象的不同要求和问题安排不同的专业服务活动，保证这4位精神疾病患者、家庭主要照顾者以及社区残疾人管理员都能够通过"精神疾病患者社区康复"项目的实施发生某种程度的改变。

在接受社会工作专业服务之前，这4位精神疾病患者的康复工作主要与家庭主要照顾者以及社区残疾人管理员提供的支持分不开。加强他们之间的联系和相互支持有利于这4位精神疾病患者的康复。因此，社会工作者在规划、设计"精神疾病患者社区康复"项目时，除了针对相关的不同服务对象提供社会工作专业服务之外，同时还需要加强他们之间的相互支持，使这4位精神疾病患者的改变与家庭主要照顾者的改变以及社区残疾人管理员的改变联结起来，相互促进、相互支持。"精神疾病患者社区康复"项目的基本理念示意图如下（见图6-1）。

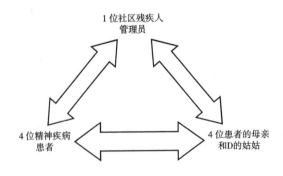

图6-1 "精神疾病患者社区康复"项目的基本理念示意图

从图 6-1 可以看出，"精神疾病患者社区康复"项目设计的基本理念是：从精神疾病患者日常生活中的支持网络着手，在为精神疾病患者和重要周围他人提供社会工作专业服务的同时，增强精神疾病患者和重要周围他人之间的相互支持。

二　"精神疾病患者社区康复"项目的基本目标

正是由于"精神疾病患者社区康复"项目涉及不同的服务对象（包括精神疾病患者、家庭主要照顾者和社区残疾人管理员），而且服务的层面也有所变化（包括不同的服务对象以及相互之间的支持关系），所以"精神疾病患者社区康复"项目包括多重服务目标。

1. 针对精神疾病患者的服务目标

尽管这 4 位精神疾病患者的病情各不相同，改变的要求也存在差异（像 A 和 D 主要表现为病情不稳定，康复效果不佳，对自己逐渐失去信心；而 C 刚出院不久，还存在幻听，病情比较严重；B 在找工作过程中屡受挫折，面临很大的心理压力，同时还要面对母亲的不满），但他们都有一些共同的要求，例如调整自己的情绪、行为和认知等心理状况，更好地应对生活中的各种压力。当然，社会工作者在开展专业服务活动时还需要关注这 4 位精神疾病患者的一些不同要求，如巩固 A 阅读历史传记的兴趣，帮助 B 找工作，培养 C 有规律地生活，协助 D 继续上学等。

2. 针对家庭主要照顾者的服务目标

对于这 4 位精神疾病患者的家庭主要照顾者而言，她们都面临一些共同的压力和挑战，例如，精神疾病和护理相关知识的缺乏、长期照顾的疲劳、心理压力的无法排解、社会的不认同甚至歧视等。因此，针对家庭主要照顾者开展的社会工作专业服务需要解决这些问题，帮助她们加深对精神疾病相关知识的了解，尤其是对护理和康复知识的了解，这些直接有助于她们照顾好自己的孩子。此外，还需要帮助家庭主要照顾者学会找机会放松自己，减轻内心的不安和紧张，并且增强她们应对社会歧视的能力。

3. 针对社区残疾人管理员的服务目标

社区残疾人管理员很热心，也很想帮助这些精神疾病患者，除了帮助他们申请低保获得经济上的支持之外，不知道还可以做些什么。因此，社会工作者在规划、设计"精神疾病患者社区康复"项目时，就需要让社区残疾人管理员了解和学习社区层面的一些社会工作专业服务知识，以帮助精神疾病患者更好地恢复社会功能。

4. 针对精神疾病患者、家庭主要照顾者以及社区残疾人管理员的服务目标

把针对精神疾病患者、家庭主要照顾者以及社区残疾人管理员之间的专业服务活动整合起来，促进他们之间的相互支持，这是"精神疾病患者社区康复"项目的重要目标之一。只有这样，才能将各部分的专业服务活动联结起来，相互促进，提高服务的效果。这方面的具体服务目标表现为：增强精神疾病患者与家庭主要照顾者之间的沟通，提高家庭主要照顾者的照顾能力，让精神疾病患者获得更好的支持；加强家庭主要照顾者与社区残疾人管理员之间的交流，让社区残疾人管理员及时了解精神疾病患者的康复情况和家庭主要照顾者面临的困难，为精神疾病患者社会功能的恢复提供更多的机会，特别是在精神疾病患者继续上学和重新找工作方面提供更多的帮助。

三　"精神疾病患者社区康复"项目的主要活动

针对本章介绍的4位精神疾病患者及其身边重要周围他人的基本情况，社会工作者就可以依据这4位精神疾病患者、家庭主要照顾者和社区残疾人管理员的发展需求规划、设计不同的社会工作专业服务。"精神疾病患者社区康复"项目主要的活动安排见表6-1。

表6-1　"精神疾病患者社区康复"项目的主要活动安排表

专业服务方法	服务对象	服务的基本要求	注　意　事　项
个案工作	4位精神疾病患者	针对每位精神疾病患者开展个案辅导，辅导的内容涉及情绪、行为和认知方面的调整。辅导总次数为6~8次。	(1)注意与医院的药物治疗配合，指导精神疾病患者及时服药； (2)注意与C的心理治疗配合，加强社会工作个案辅导与心理治疗的整合。
小组工作	4位精神疾病患者的母亲和D的姑姑	针对5位精神疾病患者的主要照顾者开展小组活动，活动的内容涉及精神疾病和护理相关知识的宣传、心理压力的排解、精神疾病患者照顾经验的分享、相互支持关系的建立和增强等。小组活动的次数为6次。	(1)注意与医生和护士配合，邀请他们讲授有关精神疾病和护理的相关知识以及照顾精神疾病患者的基本技巧； (2)注意在家庭主要照顾者之间建立互助关系，增强她们之间的相互支持。
社区工作	4位精神疾病患者、4位母亲、D的姑姑、社区残疾人管理员和社区其他居民	组织志愿者参与针对4位精神疾病患者和5位家庭主要照顾者而开展的精神疾病患者家庭出游活动；邀请康复情况较好的精神疾病患者参加社区组织的活动。	(1)注意招募和组织志愿者，扩大精神疾病患者及其家庭的社会支持关系； (2)注意发掘和利用社区的资源，为精神疾病患者社会功能的恢复提供机会。

从表 6-1 可以看出，"精神疾病患者社区康复"项目包括针对精神疾病患者的个案辅导、针对家庭主要照顾者的小组活动以及针对精神疾病患者、家庭主要照顾者和社区残疾人管理员的社区活动。整个项目是围绕着 4 位精神疾病患者及其身边的重要周围他人展开的，将个案工作、小组工作和社区工作三大社会工作专业方法整合起来，提高社会工作专业服务的水平。同时，"精神疾病患者社区康复"项目非常重视将社会工作专业服务与医院的药物治疗、护理、心理治疗等其他专业服务结合起来，并且让这些专业服务扎根于精神疾病患者的日常生活中，整合专业服务和非专业服务，形成一种综合的服务策略。当然，即使针对同一个案例，不同的社会工作者在规划、设计社会工作专业服务时，也可以安排不同的专业服务活动。但是，不管专业服务的规划和设计怎么不同，它们的目标只有一个：通过加强对社会工作自身不同专业方法的整合以及与其他专业服务和非专业服务的结合，提高社会工作专业服务的水平，增强专业服务的效果。

四　"精神疾病患者社区康复"项目中各活动之间的衔接

"精神疾病患者社区康复"项目与一般社会工作专业服务不同之处在于，它提供的是一种整合式的综合专业服务。尽管表 6-1 把针对不同服务对象开展的社会工作专业服务做了具体的安排，但是这些专业服务活动并不是相互割裂的，而是有机地整合在一起。这样，各专业服务活动之间的衔接就成了项目规划和设计的关键内容之一。我们来看一看"精神疾病患者社区康复"项目中各活动之间是如何衔接的。

仔细分析表 6-2 就可以发现，"精神疾病患者社区康复"项目首先采用个案辅导的方式进入精神疾病患者的家庭，与精神疾病患者及其家庭主要照顾者建立起相互信任的合作关系。在此基础上，引入小组专业服务方式，邀请精神疾病患者的家庭主要照顾者参加小组活动，组成支持性小组。此时，"精神疾病患者社区康复"项目就进入了两项社会工作专业服务活动并行推进的阶段。等到个案辅导进行到第七次/第八次，活动的焦点开始转向扩大精神疾病患者的社会支持关系和恢复他们的社会功能时，小组专业服务活动也趋向结束，活动焦点转向促进家庭主要照顾者之间的相互支持，培养家庭主要照顾者的互帮互助精神。这个时候，经过招募和组织志愿者的前期准备工作，社会工作者就可以把社区专业服务活动引入"精神疾病患者社区康复"项目中，组织开展精神疾病患者家庭出游活动，并且邀请康复情况较好的精神疾病患者参加有关的社区活动，这既可以增强精神疾病患者与志愿者之间的交流，恢复精神疾病患者的社会功能，同时又可以促进家庭主要照顾者之间的相互支持。这样，"精神疾病患者社区康复"项目就进入三项社会工作专业服务活动并行推进的阶段。

表 6-2　"精神疾病患者社区康复"项目中各专业服务活动相互衔接表

专　业　方　法					
个案辅导	个案服务内容	小组活动	小组服务内容	社区活动	社区服务内容
第一次/ 第二次	(1)进入精神疾病患者的家庭； (2)了解患者的状况； (3)与患者和家庭主要照顾者建立起信任、合作的关系。				
第三次/ 第四次	(1)确定个案改变的目标； (2)寻找个案改变的起点； (3)尝试微小的情绪和行为上的调整。	第一次/ 第二次	(1)联系家庭主要照顾者组成支持性小组； (2)让家庭主要照顾者相互认识； (3)介绍精神疾病和护理方面的知识。		
第五次/ 第六次	(1)情绪、行为和认知的进一步调整； (2)增强家庭主要照顾者与精神疾病患者之间的支持关系。	第三次/ 第四次	(1)家庭主要照顾者心理压力的排解； (2)家庭主要照顾者照顾精神疾病患者经验的分享。	前期准备	招募和组织志愿者。
第七次/ 第八次	(1)扩大精神疾病患者的社会支持关系； (2)恢复精神疾病患者的社会功能。	第五次/ 第六次	促进家庭主要照顾者之间的相互支持。	第一次/ 第二次	(1)精神疾病患者家庭出游活动； (2)邀请康复情况较好的精神疾病患者参加社区组织的活动。

在个案辅导和小组专业服务活动并行推进的阶段，两者之间的配合成了"精神疾病患者社区康复"项目考虑的重要内容之一。从表 6-2 中可以看出，在开展了第二次个案辅导之后，社会工作者与精神疾病患者的家庭主要照顾者建立了基本的信任关系。这个时候，小组专业服务活动才被引入"精神疾病患者社区康复"项目中。接着，个案辅导关注的焦点转向专业服务目标的确定、专业服务起点的寻找以及对情绪、行为的微小调整。与此相对应的是，此时的小组专业服务活动强调让家庭主要照顾者相互认识，并且

介绍精神疾病和护理方面的知识，以增强家庭主要照顾者对精神疾病康复知识的了解，更好地配合精神疾病患者的康复工作。之后，个案辅导开始强调精神疾病患者在情绪、行为、认知等方面的进一步调整，同时增强家庭主要照顾者与精神疾病患者之间的支持关系。在小组专业服务活动方面，服务的焦点在于家庭主要照顾者心理压力的排解以及照顾精神疾病患者经验的分享，进一步加强家庭主要照顾者与精神疾病患者之间的沟通和理解。

当个案辅导进行到第七次/第八次时，需要处理的工作不仅包括个案辅导与小组专业服务活动的相互配合，而且涉及个案辅导与社区专业服务活动的结合。显然，此时的整合要求更为复杂，涉及个案工作、小组工作和社区工作三个方面的活动。这一阶段的个案辅导注重精神疾病患者社会支持关系的扩展和精神疾病患者社会功能的恢复。这样的专业服务目标正好与社区专业服务活动——组织精神疾病患者家庭出游活动以及邀请康复情况较好的精神疾病患者参加社区组织的活动等——相契合，从而促进精神疾病患者与志愿者的交往，促进精神疾病患者社会功能的恢复。在此过程中，小组专业服务活动也可以发挥积极的作用，促进精神疾病患者家庭主要照顾者之间的相互支持。此外，需要特别强调的是，在此阶段，个案、小组和社区三个方面的专业服务活动既可以单独开展，也可以穿插在一起开展。例如，在社区专业服务活动中安排小组专业服务活动，并且适当加入个案辅导的内容。当然，不可忽视的是，在开展社区专业服务活动时，还需要积极邀请社区残疾人管理员参加，以便充分发掘和调动社区中的社会资源。

第四节　服务对象主导型服务项目设计中的基本概念

依照服务对象主导型服务的要求，社会工作者在规划、设计社会工作专业服务时，尽管针对同一个服务对象、同一个问题可以有不同的安排和考虑，但也有一些基本的原则需要遵循。对这些原则的准确把握依赖于社会工作者在观察和分析服务对象的问题时对项目设计中一些基本概念的正确理解。这些基本概念能够帮助社会工作者走进服务对象的日常生活，了解他们拥有的社会支持关系，并且协助他们挖掘身边的重要社会资源。

一　社会支持网络

服务对象总是生活在与周围他人的交往中，无论问题的产生还是消除，都与周围他人有密切的关系。就像本章案例中的4位精神疾病患者，他们所遭受的精神疾病的困扰，不仅影响了他们自己的日常生活，而且也给家庭主要照顾者的生活造成一定的困扰，使她们不得不花费更多的时间和精力在精神疾病患者的日常照顾上，有的甚至还为此放弃了工作，提前退休，全身心地照顾精神疾病患者。精神疾病患者的困扰以及家庭主要照顾者面临的困难还受到社区残疾人管理员的关注，她除了帮助精神疾病患者家庭办理低保补助外，还积极寻找其他有效的帮助方式。显然，服务对象与身边的周围他人形成了一个人际关系网络，只要服务对象遇到问题，这些周围他人就会站出来帮助服务对象。这就是服务对象的社会支持网络。[1] 因此，在规划、设计社会工作专业服务时，社会工作者不仅要看到服务对象自身拥有的能力和资源，而且也需要把服务对象放到他（她）的人际关系网络中，观察和分析服务对象拥有的社会支持网络。

显然，社会支持网络对于服务对象来说是非常重要的，因为一旦服务对象遇到问题，首先会向社会支持网络中的重要周围他人寻求帮助；如果他们解决不了，才会寻求专业服务机构的帮助。同样，如果服务对象遇到问题的困扰，重要周围他人首先就会给予积极的帮助。在服务对象的社会支持网络中存在着不同种类的服务：一种服务是由专业服务机构提供的，它的特点是标准化和专业化，这就是正式机构提供的专业服务；另一种服务是由服务对象身边的重要周围他人提供的，像本章案例中的家庭主要照顾者——母亲就承担了这样的提供服务的角色。这种服务往往不专业，但却在服务对象的日常生活中发挥着极其重要的作用，如照顾服务对象的日常起居、监督服务对象服药等，这些都融入在服务对象的日常生活中，而且它们的影响时间也比较长。这就是日常生活中的非专业服务。比较了专业服务和非专业服务的特点之后，我们就可以得出结论：如果社会工作者希望充分发挥服务对象的社会支持网络的作用，就需要在社会工作专业服务的规划和设计中整合专业服务和非专业服务，并且把专业服务融入到非专业服务中。

在整合专业服务和非专业服务的过程中，社会支持网络[2]发挥着关键的作用。正是借助社会支持网络这个工作平台，社会工作者才能将不同的社会

---

[1] Adams, R. (1996). *Social Work and Empowerment* (2nd ed.). London: Macmillan Press, p. 28.

[2] 除了社会支持网络概念之外，增能概念也很重要，详见 Adams, R. (1996). *Social Work and Empowerment* (2nd ed.). London: Macmillan Press, p. 28。

工作专业服务方法整合起来，为服务对象提供有效的专业服务，并且能够同时整合其他专业服务，使专业服务走进服务对象的日常生活中，实现专业服务和非专业服务的结合。就像本章介绍的案例，社会工作者借助精神疾病患者与家庭主要照顾者、社区残疾人管理员以及医生和护士等建构的社会支持网络开展社会工作专业服务活动。这样，不仅可以把关注针对精神疾病患者开展的个案辅导与注重家庭主要照顾者支持关系建设的小组专业服务活动以及鼓励社区残疾人管理员参与的精神疾病患者社会功能恢复的社区专业服务活动整合起来，而且也可以将社会工作专业服务与医生的药物治疗、护士的护理以及心理咨询师的心理治疗结合起来，更为重要的是，借助精神疾病患者的社会支持网络，社会工作者就可以将这些专业服务与服务对象的日常生活紧密联结起来，把专业服务延伸到服务对象的日常生活中。

从社会支持网络的角度观察服务对象的生活、安排社会工作专业服务，这样的视角还有另一个重要好处：及时了解服务对象拥有的能力和资源。服务对象总是处在与周围他人的交往中，他（她）如果遇到问题，周围他人就会给予一定的帮助，这样的帮助就是服务对象面对和解决问题的重要资源。而在周围他人的支持下，服务对象为了解决问题所做的积极尝试就是服务对象能力的展现。显然，在社会支持网络视角下，服务对象的能力和资源就有了具体对应的场景、对象和过程，使能力和资源能够具体化，便于社会工作者发掘和利用。

不过，不能把是否拥有社会支持网络作为服务对象是否有问题的判断标准。尽管社会支持网络的缺乏影响服务对象能力的发挥和问题的解决，但并不一定就意味着这就是服务对象存在的问题，还是要看服务对象自身是怎样应对困难的。事实上，在逆境中服务对象也能够表现出应对困难的能力，这种能力也是服务对象克服困境不可缺少的条件。

二　日常生活安排

与机构主导型服务不同，服务对象主导型服务是以服务对象的日常生活为基础的。它假设问题只是服务对象生活的一部分，不是全部，而且任何专业服务必须以服务对象的日常生活为基础才能发挥它的作用。[1]　如果社会工

---

[1]　Specht, H. & Courtney, M. E. (1994). *Unfaithful Angels: How Social Work Has Abandoned Its Mission*. New York: The Free Press, p. 170.

作者在规划、设计社会工作专业服务时，只关注服务对象拥有的能力和资源，或者只聚焦于服务对象需要帮助的有问题的部分，这样的服务策略就会把服务对象从自己的日常生活中抽离出来，只见需要关注的部分，不见整体。显然，要了解服务对象的整体需求，就需要把服务对象放到日常生活处境中，看他（她）是怎样和周围他人互动交流的、遇到问题时是怎样应对的、周围他人又是怎样回应的，这样，社会工作者才能真正了解服务对象在面临问题的困扰时有些什么要求，他（她）在解决问题的过程中做了什么尝试，哪些是有效的、哪些是无效的。那些有效的尝试就是服务对象的成功经验，那些无效的尝试就是服务对象需要解决的问题。通常情况下，服务对象即使面对问题的困扰，也不会仅仅关注问题的消除，他（她）还有其他一些发展要求和安排。只有把服务对象放回到日常生活处境中，社会工作者才有可能真正理解服务对象的发展要求，从服务对象的整体需求出发规划、设计社会工作专业服务，使社会工作专业服务不局限于问题的解决或者能力的发挥。

仔细阅读本章介绍的案例就会发现，4 位精神疾病患者尽管都面临严重的精神疾病的困扰，但他们每个人的需求是不同的，而且有些需求并没有和精神疾病有直接的关联。例如，精神疾病患者 A 就希望自己"有更多的精力和时间读自己喜欢的历史传记"，精神疾病患者 B 则希望自己能够找到一份工作，C 的需求是希望母亲能够陪她散步，而 D 的愿望是能够继续上学。显然，如果社会工作者不把自己放到这 4 位精神疾病患者的日常生活处境中，就难了解他们的这些想法和需求，当然也就很难全面了解这 4 位精神疾病患者的发展需求，从而也就无法使社会工作专业服务的规划和设计符合他们的发展愿望。

尽管社会工作专业服务能够为服务对象提供直接、有效的服务，但专业服务的时间毕竟比较短，通常只是服务对象日常生活中的一段时间，而大部分时间服务对象就像平常那样生活。例如，在"精神疾病患者社区康复"项目中，社会工作者每周为服务对象提供 1～2 个小时的个案辅导，为家庭主要照顾者提供 2 个小时左右的小组服务。与服务对象的日常生活相比，这些专业服务只占了服务对象和家庭主要照顾者很少的一点时间。如果社会工作者希望这样的专业服务能够发挥作用，就需要调动服务对象和周围他人的主动性，把社会工作专业服务延伸到服务对象的日常生活中。通常，社会工作专业服务的提供是阶段性的，服务对象出现了问题，就需要社会工作专业服务；一旦问题消失了，社会工作专业服务也就结束了。如果社会工作者希望能够维持社会工作专业服务的效果，就需要把这些社会工作专业服务与服务对象的日常生活结合起来，使社会工作专业服务的效果不会随着服务活动的结束而终止。就社会工作专业服务的目标而言，社会工作者也希望能够使服务对象发生真正的改变，使服务对象生活得更健康、更积极。显然，要实现这样的目标，社会工作者在规划和设计社会工作专业服务时，就需要将社会工作专业服务与服务对象的日常生活结合起来，通过社会工作专业服务改善服务对象的日常生活状况。

服务对象的日常生活是社会工作专业服务的立足点。社会工作专业服务的规划和设计是否科学，取决于服务对象的日常生活状况是否得到了改善以及改善的程度。也就是说，不管社会工作者怎样安排社会工作专业服务，他（她）都要问自己，这样的专业服务能否给服务对象的日常生活带来真正的改变；如果能够，这样的改变是什么，它发挥着什么作用。这就是社会工作专业服务规划和设计的评估标准：看专业服务是否能够和服务对象的日常生活结合起来。

三　重要帮助者

当服务对象遇到困难时，周围他人都会给予一定的帮助。但是，每个人提供的帮助是不同的，其中有一些非常重要的帮助者，他们成为服务对象改变的极其重要的支持者。像服务对象的父母亲、夫妻、子女以及好朋友等，很可能成为这样的重要帮助者。[①] 在本章的案例中介绍了 4 位精神疾病患者，他们患病之后，生活起居都由母亲来照顾，母亲成为他们康复的重要帮助者。显然，离开重要帮助者——母亲的支持和照顾，这 4 位精神疾病患者的生活状况是很难想象的。重要帮助者就是这样，他（她）在服务对象摆脱问题困扰的过程中发挥着举足轻重的作用，是服务对象非常重要的资源。社会工作者在规划和设计社会工作专业服务时，就需要发掘和利用这样的重要帮助者，把他们作为服务对象改变的重要资源。

有时，重要帮助者尽管并未提供像服务对象的母亲那样细致的日常照顾和支持，但他们掌握着重要的资源，能够为服务对象生活状况的改善提供极

---

① Glicken, M. D. （2004）. *Using the Strengths Perspective in Social Work Practice: A Positive Approach for the Helping Professions.* Boston: Allyn and Bacon, p. 6.

其重要的帮助。例如，对于学习困难的学生来说，老师就是重要帮助者。另外，常见的还有单位的领导、服务机构的负责人等，他们很可能成为服务对象生活状况改善的重要帮助者。在本章的案例中，社区残疾人管理员就是一位很重要的帮助者，特别是在精神疾病患者社会功能的恢复方面，她掌握着重要的社区资源，能够帮助 4 位精神疾病患者办理低保补助，减轻他们的经济压力，并且为他们提供参与社区活动的机会。

重要帮助者还有另一层含义，就是他（她）是服务对象生活状况改善的积极支持者。尽管他（她）可能不像精神疾病患者的母亲那样承担了重要的照顾责任，是服务对象日常生活中不可缺少的照顾者，也可能不像社区残疾人管理员那样掌握着重要的社会资源，是服务对象生活状况改善过程中不可缺少的帮助者，但是他（她）对服务对象生活状况的改善抱有积极的态度，是服务对象摆脱问题困扰的积极支持者。像本章介绍的精神疾病患者 D 的姑姑就是这样一位重要的帮助者。尽管她的角色不同于精神疾病患者的母亲和社区残疾人管理员，但在精神疾病患者 D 的康复过程中起着非常积极、重要的作用，是帮助精神疾病患者康复的重要资源。

显然，这些重要帮助者是服务对象社会支持网络中的关键人物，在帮助服务对象解决问题的过程中发挥着极其重要的作用。如果社会工作者在规划、设计社会工作专业服务时，能够充分发掘和利用这些重要帮助者，也就意味着能够充分利用服务对象的社会支持网络，保证社会工作专业服务扎根于服务对象的日常生活中，将社会工作专业服务与服务对象的日常生活有机结合起来，充分发掘和运用服务对象拥有的资源。

四　帮助系统

机构主导型服务通常关注如何帮助服务对象，这样的帮助尽管能够解决服务对象的问题，但容易忽视服务对象周围环境的改变。因此，机构主导型服务容易导致这样的结果：一旦社会工作者停止提供专业服务，或者服务对象遇到了新的压力，服务对象很容易再次出现问题。究其原因，这样的服务方式没有帮助服务对象建立起必要的社会支持网络，当服务对象再次遇到问题时，周围他人不能够给服务对象提供必要的支持和帮助。将社会工作专业服务聚焦于服务对象还有另一个突出的问题，那就是忽视服务对象拥有的能力和资源，不管周围他人能够给服务对象提供什么样的帮助。事实上，服务对象生活在与周围他人的交往中，他（她）在日常生活中自然形成一种相互帮助的系统。[①] 如果服务对象遇到问题，周围他人就会给予帮助；如果周围他人遇到困难，服务对象就会给予支持。这样的帮助系统对于服务对象摆脱问题的困扰来说是非常重要的，它既是服务对象能力发挥的场所，也是服务对象资源利用的渠道。可以说，如果服务对象遇到问题，不仅是服务对象面临问题的挑战，而且也是服务对象的整个帮助系统面临问题的挑战。

在本章介绍的案例中也表现出这样的特点，当 4 位精神疾病患者遭遇精神疾病的困扰时，不仅完全改变了他们自己的生活方式和节奏，而且他们身边的家庭主要照顾者也面临生活发生巨变的挑战。像精神疾病患者 A 和 D 的母亲不得不提前退休，把自己的时间和精力都放在照顾孩子的生活上，而精神疾病患者 B 和 C 的母亲也同样承受着照顾精神疾病患者的巨大生活压力。显然，这些家庭主要照顾者是帮助这 4 位精神疾病患者应对精神疾病困扰的重要支持力量。如果不考虑她们的作用，这样的社会工作专业服务很难谈得上是科学、有效的。在精神疾病患者的帮助系统中，还有社区残疾人管理员、医生和护士等，他们同样也是精神疾病患者整个帮助系统的一部分。

因此，社会工作者在规划和设计社会工作专业服务时，不是考察服务对象单个人的需求，帮助服务对象改善目前的生活状况，而是寻找服务对象身边的重要帮助者，明确服务对象的帮助系统及其运作方式，增强和补充服务对象的帮助系统。这样，在帮助服务对象的同时，也在改变服务对象身边的周围他人；在增强周围他人的社会支持关系时，也在改变服务对象。更为重要的是，只有在此过程中，社会工作者才能真正帮助服务对象学习如何发挥自己的能力以及如何利用周围他人的资源，增强服务对象与周围他人之间的相互支持关系。

总之，服务对象主导型服务的项目规划和设计不同于机构主导型服务，它立足于服务对象的社会支持网络，通过了解服务对象的日常生活安排，明确服务对象身边的重要帮助者，增强和补充服务对象的帮助系统，协助服务对象有效应对问题的挑战，实现社会工作不同专业服务方法、不同专业服务以及专业服务与非专业服务三个方面的整合，为服务对象提供一种高效的综合服务。

---

① Glicken, M. D. （2004）. *Using the Strengths Perspective in Social Work Practice： A Positive Approach for the Helping Professions.* Boston： Allyn and Bacon, p. 4.

第七章
以特定人群为服务对象的项目规划与设计

　　某市全日制公立小学是一所市重点小学，位于经济繁荣的商业住宅区，学校的教学设备先进，拥有一个正规的塑胶运动场、一个可以容纳800人的多功能会议厅、一栋4层的教学大楼，另外还有篮球场、排球场等，教学条件优越，校园宽敞，师资力量处于全市中上水平。学校设有"德育室"，专门负责学生的心理健康教育工作。这所学校共有六个年级24个班级近一千名小学生，学生主要来自该小学所在的社区，也包括一部分外来务工人员的子女。当社会工作者走进这所小学时，班主任向社会工作者推荐了一些需要帮助的小学生。我们先来看一看其中三位需要帮助的小学生的基本情况。

　　A，女，12岁，小学五年级学生，性格文静内向，从不主动和别人交往，学习比较被动。A的学习成绩不好，英语只能认识26个字母和一些简单的单词，数学和英语经常不及格。A比较喜欢语文，能够主动复习和预习功课，尤其喜欢语文朗读，因此语文是各门功课中相对比较好的。尽管A的学习成绩不理想，但她从不扰乱课堂秩序，总是静静地坐在自己的位置上；如果轮到她做值日，总是闷头干活。班主任说，A虽然学习成绩不好，但非常懂事。A的父母亲离婚后，把孩子甩给了爷爷奶奶，由爷爷奶奶抚养，但是一年前爷爷去世了。目前，A与奶奶生活在一起，靠奶奶的退休金生活。奶奶今年72岁，身体不好，腿有残疾，行走很不方便。奶奶担心自己过世后，没有人照顾自己的孙女。学校老师非常同情A的处境，有时主动上门帮助A辅导功课，但因为A的体质比较弱，经常生病，耽误了学习。

　　B，男，9岁，小学三年级学生，性格活泼，比较贪玩，自尊心强，平时经不起老师和同学的批评，经常与老师和同学闹别扭。有一次上课时，老师让学生注意听讲，不要写作业，但B偏偏要写作业，于是被老师罚站。B

的学习成绩不理想，考试经常不及格，为此父母亲伤透了脑筋。最让父母亲苦恼的是，孩子放学一回家就跑出去玩，对学习没有兴趣，做作业磨磨蹭蹭，非常被动，只有在家长的一再催促和监督下，才能勉强完成家庭作业，但 B 对做家务没有任何抱怨。父母亲到城市打工已经十多年了，好不容易攒了一些钱买了一间 80 多平方米房子，经济压力很大。现在，夫妻俩经营一家卤味店，每天起早贪黑，忙里忙外，没有多少时间指导和监督孩子的学习。看到 B 的学习成绩随着年级的增长没有任何改观，父母亲心里很着急，总是抱怨 B 不听话、不用心学习，但不知道怎么办。

C，男，8 岁，小学二年级学生，非常好动，喜欢把自己的玩具带到学校玩。老师反映，C 上课时注意力不集中，经常走神；有时，甚至离开自己的座位妨碍其他学生，或者钻到桌子底下玩自己带来的玩具。C 的学习基础比较差，考试经常不及格，但看上去 C 并不是很在乎。让父母亲感到苦恼的是，尽管孩子愿意和同学一起玩，但同学不喜欢和他一起玩，因为 C 不遵守规则，喜欢耍赖，总希望自己是胜利者受到特别的关注。C 的父母亲是成功人士，经营一家企业多年，经济收入丰厚，但工作非常忙，没有时间照顾孩子。不得已，父母亲让 C 的姑姑帮助他们照看自己的孩子，包括照顾孩子的日常起居以及指导孩子的学习，但姑姑根本管不住 C。

上面三个案例反映了居住在社区中的三种不同类型的家庭及其面临的共同的如何教育孩子的问题。A 的家庭比较贫困，而且缺乏支持孩子学习的家庭资源；B 的家庭的经济条件一般，但面临管理和指导孩子学习的严峻挑战；C 的家庭的经济条件比较好，属于成功人士的家庭，但父母亲没有时间与孩子交流。这个社区始建于 20 世纪 90 年代，是各种设施比较齐全的综合性住宅小区。目前，小区共有 3653 户家庭，常住人口 7992 人，外来人口 41000 人。其中，经济条件比较富裕的家庭与经济条件一般的家庭以及经济条件比较困难的家庭各占三分之一。

仔细阅读上面介绍的案例就会发现，尽管三种不同类型的家庭都面临相同的如何教育孩子的问题，但孩子的问题并不局限在学习成绩方面，同时还包括孩子与同学以及教师关系的不和谐、孩子的家庭教育和社区教育的不足等方面。这样，帮助这些学习有困难的小学生，就不能仅仅帮助他们消除问题，同时还包括问题的预防和能力的发展，以及如何像一般小学生那样生活等其他不同的服务内容。这个时候，社会工作者就不是以面临共同问题的人员为服务对象，而是以整个特定人群为专业服务活动帮助的对象，从注重以消除问题为核心的单类型的服务转变为包含不同服务内容的多类型的服务。

第一节　多类型服务的专业服务理念

在规划、设计社会工作专业服务时，如果社会工作者把专业服务的目标从消除问题扩展到服务对象的发展，则目标就包括问题的消除、预防以及能力的发挥三个不同的方面。这样，社会工作专业服务就必然从单类型的服务发展成多类型的服务。这种转变首先要求社会工作者的专业服务理念发生根本的改变，坚信问题只是生活的一部分，服务对象所需要的是包括问题解决在内的健康发展。

一　服务内容的多类型

服务对象需要什么类型的服务，社会工作者就需要提供什么类型的帮助。只有这样，社会工作者所规划和设计的专业服务才能适合服务对象的发展要求，改善服务对象目前的生活状况。如果社会工作者只关注服务对象的问题，就会不自觉地从问题的角度理解服务对象的发展要求，很容易出现忽视服务对象的问题之外的其他发展要求的现象，或者把问题之外的要求不作为专业服务的内容之一，或者看不见问题解决中隐藏的其他不同类型的需要。这样，就会把服务对象丰富多样的不同需要简化，使社会工作专业服务出现单一化的倾向。事实上，在实际的社会工作专业服务活动中，社会工作者会发现，服务对象的发展要求通常包含不同的方面，问题的消除只是其中的一个方面。即使服务对象深受问题的困扰，也会有一些与问题的消除不直接相关的要求。如何才能更好地回应服务对象的要求？显然，不能把社会工作专业服务的目标局限于问题的消除。

当然，问题的消除是服务对象很重要的一部分要求。通常情况下，正是因为服务对象或者周围他人感受到了问题的困扰，才会寻求社会工作者的帮助，社会工作者与服务对象的合作关系才能建立。而且，社会工作者在帮助服务对象的过程中，很难完全摆脱对问题的考察。如果社会工作者只关注服务对象的能力，就会忽视问题的存在，从而可能导致服务对象的问题加重。就像本章中的案例，服务对象不仅面临学习上的压力，而且面临与同学和老师的交往以及与父母亲的沟通等其他方面的困扰。如果社会工作者只关注服务对象的兴趣爱好和能力（如 A 听话、懂事，认真做值日；B 对做家务没有抱怨；C 喜欢玩玩具；等等），那么不仅社会工作者无法准确了解服务对象的需要，而且容易使服务对象回避困难，导致服务对象的问题加重。

除了消除问题的困扰之外，服务对象通常还有发挥能力和保持兴趣爱好的要求，即那些与问题困扰不直接相关的要求。从"问题"的视角来看，这些要求与服务对象的问题没有明显的关系，但是它们确实也是服务对象需求的一部分。例如，服务对象 A 在做值日时经常得到老师的表扬；服务对象 B 喜欢做家务；服务对象 C 喜欢玩玩具。把服务对象的这些兴趣爱好和能力发挥出来，尽管不能直接减轻服务对象在学习方面的压力，但至少可以缓解他们的心理压力，增强他们对自己的认同，这样就间接地帮助服务对象解决了面临的问题。当然，如果在发掘服务对象的能力时，能够与服务对象的问题消除结合起来，社会工作专业服务的效果就会比仅仅关注问题消除要好。对于不愿意与社会工作者合作一起解决问题的服务对象，采用能力发挥的服务策略更便于社会工作者走进服务对象的生活，与服务对象建立信任合作的关系。

为了防止服务对象的问题变得更为严重，社会工作者在规划、设计社会工作专业服务时，还需要安排一些预防性的措施。服务对象的变化有时是向前走的，有时是向后退的。尽管作为社会工作者希望能够通过专业服务活动改善服务对象的生活状况，消除服务对象的问题，但是无法阻止服务对象有时可能出现退步。因此，在专业服务中安排预防性的服务活动是非常必要的。以本章介绍的服务对象 A 为例，在帮助服务对象克服数学和英语学习方面的困难时，同时还需要维持服务对象对语文学习的兴趣，鼓励服务对象继续保持复习和预习功课的习惯。此外，还需要调整服务对象的饮食和生活习惯，增强服务对象的体质。显然，这些服务不能归为问题的消除，但能够增强服务对象应对问题的能力。

实际上，仔细观察和分析服务对象在日常生活中的不同要求就会发现，服务对象在遇到问题时，既有消除问题的要求，也有发挥自己能力的期望及预防问题恶化的需要。哪个为主、哪个为辅，这不是社会工作者所能决定的，而需要根据服务对象自身的需求状况来确定。服务对象需求的多样性决定了社会工作专业服务的内容也是类型多样的，包括问题的消除、问题的预防和能力的发挥等不同方面。只有在多类型服务概念的指导下，社会工作者才能真正依据服务对象的需求规划、设计社会工作专业服务，保证专业服务活动科学、有效。

二　服务阶段的多类型

如果社会工作者专注于服务对象问题的解决，他（她）在规划、设计社会工作专业服务时，就会把服务对象的问题是否得到解决作为社会工作专业服务活动成功与否的标准。服务对象的问题解决了，专业服务也就获得了成功，专业服务活动也就应该结束了；如果服务对象的问题没有得到解决，就意味着专业服务还需要继续下去，直到服务对象的问题消除了为止。至于问题解决之后会出现什么，则不属于社会工作者考察的范围。如果服务对象再次出现问题，就需要开展新一轮的专业服务活动。实际上，服务对象没有问题了，并不等于他（她）能够有效发挥自己的能力。如果社会工作者把专业服务仅仅局限于服务对象问题的消除，就会不自觉地缩短专业服务的时间，只关注服务对象从发现问题、寻求帮助到问题解决这一阶段。与问题解决一样，问题预防和能力发挥阶段对于服务对象的发展来说也是不可缺少的阶段，甚至从某种意义上说，它们比问题解决阶段更重要，能够防患于未然，充分发掘和利用服务对象自身拥有的能力。

参加过专业实践活动的社会工作者会发现，即使在服务对象的问题解决阶段，专业服务活动的焦点也是有变化的。在服务对象遭受问题的严重困扰时，专业服务活动的焦点就需要集中在怎样减轻困扰上；但随着专业服务活动的展开，服务对象的困扰逐渐减轻，服务对象的其他要求就会慢慢呈现出来，问题预防和能力发挥就会成为专业服务的重要内容。相应地，社会工作专业服务活动的关注焦点也需要做一些调整，否则，专业服务的安排就跟不上服务对象的改变节奏，从而妨碍服务对象的发展。纯粹的问题解决是非常少见的，总是伴随着对问题的预防和能力的发挥，特别是在服务对象面临的问题困扰逐渐减轻的情况下，问题预防和能力发挥的需要就会变得越来越突出。一旦服务对象的问题基本得到解决，社会工作专业服务就会进入一个新的阶段：对问题的预防。

在问题预防阶段，社会工作的专业服务焦点就会围绕着防止问题发生展开，它的工作重点不再是消除已经存在的问题，而是防止旧问题的重新出现，或者新问题的产生。例如，提高服务对象识别问题的能力，或者增强服务对象应对问题的能力等，这些就是常见的在问题预防阶段开展的专业服务活动，目的是帮助服务对象及时发现问题、尽早处理问题，将问题消灭在萌芽状态。与问题的消除相比，问题预防的成本更低，而且服务的效果也会好于问题的消除。因此，社会工作者需要坚持这样的服务原则：及时发现、尽早解决，尽量避免等服务对象被问题严重困扰时才开始介入。这样，不仅增加了专业服务的难度，而且也会影响到专业服务的成本和效果。

无论问题的解决还是问题的预防，都是针对服务对象的问题而言的，目的是帮助服务对象过上一种不受问题困扰的生活。但是，服务对象的需求还不止这些，他（她）通常还有另一项基本的需求：发挥自己的能力。只有当服务对象学会发掘和利用自己的能力时，他（她）才会关注怎样更好地安排自己的生活。因此，到了能力发挥的阶段，社会工作专业服务的关注焦点是如何更好地发掘和利用服务对象自身的能力和资源。这样，社会工作专业服务就从相对比较被动的关注问题的消除转变为更为积极地发掘和利用服务对象自身能力的阶段。实际上，能力的发挥与问题的解决和预防是紧密相联的。只有当服务对象懂得了如何利用自身的能力和资源寻找解决问题的方法和途径时，才算真正拥有了积极应对问题的能力。

如果社会工作者运用多类型的视角规划、设计社会工作专业服务，就会将关注问题解决阶段的传统的社会工作专业服务延伸到问题预防和能力发挥等不同阶段。这样，不仅延伸了专业服务的阶段，而且更为重要的是，社会工作专业服务的原则发生了根本的变化，从关注问题的消除转变为更为积极地发掘和利用服务对象自身的能力。

三　服务范围的多类型

从专业服务的范围而言，传统的单类型服务的对象是那些受到问题困扰而自己又无法解决的社会成员。也就是说，服务对象之所以成为服务对象，是因为他（她）在日常生活中遇到了问题，并且寻求社会工作者的帮助。如果服务对象没有遭遇问题的困扰，就不能成为社会工作专业服务的对象。显然，这样的服务理念比较被动，社会工作者等待服务对象主动上门寻求专业服务。而实际上，有很多社会工作专业服务活动是在日常生活场景中展开的，需要社会工作者主动去寻找服务对象，特别是在目前中国社会工作专业化和职业化的发展处于起步阶段，很多居民还不了解社会工作的情况下，即使这些居民有专业服务的需要，也不会主动寻求社会工作者的帮助。在这样的社会处境下，社会工作者就需要主动走进社区，走到服务对象的身边，让服务对象接受社会工作专业服务。显然，如果运用单类型服务的视角规划、设计社会工作专业服务，不仅大大缩小了社会工作专业服务的范围，只关注那些有问题并且主动寻求帮助的人群，而且妨碍社会工作者主动走进服务对象的生活，与服务对象建立相互信任的合作关系。

当然，面临问题困扰并且主动寻求帮助的服务对象是社会工作专业服务的重点帮助对象。这些重点帮助对象遭受问题的困扰，有些人甚至无法安排自己的日常生活。帮助他们解决面临的问题，缓解内心的压力，显然是社会工作者必须承担的任务。但是，社会工作者不可忽视的现实是，在遭遇问题的困扰时，只有很少的一部分人能够了解自己的需求，主动寻求社会工作者的帮助，其他需要帮助的人则由于害怕受到社会歧视等原因而不愿前来寻求社会工作者的帮助。对于这类服务对象，社会工作者只能采取主动走出去的方式，走到服务对象的日常生活中，让服务对象了解社会工作，消除误解，主动寻求社会工作者的专业帮助。

除了遭遇问题困扰的人群是社会工作者的帮助对象之外，那些虽然没有表现出问题但身处危险处境的人群也是社会工作者需要特别关注的服务对象。本章介绍的学习困难的儿童，他们容易出现心理上的困扰以及行为上的问题，特别是在家庭功能失调的情况下，很容易成为问题儿童。显然，这类人群不会主动寻求社会工作者的帮助，只能由社会工作者主动寻找他们。对于这类人群，如果运用单类型的问题视角，显然很难接近他们；如果社会工作者采取多类型服务的视角，把专业服务的焦点放在问题的预防上，情况就会明显不同。不仅社会工作者提供的专业服务能够更好地满足服务对象的需求，而且服务对象也比较容易接受这种类型的服务，可以避免社会偏见的影响。

对那些看上去比较"正常"并且也需要社会工作者帮助的人群，则专业服务的焦点既不是问题的消除，也不是问题的预防，而是能力的发挥。通过社会工作者的帮助，让服务对象能够更充分地了解和发挥自己的能力，这也是社会工作的重要服务内容之一。如果社会工作者采取多类型服务的视角看待服务对象，就可以拓宽社会工作专业服务的范围。特别是当社会工作者主动走进社区寻找服务对象时，运用这样的多类型服务的视角，就更容易与不同类型的服务对象建立信任合作的关系，从服务对象现有的需求出发开展社会工作专业服务。如果服务对象希望更好地发挥自己的优势，社会工作者就可以组织以能力发挥为导向的专业服务；如果服务对象希望消除问题，社会工作者就可以规划以问题消除为目标的专业服务；如果服务对象希望避免问题的发生，社会工作者就可以设计以问题预防为核心的专业服务。总之，采用多类型服务的视角，可以扩大社会工作专业服务的范围，从原来只关注消除问题的服务对象，转变为注重改善目前生活状况的任何服务对象，包括关注问题消除、问题预防和能力发挥三种不同类型的服务对象。

值得注意的是，这三种不同类型的服务对象之间也是可以相互影响、相互转化的。通过社会工作者的帮助服务对象解决了问题，则服务对象就从关注问题消除的类型转变为关注问题预防或者能力发挥的类型；同样，在开展问题预防和能力发挥的专业服务活动中，也可能发现问题，这时服务对象就成为关注问题消除的类型。而且，在开展社会工作专业服务的过程中，加强不同类型服务对象之间的交流，帮助服务对象建立社会支持网络，是非常重要的，其中同伴的支持是不可缺少的。通过建立同伴社会支持网络，不仅关注问题消除类型的服务对象可以得到其他类型服务对象的帮助和支持，而且关注能力发挥和问题预防类型的服务对象也有了展现自己能力的空间；更为重要的是，通过同伴社会支持网络的建设，可以培养不同类型的服务对象之间的互助精神。

四　服务场景的多类型

如果运用单类型服务的视角，社会工作者就会关注那些有问题并且希望消除问题的人群，把他们作为帮助的对象。正是由于服务对象的单一性，社会工作者在规划、设计社会工作专业服务时，就会不自觉地把导致这类服务对象产生问题的场景作为开展专业服务活动的社会场景。就像本章介绍的案例，如果社会工作者把关注点集中在服务对象学习成绩不佳以及家庭教育不足上，就会把这类服务对象的家庭作为开展专业服务活动的场景来规划和设计社会工作专业服务。如果社会工作者引入多类型服务的视角，关注的对象不仅包括有问题并且希望消除问题的儿童，而且包括没有问题但希望预防问题发生以及充分发挥自身能力的儿童，那么，社会工作专业服务就不能局限于家庭，同时还必须涉及学校和社区。也就是说，在多类型服务视角下，社会工作专业服务的场景也具有多类型的特点，从原来只关注导致服务对象出现问题的场景，扩展到关注不同类型服务对象的主要生活场景。

　　当然，导致服务对象出现问题的场景，是社会工作者规划和设计专业服务的重要影响因素，确实需要社会工作者予以关注，它使社会工作专业服务具有针对性，能够帮助服务对象有效地消除问题。但是，随着服务对象所受的问题困扰逐渐减轻，问题预防和能力发挥就成为主要的任务。相应地，社会工作专业服务开展的场景也会随之发生变化。就像本章介绍的案例，当服务对象面临的问题困扰逐渐减轻时，学校教育和社区教育的改善就成为不可忽视的重要内容。显然，这个时候，社会工作者就需要考察学校和社区的教育环境，依据服务对象的发展要求规划和设计社会工作专业服务，保证社会工作专业服务能够真正促进服务对象的发展。

　　其实，即使在帮助那些有问题的服务对象时，如果社会工作者采用的是多类型服务的视角，则也需要考察家庭之外的场所，因为对于关注问题预防和能力发挥类型的服务对象来说，学校和社区也是影响他们生活的重要场所。由社会工作者规划和设计的社会工作专业服务不仅包括消除问题的服务，而且也包括预防问题发生和能力发挥的服务。这样，专业服务场景就呈现多类型的特点。如果社会工作者把建立同伴社会支持网络作为重要的专业服务内容，则专业服务场景的多类型特点在社会工作专业服务的规划与设计中就更为突出。

　　多类型服务的视角给社会工作者提供了更广阔的视野，让社会工作专业服务能够适应日常生活中不同实务场景的复杂要求，但同时它也向社会工作者提出了更高的要求。如何将不同实务场景的要求整合起来，针对特定人群提供高效的社会工作专业服务，成为多类型专业服务项目规划和设计中的难点。就实际的操作层面而言，社会工作者在规划和设计社会工作专业服务时，可以选择那些对特定人群产生重要影响的场景，并且依据这些场景规划和设计专业服务。

五　从单类型服务转变为多类型服务

　　通过以上的分析可以看出，从单类型服务转变为多类型服务，不是简单地增添几种不同的服务，而是首先要求在专业服务的理念上有一个根本的转变：把服务对象视为发展变化的，而且具有不同需求的对象，包括问题的消除、问题的预防和能力的发挥，不仅仅局限于问题的解决。就具体的操作层面而言，多类型服务要求社会工作者在四个方面扩展社会工作专业服务，即专业服务的内容、专业服务的阶段、专业服务的范围和专业服务的场景，使社会工作专业服务包含不同类型的服务，以适应服务对象的不同发展要求。为了清晰地总结这四个方面的转变，下面用表格的方式来比较单类型服务和多类型服务的差别。

表 7－1　单类型服务与多类型服务的理念差异比较

比较项目＼服务类型	单类型服务	多类型服务
服务理念	服务对象是有问题并且需要帮助的对象	服务对象是具有不同需求并且发展变化的对象。
服务内容	问题消除	(1)问题消除； (2)问题预防； (3)能力发挥。
服务阶段	问题消除	(1)问题消除； (2)问题预防； (3)能力发挥。 (同一阶段,包含问题消除、问题预防和能力发挥三个方面的需求。)
服务范围	有问题并且寻求帮助的人	(1)有问题并且寻求帮助的人； (2)没有问题但希望预防问题发生的人； (3)没有问题但希望充分发挥自身能力的人。
服务场景	导致问题产生的场景	(1)导致问题产生的场景； (2)影响问题预防的场景； (3)影响能力发挥的场景。

通过表 7－1 的比较可以看出，在单类型服务视角下，服务对象是那些有问题并且寻求帮助的人；而在多类型服务视角下，服务对象既包括有问题并且寻求帮助的人，而且也包括没有问题但希望预防问题发生或者充分发挥自身能力的人，是以整个特定人群为服务对象。可以说，多类型服务的一个显著特点是以整个特定人群为服务对象。

第二节　多类型服务的专业服务标准

无论机构主导型服务还是服务对象主导型服务，都是以服务对象的问题消除为目标的社会工作专业服务，是一种单类型的服务，关注的焦点是如何帮助遭受问题困扰的服务对象。多类型服务就不同了，它以整个特定人群为服务对象，关注的焦点是特定人群中不同处境的服务对象的社会关系的改善。简单地说，单类型服务关注的是服务对象，多类型服务关注的是社会关系。

一　特定人群的整合

从多类型服务的视角出发规划和设计社会工作专业服务时，它的一项考查标准就是看专业服务是否以整个特定人群为服务对象以及各服务之间的整合程度。多类型服务有自己的要求，它不仅需要帮助那些有问题并且寻求帮助的服务对象，而且也需要帮助那些没有问题但希望预防问题发生或者充分发挥自身能力的服务对象，它的服务范围涉及整个特定的人群。这样设计的专业服务带来的益处是，扩展专业服务的范围，同时满足不同服务人群的需求，包括问题的消除、问题的预防和能力的发挥等，改善整个特定人群的生活状况，扩大专业服务的效果。以本章介绍的案例为例，根据这样的专业服务标准，社会工作者在规划和设计社会工作专业服务时，就不能仅仅关注在学习上遇到困难的学生，还要同时关注那些在学习上没有困难的学生，了解他们有什么发展要求。根据社会工作者的观察和调查，这个学校的学生有下面一些发展要求。

这个学校有70%的学生是独生子女，他们大部分来自普通家庭，父母忙于工作无暇照顾孩子的现象比较普遍。由于缺乏家长的悉心照顾和指导，他们的自我管理能力不强，忍受挫折的能力较差，容易自我放弃。例如，这些学生在相处时，小摩擦不断；在与同学一起做游戏时，不遵守规则，"要赖皮"；稍有不顺心，就感觉受了委屈，有人甚至为此而哭泣；为人霸道不会忍让别人，一言不合就动手伤人；有的学生甚至为了引人注意不断招惹其他同学。这些学生在情绪管理、社交技巧、沟通技巧等方面都有进一步改进的要求。

了解了这个学校一般学生的要求之后，我们再来看社会工作专业服务的规划和设计就会发现，除了需要针对学习上有困难的学生开展专业服务之外，同时也需要针对那些学习上没有困难的学生开展专业服务，特别是在情绪管理、社交技巧和沟通技巧方面，帮助他们充分发挥自身的能力，预防问题的发生。

不过，以上的专业服务的设计是把特定人群分为不同的类型，根据每种类型人群的不同需求组织安排不同的专业服务，各种专业服务之间几乎没有任何关联。这样的社会工作专业服务尽管涵盖了整个特定人群，为整个人群规划和设计了不同的专业服务，但是它们之间的整合程度是比较低的。各专业服务相互独立，没有形成一种整合的力量，使社会工作专业服务在整体上难以发挥更好的效果。因此，社会工作者除了针对特定人群的不同需求规划和设计不同的社会工作专业服务之外，还需要注意使各专业服务相互联结起来，让它们相互促进、相互支持。读了本章的案例就会发现，案例中介绍的三位服务对象在与同学交往方面都面临问题和冲突。例如，服务对象 A 比较被动，从不主动与同学交流；服务对象 B 的自尊心比较强，经常与同学和老师发生冲突；服务对象 C 与同学之间的矛盾更为突出，他在游戏中不遵守规则，而且还希望自己是胜利者。加强服务对象与同学之间的交流，显然有助于服务对象消除学习上的困扰，特别是与学习比较优秀的学生之间的交往，是服务对象克服学习困扰的重要的社会支持关系。这样，消除问题的服务就能与预防问题发生和能力发挥的服务结合起来。

即使是同一种类型的服务，也可以有不同的专业服务活动安排。例如，在本章介绍的案例中，社会工作者就根据服务对象问题的不同种类和特点将专业服务活动划分为三种不同的类型：针对家庭环境不良、性格不良以及心理和行为偏差的学习困难儿童的帮助活动。这样，专业服务的规划和设计就更有针对性，能够满足问题儿童的不同需求。很多时候，服务对象的问题可能同时涉及几个不同的方面，像性格不良的服务对象很可能家庭环境也不良，心理和行为偏差的服务对象很可能家庭环境和性格都是不良的。即使这样，对不同类型的服务对象进行划分仍是必要的，它能够帮助社会工作者及时、准确地了解服务对象的不同发展要求。

通过以上的分析可以看出，针对特定人群的整合服务包含两层基本含义：①社会工作专业服务涉及整个特定的人群，既包括有问题并且寻求帮助的人，也包括没有问题但希望预防问题发生或者充分发挥自身能力的人；②各种类型的专业服务之间相互促进、相互影响，形成一种由多种类型的服务对象共同参与的整合的专业服务。

二　服务阶段的整合

在多类型服务的视角看来，服务对象的生活状况是不断变化的，不仅有问题的服务对象在社会工作者的帮助下可以消除问题，重新安排好自己的生活，而且没有问题的服务对象也可能因为遭遇意外事件的打击，成为有问题并且需要帮助的服务对象。[①] 如果社会工作专业服务只关注有问题并且需要帮助的对象，那么这样的专业服务只是消极地帮助服务对象解决问题，并没有提高服务对象应对问题和预防问题出现的能力。一旦摆脱了问题困扰的服务对象在生活中遭遇新的打击，就很容易重新成为有问题并且需要帮助的服务对象。而如果社会工作专业服务只关注问题的预防和能力的发挥，那么尽管能够帮助服务对象提高应对问题的能力，但是无法为有问题并且需要帮助的服务对象提供及时的帮助，从而很容易导致一些意外事件发生。显然，一项好的服务既要为有问题的服务对象提供及时的帮助，让服务对象及时摆脱问题的困扰，同时又要为没有问题的服务对象提供问题预防和能力发挥方面的服务，帮助他们提高应对问题的能力，减少问题出现的机会。因此，多类型服务有一项专业服务的标准：为处于不同生活状态中的服务对象提供不同的专业服务，不仅帮助服务对象消除问题，而且帮助服务对象预防问题的发生以及充分发挥自身的能力。

即使在问题消除的阶段，社会工作者也可以适当加入问题预防和能力发挥的专业服务内容，特别是当服务对象面临的问题困扰逐渐减轻的情况下，将问题的消除与问题的预防和能力的发挥的专业服务融合在一起是非常必要的，不仅可以帮助服务对象进一步克服问题带来的困扰，而且也可以帮助服务对象顺利进入问题预防和能力发挥的服务阶段。就以本章介绍的案例为例，当那些学习困难的儿童逐渐克服了学习中的障碍、提高了学习成绩之后，增强服务对象与同学和老师之间的社会支持关系，改善他们与同学之间的交往，就成为进一步调动服务对象的学习动力、减轻服务对象的学习压力、改善服务对象的学习方式的重要措施。当服务对象遭遇一些意外的打击时，也会比以往有更好的社会支持关系。这样，帮助服务对象消除问题也就更有保障。

即使服务对象的问题消除了，也并不意味着服务对象不需要进一步的帮助。事实上，当服务对象摆脱了问题的困扰之后，紧接着将面临一个无法回避的难题：如何融入同辈的网络中，成为他们日常交往中的一员。如果服务

---

① 从发展的视角来看服务的观点，可参见 Johnson, J. L. & Wiechelt, S. A. (2004). "Introduction to the Special Issue on Resilience". *Substance Use & Misuse*, 39 (5), 657 –670。

对象在消除了问题之后，仍然处于孤立的状态，就很容易重新成为有问题并且需要帮助的服务对象。显然，改善这些已经克服问题的困扰的服务对象与其他社会成员之间的交往关系，成为问题预防和能力发挥阶段的重要任务。在本章介绍的案例中，社会工作者是这样安排专业服务活动的：当服务对象的问题基本消除之后，就邀请他们和其他学生一起开展小组活动，改善和加强这些服务对象与同学之间的交往关系，帮助这些服务对象顺利地融入班级的活动中。此外，社会工作者也可以组织一些兴趣小组，像手抄报小组、英语学习小组等，让这些服务对象有机会发展自己的兴趣爱好和特长。这样，也能够减少服务对象再次出现问题的可能性。

当然，在问题预防和能力发挥阶段，社会工作者也能够在专业服务活动中发现一些有问题并且需要帮助的服务对象。这时，就需要鼓励服务对象接受问题消除方面的服务，及时帮助服务对象摆脱问题带来的困扰。在问题预防和能力发挥阶段发现有问题并且需要帮助的服务对象，这样的发现问题的方式比被动等待服务对象上门求助更积极、更有效，因为在服务对象的问题还没有变得很严重之前，社会工作者就能够及时发现，及时介入，开展必要的专业服务。

显然，问题消除阶段的专业服务与问题预防以及能力发挥阶段的专业服务之间有着内在的联系。通过问题消除阶段的专业服务，服务对象就能进入问题预防和能力发挥的阶段，就需要提高自身应对问题的能力，减少问题再次出现的可能性；同时，在问题预防和能力发挥阶段，服务对象除了可以提高应对问题的能力之外，还能够及时发现自己是否还有问题需要帮助，在问题还没有变得很严重之前，就接受社会工作专业服务，从而提高专业服务的效果。可见，每个阶段的专业服务并不是截然可分的，都可以融入其他阶段的专业服务的内容。这样，社会工作专业服务在服务阶段上就能够实现真正的整合。

三　服务场景的整合

服务对象生活的场景往往不止一个，有家庭、学校（工作单位）和社区等，而且如果他们的生活出现问题，则通常与几个不同的场景相关。[①]　就

[①]　社会学把个人的成长视为发生在具体的社会场景中的社会化过程，参见杨心恒《社会学概论》，知识出版社，1997，第118～129页。

像本章介绍的案例，服务对象 A 在学习中遇到的困难不仅与家庭功能的失调有关，如父母亲的离异、爷爷的去世等，而且还与学校的教育环境有关，例如，服务对象 A 没有要好的伙伴，在学校感觉很自卑等，甚至服务对象 A 的学习问题与社区的教育环境也有关系，因为服务对象 A 在学习上遇到困难时，社区没有提供必要的帮助。服务对象 B 的情况也类似，父母亲整天忙于做生意，没有时间指导和帮助他。在学校，服务对象 B 与同学和老师的关系不好，经常与他们发生争吵。面对服务对象 B 的学习问题，B 的父母亲希望能够得到社区的帮助。服务对象 C 的父母亲也与 B 的父母亲一样，每天忙于工作，没有时间照顾孩子并指导孩子的学习，只能请孩子的姑姑帮忙。在学校，服务对象 C 也面临与同学关系不好的问题。而在社区，他也无法得到必要的帮助。显然，针对这样的情况，社会工作者在规划、设计社会工作专业服务时，就需要同时考察服务对象的不同生活场景，并且设法把这些不同场景中的专业服务整合起来，提高社会工作专业服务的效果。

当然，服务对象一旦出现问题，总有导致问题出现的主要的生活场景。这些主要的生活场景是社会工作者首先需要关注的。以本章介绍的案例为例，通过分析服务对象的资料可以发现，他们在学习中遇到的问题与家庭的教育环境有着极其密切的关系。例如，服务对象 A 缺乏良好的家庭教育环境，父母亲离婚后把她甩给了爷爷奶奶，爷爷一年前去世了，而奶奶身体不好，行走不便，总是担心自己过世后没人照顾自己的孙女。服务对象 B 和 C 虽然有一个健全的家庭，但父母亲忙于工作，没有多少空闲时间和他们交流。显然，在针对这样的家庭教育环境不良的儿童开展专业服务时，就需要把学习辅导、心理调适与家庭教育环境的改善结合起来，即在针对服务对象开展社会工作专业服务时，同时也需要针对服务对象的家人开展相应的专业服务，让服务对象的改变与家庭成员教育方式的调整结合起来，相互影响、相互促进。

不过，仅仅关注家庭教育环境的改善还是远远不够的，服务对象面临的学习问题还与学校的教育环境有关。例如，本章案例中的三位服务对象在与同学交往中都表现出某种困难，特别是服务对象 B 和 C，直接与同学和老师发生冲突。这样，即使改善了家庭教育环境，而学校的教育环境没有改善，也不利于服务对象学习问题的消除，更不用说帮助服务对象预防问题的发生或者充分发挥自身的能力了。因此，社会工作者在帮助服务对象克服学习上的困难和改善家庭教育环境的过程中，还需要将服务对象及其家庭教育环境的改善与学校教育环境的改善结合起来，使不同的专业服务能够整合起来。例如，社会工作者在帮助服务对象及其家人的同时，帮助服务对象加强与同学和老师之间的交流，或者增进其家人与老师之间的沟通，使服务对象及其家人的改变能够与老师和同学的改变配合起来，相互促进。

仔细阅读本章介绍的案例就会发现，服务对象的学习问题还与社区的教育环境有某种联系。三位服务对象面临的学习问题反映了社区中三种类型的居民在子女教育问题上普遍存在的困惑。显然，改善社区的教育环境是帮助服务对象的一项重要的专业服务内容。尽管与家庭和学校教育环境相比，社区教育环境对服务对象的影响更小一些、更间接一些，但它是帮助服务对象预防问题发生和充分发挥自身能力不可缺少的一部分。因此，社会工作者在规划和设计社会工作专业服务时，就需要从家庭和学校教育环境提供的帮助中延伸出来，与社区教育环境提供的帮助结合起来，整合不同服务场景中的各项专业服务。

通过上面的分析可以得出，多类型服务不同于单类型服务，它有三项专业服务的标准，即实现三个方面的整合：特定人群的整合、服务阶段的整合以及服务场景的整合。

第三节　"少年儿童快乐成长"项目的规划与设计

与单类型服务相比，多类型服务要复杂得多，在专业服务的规划和设计上也有更多的要求。这一节我们将介绍"少年儿童快乐成长"项目，了解在实际的社会工作专业服务的规划和设计中怎样贯彻多类型服务的专业服务理念与专业服务标准。

一　"少年儿童快乐成长"项目的基本理念

"少年儿童快乐成长"项目是以某小学的所有在读小学生为服务对象，包括有问题并且需要帮助的特困学生以及没有问题但是希望改善人际沟通和充分发挥自身特长的学生，整个项目以特困学生问题的消除为基础，改善学生与学生以及学生与老师之间的互动关系；之后，再将专业服务活动从学校延伸到社区，在社区环境中增强服务对象与同伴之间、家长之间以及邻里之间的沟通，改善社区的教育环境，为学生的健康成长创造良好的社会环境。

因此，"少年儿童快乐成长"项目的基本理念包括以下几个方面。

（1）有问题需要帮助的特困学生是社会工作专业服务首先需要帮助的服务对象。依据服务对象问题的变化状况，社会工作者在项目中需要设计不同阶段的专业服务，除了帮助服务对象消除问题之外，还需要帮助服务对象预防问题的发生以及发掘和利用自己的能力，使社会工作专业服务不仅仅停留在没有问题的层面，更能够让服务对象真正融入与同伴的日常交往中。

（2）在帮助有问题的服务对象消除问题的过程中，社会工作者不仅要关注服务对象自身学习方式的调整和心理的调适，而且也要注重家庭教育方式的调整以及服务对象与同学和老师关系的改善，让服务对象的问题消除和社会支持关系的改善结合起来，在问题消除中融入问题预防和能力发挥的专业服务元素。

（3）让社会工作专业服务涵盖不同类型的小学生，不仅关注有问题并且需要帮助的特困学生，而且也要关注没有问题但希望预防问题发生或者希望发挥自身能力的其他学生，扩展专业服务的范围。这样，就能把问题消除、问题预防和能力发挥等不同类型的专业服务整合起来，让它们相互促进，不仅问题的消除能够推动对问题的预防和能力的发挥，而且对问题的预防和能力的发挥也能促进问题的消除，做到以发展为目标，及早发现，及时介入。

（4）老师教育理念的改变是学校教育环境改善的重要一环，加强对老师的培训并改善老师与学生，特别是与有问题并且需要帮助的学生之间的关系，是社会工作专业服务中不可忽视的内容。这样，老师既可以帮助有问题的学生解决问题，又可以帮助没有问题的学生提高预防问题发生的能力，并且协助他们充分发挥自身的能力。

（5）同伴之间的支持、家长之间的支持以及邻里之间的支持，是学生健康成长的重要环境，特别是对于那些家庭功能失调的儿童来说，这样的社会支持网络不仅能够弥补家庭教育功能的不足，而且也能在社区环境中为儿童的健康成长提供良好的支持关系。这样，改善社区居民亲子之间的沟通状况、增强家庭与家庭之间的联系以及邻里之间的互助，就成为社会工作专业服务的重要内容之一。

总之，"少年儿童快乐成长"项目是为某小学的学生提供的一种综合的专业服务，涵盖不同类型的服务对象，包括有问题并且需要帮助的特困学生和没有问题但希望改善目前生活状况的其他学生；涉及不同阶段的服务，包括问题的消除、问题的预防和能力的发挥，并且整合服务对象个人、家庭、学校和社区的不同资源，为学生的健康成长提供良好的教育环境。"少年儿童快乐成长"项目的基本理念如图 7 − 1 所示。

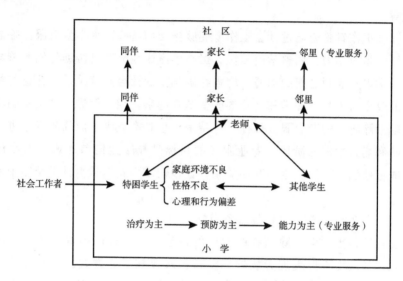

图 7 − 1 "少年儿童快乐成长"项目基本理念示意图

从图 7 − 1 中可以看出，"少年儿童快乐成长"项目的核心理念是：在帮助有问题的特困学生的同时，协助特困学生和其他学生改善与家长、同伴以及老师的社会支持关系，实现不同类型的服务对象、不同阶段的服务以及不同场景的服务三个方面的整合。

二 "少年儿童快乐成长"项目的基本目标

由于"少年儿童快乐成长"项目涉及不同类型的服务对象、不同阶段的服务以及不同场景的服务，因此它的目标呈现复杂多样的特点。为了清晰地说明"少年儿童快乐成长"项目的目标，接下来将依据小学和社区两个服务场景分别介绍各个类型的服务对象需要实现的改变目标。

1. 小学

（1）针对特困学生的服务目标

根据学生面临的困难，把特困学生分为三类：家庭环境不良、性格不良和具有偏差心理和行为的学生。家庭环境不良是指父母亲因为工作或者身体健康状况等原因无暇顾及孩子的学习和生活。这样的生活环境显然会影响孩子的学习。性格不良是指学生的性格存在明显需要改善的地方，如情绪不稳定、注意力不容易集中等。心理和行为偏差是指学生的心理和行为明显偏离"正常"的规范和标准，如经常偷窃、经常欺负同学等。

社会工作者希望通过社会工作专业服务帮助这些特困学生克服面临的困难，增强学习动力，调整学习习惯，提高学习成绩，并且协助他们改善与家长、同学以及老师之间的沟通，增强特困学生的社会支持关系，让这些特困学生的改变与家长、同学和老师的改变结合起来，相互促进。这是特困学生在问题消除阶段的专业服务目标。等特困学生基本克服了面临的困难进入问题预防和能力发挥的阶段，专业服务的目标是鼓励他们参加班级的小组活动，改善他们与其他学生的互动关系，让他们成为其他学生日常交往中的一员。

（2）针对特困学生家长的服务目标

在帮助特困学生消除面临的问题的过程中，家长也起着非常重要的作用。家长的改变不仅表现为能够调整自己教育孩子的方式，克服无效的行为，而且能够及时发现孩子取得的进步和优势，给予积极的肯定。特别是在特困学生出现退步或者面临挫折时，家长的积极支持就显得非常必要。此外，家长在监督和指导孩子及时完成家庭作业以及增强与老师的沟通方面，也发挥着一定的作用，并且能够协助社会工作者加强孩子与同学之间的交流。因此，通过家长的积极介入，能够加强特困学生的家庭学习和学校学习之间的联结，以及特困学生与其他学生和老师之间的交流。

（3）针对其他学生的服务目标

其他学生是指那些没有遭受学习问题困扰的学生。他们虽然没有问题，但是也希望能够改善社交技巧、沟通技巧和情绪管理等方面的能力。通过社会工作专业服务，能够帮助他们掌握更多的社交技巧和沟通技巧，学会管理自己的情绪，增进与同学之间的交流，加强相互之间的支持，帮助他们提高预防问题发生的能力。此外，社会工作者还需要帮助这些没有问题的学生学会接纳那些有问题的学生，增进他们对特困学生的理解，改善他们之间的沟通，帮助他们建立更好的社会支持关系。

（4）针对学校老师的服务目标

学校老师在特困学生问题的消除以及其他学生问题的预防和能力的发

挥方面起着重要的作用。在特困学生的改变方面，通过社会工作专业服务，学校老师需要达到的目标是：帮助特困学生克服学习方面的困难，并且协助特困学生的家长指导孩子的学习，特别是在特困学生遭遇挫折时给予积极的支持，成为特困学生改变的积极的支持力量。在其他学生的改变方面，学校老师需要为他们创造充分发挥自身能力的机会，帮助他们提高预防问题发生的能力，并且学会识别自身的问题表现，做到及早发现，及时处理。

2. 社区

（1）针对家长的服务目标

在社区层面，通过社会工作专业服务，希望家长能够增进与孩子之间的沟通，改善亲子关系，了解和改善自己教育孩子的态度和方式，加强家长与家长之间的经验分享，帮助家长建立相互支持的关系。

（2）针对同伴的服务目标

就同伴的支持关系而言，社会工作专业服务的目标是：在社区层面创造扩大特困学生与同伴交流的机会，帮助他们建立更广泛的社会支持关系。

（3）针对邻里的服务目标

通过开展社会工作专业服务，希望增加邻里之间相互交流的机会，加强邻里之间的互助，促进社区互助精神的培养。

虽然针对不同类型的服务对象，"少年儿童快乐成长"项目设计了不同的专业服务目标，但它们都是为了帮助特困学生迅速消除问题，并且为不同类型学生的健康成长创造良好的家庭、学校和社区环境。

三 "少年儿童快乐成长"项目的主要活动

依据"少年儿童快乐成长"项目的基本理念和目标，社会工作者就可以规划和设计相应的社会工作专业服务。这些专业服务涉及帮助特困学生消除问题、帮助其他学生提高预防问题发生的能力、促进其他学生学会发挥自己的能力、培训老师、在学校和社区进行宣传以及在社区开展亲子活动等。值得注意的是，这些专业服务并不是割裂的，它们之间存在着某种内在联系。正是这种内在的联系使它们相互促进、相互支持，形成一个整合的服务项目。"少年儿童快乐成长"项目中各专业服务活动的具体安排见表 7-2。

表7-2 "少年儿童快乐成长"项目的主要活动安排表

服务方法	服务人群	活动的基本要求	注　意　事　项
个案	某小学的特困学生,包括三类:(1)家庭环境不良的儿童;(2)性格不良的儿童;(3)心理和行为偏差的儿童。	针对每位特困学生进行个案辅导,以家庭为基本单位,把心理调适和社会支持关系的建设结合起来。根据每位特困学生及其家庭情况确定个案辅导的次数,一般为8~10次。	(1)以治疗为主,帮助特困学生消除问题;(2)在调整特困学生的学习方式和心理状况时,调整家长的教育方式;(3)注意将特困学生个人的改变与家长、同学、老师的社会支持关系的建设结合起来。
小组	问题基本消除的特困学生和其他学生组成的小组。	针对特困学生问题消除的状况和其他学生的需要开展小组活动,改善特困学生与其他学生的互动关系,让特困学生逐渐融入班级或者学校的日常学习和活动中。小组活动的次数为6~8次。	(1)注意选择特困学生的好伙伴加入小组,给特困学生提供必要的支持;(2)注意小组关系的建设和发展,改善特困学生与其他学生的关系;(3)注意平衡特困学生和其他学生的发展要求,避免过分关注特困学生。
	由其他学生组成的小组。	针对其他学生的不同要求,组成不同类型的小组,如情绪管理小组、沟通技能训练小组、领袖训练小组等。每个小组活动的次数为6~8次。	(1)各种类型的小组除了关注自己小组的主题之外,还需要关注小组成员之间关系的改善,加强学生之间的相互支持;(2)注意介绍预防心理困扰的知识和技能,提高其他学生应对心理困扰的能力;(3)注意培养其他学生的兴趣,为其他学生能力的发挥提供展现的平台。
宣传	某小学和社区的所有学生和居民。	针对某小学和社区面临的"问题"学生教育中存在的困难,开展有针对性的宣传活动,帮助学生、家长和老师提高识别"问题"学生的能力,了解应对"问题"学生的基本方法。宣传的内容、方式和次数依据小学和社区的具体条件而定。	(1)注意针对某小学和社区的具体问题规划和设计宣传的内容;(2)注重介绍"问题"学生识别和处理的知识,提高学生、老师和居民的识别能力;(3)注意"问题"学生识别机制的建设。
培训	某小学的所有教师,尤其是各班的班主任和德育教研室的老师。	针对"问题"学生的特征和处理方法开展培训,加深老师对"问题"学生的理解,提高老师处理"问题"学生的能力。培训的形式和次数依据学校的具体条件而定。	(1)注意邀请处理"问题"学生的专家参与培训,扩展老师的视野,加深老师对"问题"学生的理解;(2)注意处理"问题"学生技能的培训,提高老师处理"问题"学生的能力。

服务方法	服务人群	活动的基本要求	注 意 事 项
社区	住在社区的某小学的部分学生、家长以及志愿者。	针对社区普遍存在的亲子关系和子女教育中的问题开展社区大型活动，改善亲子之间的沟通和居民教育子女的态度和方式。活动的具体内容、方式依据社区的具体条件而定。	（1）注意亲子关系以及居民教育子女的态度和方式的改善； （2）注意家长与家长之间、学生与学生之间以及邻里与邻里之间支持关系的建立； （3）注意控制人数以及家长和孩子的比例。
交流	某小学的教师和社区居委会工作人员。	总结在小学和社区开展专业服务活动的经验，与经济发达地区进行交流，拓展专业服务的视野。	（1）注意总结本地开展专业服务活动的经验； （2）加强与经济发达地区以及海外的交流，学习先进的专业服务理念和经验。

　　仔细阅读表 7 - 2 就可以发现，针对特困学生，"少年儿童快乐成长"项目运用了个案社会工作的专业方法。之所以运用个案社会工作的专业方法，是因为无论家庭环境不良的儿童、性格不良的儿童还是心理和行为偏差的儿童，都是面临问题困扰并且希望迅速摆脱问题困扰的服务对象。对他们而言，消除问题成了他们首先希望解决的难题。但是每位特困学生面临的问题的差异比较大，涉及的因素又比较多，不仅包括学习动力不足、学习基础比较差、学习习惯不良、学习方法不恰当等学习方面的问题，而且包括情绪不稳定、注意力不集中、行为习惯不良等心理方面的问题，以及特困学生与家长、同学、老师之间支持关系的缺乏，有的甚至还涉及一些偏差的心理和行为。此外，还包括家庭教育环境的影响等。显然，面对这样的服务对象，采用个案社会工作专业方法是比较适合的。这样，就能保证社会工作专业服务能够满足每个特困学生的需要，并且能够协助特困学生及其家长改善相互之间的沟通，调整家长教育子女的方式，让特困学生与家长、同学、老师建立起比较好的社会支持关系。

　　当特困学生的问题基本消除之后，"少年儿童快乐成长"项目选择了小组社会工作的专业方法帮助这些特困学生，让他们与其他学生组成小组，围绕着互动关系的改善开展一系列小组活动，目的是帮助这些已基本消除问题的特困学生迅速融入班级或者学校的日常学习和活动中。由于此阶段的服务目标是帮助特困学生融入班级或者学校的日常学习和活动，改善他们与其他学生的关系，因此运用小组社会工作的专业方法比较合适，可以直接把不同类型的学生集中在一起，改善他们之间的互动关系，增强他们之间的社会支持关系。此外，"少年儿童快乐成长"项目还把小组社会工作的专业方法运用于其他学生的沟通技能、情绪管理技能和领导技能的培训上。之所以运用小组社会工作的专业方法，是基于两个方面的考虑：①这些专业服务活动的目标都是改善学生之间的互动关系，帮助学生处理好人际交往中的冲突，因此采用小组社会工作的专业方法比较合适；②与个案社会工作的专业方法相比，运用小组社会工作的专业方法涉及的学生更多一些，效率也更高一些。

针对社区普遍存在的亲子关系和子女教育中的问题，"少年儿童快乐成长"项目运用了社区社会工作的专业方法。由于亲子关系和子女教育中的问题涉及的人比较多，如果运用个案或者小组社会工作的专业方法就很受限制，再加上社会工作者希望在开展专业服务活动的过程中帮助社区建立家长之间、学生之间以及邻里之间的社会支持网络，因此，采用社区社会工作的专业方法比较合适，能够实现"少年儿童快乐成长"项目的服务目标。

在表7-2中，还列举了宣传、培训和交流，把它们也作为"少年儿童快乐成长"项目中运用的社会工作专业服务方法。尽管从形式上看，宣传、培训和交流不属于社会工作的专业方法，但当它们与社会工作的个案、小组和社区专业方法结合在一起使用的时候，它们本身就构成整个社会工作专业服务项目不可缺少的部分，能够使服务项目产生更佳的效果。像运用宣传和培训的方式开展服务活动可以提高居民或者老师对"问题"学生的识别和处理能力，而运用交流的方式开展服务活动可以扩展老师和社区工作人员的专业服务视野。因此，在社会工作专业服务项目的规划和设计中，社会工作者不能拘泥于对社会工作的个案、小组和社区三大专业方法的运用，同时还需要结合其他服务方法，使社会工作专业服务项目的效果达到最大化。

四　"少年儿童快乐成长"项目中各活动之间的衔接

"少年儿童快乐成长"项目涉及的服务活动比较多，包括运用个案、小组、社区、宣传、培训和交流等方法开展的一系列服务活动，而且服务的人群也比较广，包括三类不同的特困学生、其他学生、老师、家长和邻里等，同时又与家庭、学校和社区等不同的服务场景相关联，因此，如何将这些不同的服务活动衔接起来，实现特定的服务人群、服务阶段以及服务场景的整合，成了规划和设计"少年儿童快乐成长"项目的关键。我们接下来看一看"少年儿童快乐成长"项目中各活动之间是如何衔接的，详见表7－3。

表7－3 "少年儿童快乐成长"项目中各专业服务活动相互衔接表

个案辅导	个案服务内容	小组活动	小组服务内容	社区活动	社区服务内容	其他活动	其他活动内容
服 务 活 动							
第一轮个案辅导阶段。消除特困学生的问题，每轮辅导大约8～10次	（1）进入特困学生的家庭，了解特困学生的情况；（2）调整特困学生的学习方式和心理状况，并且将其与家长教育方式的调整结合起来；（3）改善特困学生与同学和老师的关系。						
第二轮个案辅导阶段	个案辅导内容与第一阶段的活动内容相同。	让基本消除问题的特困学生与其他学生组成小组，每轮小组活动大约6～8次。	（1）围绕着特困学生与其他学生的互动关系的改善开展活动；（2）增强特困学生与其他学生之间的社会支持关系；（3）帮助特困学生顺利融入班级或者学校的日常学习和活动中。				

续表 7－3

个案辅导	个案服务内容	小组活动	小组服务内容	社区活动	社区服务内容	其他活动	其他活动内容
					服　务　活　动		
第三轮个案辅导阶段	个案辅导内容与第一阶段的活动内容相同。	除了为帮助特困学生迅速融入班级与学校日常学习和活动而组织的小组之外，由其他学生组成不同类型的小组，每轮小组活动大约6~8次。	(1)根据学生的兴趣爱好开展不同类型的小组活动；(2)注重问题识别和处理能力的培养；(3)给学生创造发挥自身能力的空间。			宣传活动和培训活动	(1)根据特困学生的特征和问题消除的规律设计宣传内容，帮助学生、老师和居民提高问题识别能力；(2)围绕着问题识别和处理，对老师开展培训。
第四轮个案辅导阶段	个案辅导内容与第一阶段的活动内容相同。	小组活动内容与第二、第三阶段的活动内容相同。		社区亲子活动，活动时间为半天。	(1)志愿者的招募和培训；(2)社区亲子活动的宣传；(3)以家庭为基本单位，注重家长之间、同伴之间以及邻里之间支持关系的建立。	交流活动	(1)总结"少年儿童快乐成长"项目的活动经验，制作宣传册；(2)联系港台专家和服务机构；(3)召开经验交流和分享会。

　　分析表7－3就会发现，"少年儿童快乐成长"项目是以针对特困学生开展的个案辅导作为该项目的启动活动的，原因是当社会工作者刚走进这个小学时，绝大部分老师都不了解社会工作，有的甚至都没有听说过"社会工作"这个词，他们比较熟悉的是心理辅导。因此，当社会工作者介绍了自己的身份之后，他们立刻想到了心理咨询，并且把他们认为有问题的学生推荐给了社会工作者。这样，针对特困学生的个案辅导就成了最先开展的专业服务活动。在开展个案辅导的过程中，社会工作者坚持把特困学生学习状况的改善、心理状况的改善和社会支持关系的改善结合起来。这样的服务策略有几个方面的好处：①比较容易得到家长和老师的肯定和支持。如果仅仅关注心理状况的改善，家长和老师就可能不认同。在他们看来，学习成绩的

改善和社会支持关系的改善是很重要的内容。②让特困学生的改变与周围他人的改变配合起来，相互促进。这样，一旦特困学生改变了，就比较容易得到家长、同学和老师的肯定，其改变的动力比较持久。③在改善特困学生与家长、同学以及老师的社会支持关系的过程中，社会工作者可以进一步加强与学校的联系。因此，在开展针对特困学生的个案辅导的过程中，社会工作者与这所学校的老师建立了比较好的信任、合作关系，而且也了解了这所学校学生的基本情况，这为接下来开展的小组活动做好了准备。

在特困学生的问题基本消除之后，社会工作者接着向学校提出继续帮助特困学生融入班级和学校的日常学习和活动中的任务，让他们组成小组，并且邀请其他学生参加，目的是帮助这些已经基本消除问题的特困学生改善与同学之间的互动关系，加强他们之间的相互支持。开设这样的小组依据的服务理念是：专业服务的目标并不局限于问题的消除，还包括帮助服务对象积极融入班级与学校的日常学习与活动中，成为其他学生日常交往中的一员。在针对特困学生开展小组活动的过程中，社会工作者和学校中的其他学生有了进一步的接触，对他们的了解也进一步加深。正是基于此，社会工作者开始着手准备开展形式多样的小组活动，完成了初步的问卷调查，明确了学生的兴趣爱好和基本要求。

个案辅导进入第三轮后，社会工作者就可以针对学生的不同兴趣爱好和发展要求开设不同类型的小组。这时，小组的目标已经不仅仅是帮助特困学生迅速融入班级和学校的日常学习与活动，更是为具有不同兴趣爱好的学生提供发挥自身能力的机会。当然，在小组活动中加入识别和处理"问题"学生的知识和技能是非常必要的，以提高学生预防问题发生的能力。在这个阶段，社会工作者还计划组织安排宣传和培训活动。由于已经开展了两轮个案辅导活动和一轮针对特困学生开展的小组活动，识别和处理"问题"学生变得越来越突出。社会工作者希望其他学生不要等到问题变得非常严重时，才来寻求社会工作者的帮助，这样不仅辅导起来费时费力，而且对特困学生的成长来说也是非常不利的。因此，社会工作者设计了针对学校和社区的宣传活动以及针对学校老师的培训活动，帮助其他学生、老师和居民提高识别和处理"问题"学生的能力，使社会工作专业服务活动做到及早发现，及时介入。这样，在某种程度上也能减轻个案辅导工作的压力，让个案辅导与服务对象对问题的预防以及能力的发挥结合起来。

个案辅导进入第四轮后，"少年儿童快乐成长"项目逐渐从学校扩展到社区，进一步扩大了专业服务的范围、场景和效果。社区活动的焦点在于社区社会支持关系的建立和扩展，除了改善亲子之间的沟通之外，还包括建立家长之间、同伴之间以及邻里之间的社会支持关系。此外，在这一阶段，社会工作者还协助学校和社区总结"少年儿童快乐成长"项目开展的经验，并且组织安排经验交流和分享会，与经济发达地区的专家和学者交流，拓展专业服务的视野，提升专业服务的技能。

通过以上的分析可以发现，在"少年儿童快乐成长"项目的规划和设计中始终贯穿整合特定人群、服务阶段、服务场景三个方面的基本理念，从针对特困学生的个案辅导入手，沿着两条路径逐渐展开：①按照服务阶段，逐渐从关注问题消除的个案辅导发展到关注问题预防和能力发挥的不同类型的小组活动以及宣传和培训活动，使专业服务涵盖整个特定的人群和不同的服务阶段；②按照服务场景，逐渐从特困学生个人延伸到特困学生所在的家庭、学校和社区，甚至不同地区，使专业服务能够整合不同服务场景的资源。

第四节　多类型服务项目设计中的基本概念

尽管多类型服务项目涉及不同类型的服务对象、不同阶段的服务以及不同场景的服务，而且服务活动的形式比较多样，服务的时间跨度比较长，各服务活动之间的衔接比较复杂，但仔细分析这些不同的服务以及各服务之间的安排就会发现，多类型服务项目的规划和设计遵循一定的逻辑，以一些基本概念为基础，如群体结构、正常化、社会化场所以及多元生活方式等，下面对其分别加以介绍。

一　群体结构

人是无法单独生存的，只要他和别人一起生活，就会形成一定的群体。[①]服务对象也一样，他（她）的生活也和别人的生活紧密相关。他（她）所面临的问题来自他（她）与别人的交往过程。如果出现了问题，服务对象与他人的交往就会受到影响。就像本章介绍的案例，不能将这些特困学生面临的问题简单地理解为他们自己的问题，学习上的困难、性格的不良以及偏

---

① 杨心恒：《社会学概论》，知识出版社，1997，第190页。

差的心理和行为，都与他们和父母、同学、老师等的交往方式相关。我们在界定服务对象的问题时，其实是以问题视角将服务对象与群体中的其他人区分开来，也就是说，用问题视角来理解服务对象与同伴之间的差异。因此，当社会工作者把有问题的服务对象作为专业服务活动的焦点时，就很容易把服务对象从他（她）所在的人群中抽离出来，分析服务对象的问题，寻找解决服务对象问题的方法。一旦把服务对象界定为有问题并且需要帮助的对象，就会进一步影响服务对象在群体中的地位，改变服务对象与群体中其他人的交往关系。[①] 这样的服务规划和设计策略显然忽视了群体的概念，没有看到服务对象是生活在一定的群体当中的，所谓的问题也是在与群体中其他成员的比较中得出来的。

当我们把服务对象放回到群体中时就会发现，问题展现的是服务对象与群体中其他成员不良的交往关系，这种交往关系充满了冲突、无效的行动和不愉快的感受。社会工作者所要做的不是消除服务对象的问题，因为即使消除了服务对象的问题，仍旧无法改善服务对象与群体中其他成员的交往关系，服务对象仍旧处于容易被标签为问题的处境中。一旦面临新的压力和挑战，服务对象就很容易出现新的问题。解决这样的困境就需要把问题的解决视为一个过程，通过这个过程，不仅要帮助服务对象消除问题，而且还需要帮助他（她）改善与同伴的关系，让他（她）成为同伴日常交往中的一员。

社会工作者既可以从服务对象的问题着手，通过问题的解决过程改善群体成员之间的互动关系，也可以从群体中的其他成员入手，加强群体成员之间的沟通，并且为其他成员能力的发挥创造机会。特别值得一提的是，提高群体成员识别和处理问题的能力是非常必要的，不仅可以及时发现问题，尽早介入问题，减轻"问题"成员的痛苦，而且也可以提高群体成员对问题成员的理解和接纳能力，让群体成员相互帮助，加强群体成员之间的相互支持关系。显然，本章介绍的"少年儿童快乐成长"项目就是遵循这样的原则规划和设计社会工作专业服务的，让专业服务活动涵盖所有的学生，促进特困学生和其他学生之间的沟通交流，改善他们之间的社会支持关系。

因此，依据群体结构的概念，社会工作者在理解有问题的服务对象时，

---

① 张友琴、童敏、欧阳马田：《社会学概论》，科学出版社，2000，第 143~145 页。

就不会仅仅关注服务对象，也不会仅仅关注他（她）的问题，而是会把他（她）的问题放回到群体的结构中来分析，看他（她）与群体中的其他成员是怎样交往的、在交往的过程中有什么冲突和不愉快的经验以及交往的原则是什么等。了解了这些之后再来规划和设计社会工作专业服务，社会工作者就能够把针对不同类型的服务对象的专业服务整合起来，让专业服务涵盖整个服务人群，并且让它们相互促进。

二　正常化

在规划和设计社会工作专业服务时，有一个很重要的概念——正常化。[①] 它不仅影响社会工作者如何看待服务对象，而且也影响社会工作者如何确定专业服务的焦点。如果社会工作者把正常化理解为没有问题的生活状态，那么就会把社会工作专业服务的焦点放在帮助服务对象消除问题上。问题消除了，专业服务也就应该结束了。如果社会工作者把正常化理解为像一般成员那样生活，那么社会工作专业服务的焦点就不仅仅是问题的消除，同时还包括帮助服务对象成为群体中的一员。显然，多类型服务项目的规划和设计要求社会工作者秉持一种让服务对象融入群体日常生活的理念。消除问题只是专业服务非常初步的目标，社会工作者不能停留于此，还需要继续帮助服务对象改善与群体其他成员的关系，让服务对象成为他们当中的一员。就像"少年儿童快乐成长"项目，特困学生消除了问题之后，还需要继续得到社会工作者的帮助，改善与其他学生之间的关系，学会迅速融入班级和学校的日常学习和活动中。

如果仅仅关注服务对象自身的行为习惯和心理状况的调整，就很难谈得上正常化。正常化必定涉及服务对象与周围他人之间关系的改善，而且这样的改善能够为服务对象提供良好的发展环境。因此，社会工作者在运用心理调适技巧帮助服务对象消除问题时，就需要将问题的消除和社会支持关系的改善结合起来，否则，这样的专业服务只能帮助服务对象消除问题，但并不能为服务对象提供正常化的生活。例如，在"少年儿童快乐成长"项目中，社会工作者在帮助特困学生调整学习习惯和心理状况的过程中，就注意与家长教育方式的调整结合起来，让特困学生的改变和进步能够得到家长的肯定

①　Bolye, J. (2004). "Cranny Close: The Challenge of Normalization". *Mental Health Practice*, 7 (5), 33 - 36.

和支持。这样，就能把特困学生的改变与家长教育方式的调整结合起来，并且随着特困学生问题的消除，创造出更有利于特困学生成长的教育环境。此外，社会工作者在帮助特困学生消除问题时，还要设法改善特困学生与同学和老师之间的互动关系，加强他们之间的相互支持。特别是进入问题预防和能力发挥的阶段后，整个专业服务活动的关注点就集中在如何改善特困学生与其他学生的互动关系上。

其实，正常化并不是等服务对象出现了问题之后才可以谈的。我们每个人在日常生活中都会面临或多或少的问题，我们之所以不把自己视为有问题的人，是因为我们在问题面前仍能够找到解决的办法，仍对自己的能力有信心。如果我们找不到解决问题的方法，就会怀疑自己的能力，就会把自己视为有问题的人。显然，实现正常化的最好的策略是帮助服务对象在面临问题的困扰时仍能够发现自己具有的能力，仍能够找到解决问题的方法。因此，在开展社会工作专业服务的过程中，社会工作者就需要注意帮助服务对象发掘和利用自己的能力，特别是在服务对象被问题严重困扰的时候，如果能够帮助他（她）看到自己的能力所在，找到解决问题的方法，就能逐渐将看待服务对象的问题视角转变成"正常化"的视角。[①]

可见，正常化可以体现在三个层面：①消除问题之后融入日常生活的过程；②个人的改变与社会支持关系的改善相结合；③在问题的困扰中找到解决问题的方法。当然，可以将这三个层面的活动整合进社会工作专业服务中。实际上，这三个层面的活动有着内在的关联。只有当服务对象在问题的困境中看到自己的能力并找到解决的方法时，才会注意寻找周围他人的支持，把自己的改变与周围他人的改变结合起来。这样，在问题消除后，服务对象就能够迅速融入群体中，成为群体中的一员。

三　社会化场所

如果把服务对象的问题视为其在成长过程中的遭遇，我们就会从社会化的角度来看待服务对象的问题，分析服务对象问题产生的原因以及问题与服务对象所处的社会场所之间的关系。服务对象的社会化需要有一定的场所，

---

① 优势视角强调以"正常化"的视角看待服务对象，参见 Saleebey, D. (1997). "Introduction: Power in the People". In D. Saleebey (2nd ed.), *The Strengths Perspective in Social Work Practice* (pp. 3 – 19). New York: Allyn and Bacon, pp. 11 – 12。

不同的场所对服务对象的社会化发挥着不同的作用。例如，家庭对少年儿童来说就是非常重要的社会化场所，它不仅塑造了少年儿童的基本性格，而且也决定了少年儿童的基本生活原则以及为人处世的基本态度，同时，家庭也为少年儿童的健康成长提供了非常重要的社会支持。[①] 一旦少年儿童遇到问题，首先就会寻求家长的理解和支持。显然，家长在帮助少年儿童消除问题的过程中发挥着极其重要的作用。此外，年龄相仿、兴趣相近的伙伴也在帮助少年儿童消除问题的过程中发挥着不可忽视的重要影响，他们之间形成的良好的互动关系也为少年儿童的社会化提供了重要的支持。当然，学校也是少年儿童成长过程中重要的社会化场所，它不仅为少年儿童提供学习知识的场所，而且也是帮助少年儿童获得同伴和社会认可的重要平台。社区的作用也不可忽视，它也是少年儿童社会化的重要场所。可见，服务对象在社会化过程中，通常不是涉及一个社会化场所，而是涉及好几个社会化场所。他们如果遇到问题，也往往与几个不同的社会化场所相关。这样，社会工作者在规划和设计社会工作专业服务时，就不能将自己的视野局限于服务对象的某个社会化场所，而是需要将这些不同的社会化场所发挥的作用整合起来，形成帮助服务对象摆脱问题困扰、寻求发展的支持力量。像本章介绍的案例，社会工作者在规划和设计"少年儿童快乐成长"项目时，就把家庭、学校和社区紧密结合起来，为少年儿童的健康成长提供良好的社会支持关系。

在不同的发展阶段，有不同的社会化场所。对于少年儿童来说，除了家庭是其成长过程中重要的社会化场所外，还有学校也是其健康成长的重要场所。而且随着少年儿童年龄的增长，学校发挥的作用越来越突出。因此，社会工作者在了解服务对象的发展愿望时，还需要明确他们处在什么发展阶段以及这一阶段最重要的社会化场所是什么。只有进行这样的深入分析，社会工作者才能准确了解服务对象的要求和发展方向，在规划和设计社会工作专业服务时，也就容易确定专业服务的焦点。就拿本章中的案例为例，由于所帮助的对象是小学生，特别是2～5年级的学生，对他们来说，家庭和学校是最重要的社会化场所。因此，社会工作者在规划和设计"少年儿童快乐成长"项目时，就要把专业服务的关注点集中在家庭和学校社会支持关系的改善上。如果换成其他年龄段的服务对象，社会工作专业服务的规划和设计就需要做相应的调整，不能仍旧将关注点集中在家庭和学校上。

[①]　张友琴、童敏、欧阳马田：《社会学概论》，科学出版社，2000，第98～99页。

　　由于服务对象的社会化场所通常不止一个，这就向社会工作者提出了一个实际操作层面上的问题：如果有几个社会化场所，怎样选取其中最重要的社会化场所？这需要对服务对象的问题做深入的分析，了解服务对象的问题与什么样的社会化场所联系最紧密。与问题联系越紧密的社会化场所，对服务对象的影响越大，社会工作者可以首先选择这样的社会化场所作为专业服务规划和设计重点考虑的因素。此外，社会工作者也可以参考与服务对象相类似的其他社会成员，了解他们在成长过程中的主要社会化场所是什么。因为服务对象一旦摆脱了问题的困扰，就需要融入群体中，这就意味着他（她）就要像其他社会成员那样生活。

　　社会化场所的概念为社会工作者提供了一个新的视角，它不是从问题本身的角度看待服务对象，而是从发展的角度理解服务对象面临的困难以及与其生活于其中的社会场所之间的关系，帮助社会工作者从更广阔的社会结构的角度规划和设计社会工作专业服务。

四　多元生活方式

　　服务对象遇到问题，不仅意味着他（她）的生活与"正常"的生活有所不同，而且也意味着他（她）与周围他人的关系出现了冲突和紧张。如果社会工作者仅仅关注帮助服务对象消除问题，则只是帮助服务对象弥补不足，无法改善服务对象与周围他人之间的互动关系。无论服务对象还是周围他人都会把服务对象的问题视为不正常的现象，这样就不会增进相互之间的理解和接纳。显然，一旦把专业服务的焦点从问题的消除扩展到正常化，专业服务的目标就不仅包括怎样帮助服务对象消除问题，而且包括怎样帮助服务对象增进与周围他人之间的沟通，增强相互之间的社会支持关系。也就是说，通过社会工作专业服务，让服务对象和周围他人对对方有更大的包容度、更强的理解力，让他们的生活呈现一种多元的特征。

　　多元生活方式不是一种是与否的选择，而是一种双赢的合作，它既包括对自己发展愿望的肯定和坚持，也包括对他人与自己不同的发展要求的接纳。[1] 同一种社会支持关系，却可以包含对生活的不同理解。如果以帮助服务对象消除问题为中心，就会要求周围他人放弃或者牺牲自己的要求，为服

---

[1]　童敏：《社会工作实务基础——专业服务技巧的综合与运用》，社会科学文献出版社，2008，第 197~198 页。

务对象付出更多的时间和精力。这样的社会支持关系显然是不平等的，它把服务对象放在弱势地位，要求周围他人给予更多的同情和支持，并没有促进服务对象和周围他人之间的相互理解和接纳。因此，这是一种以服务对象的要求为中心的社会支持关系。如果社会工作者在帮助服务对象消除问题的过程中，同时改善他（她）与周围他人之间的互动关系，让他们彼此有更深入的理解和接纳。这样的社会支持关系，显然不是以服务对象或者周围他人一方的要求为中心，而是一种双赢的合作。双方既了解自己的发展要求，又能够给别人更多的包容和理解。本章介绍的"少年儿童快乐成长"项目就是依据这种多元生活方式的原则来调整特困学生与周围他人的互动关系的，将服务对象的心理调适与家长教育方式的调整结合起来，增强他们对彼此的理解和肯定。此外，"少年儿童快乐成长"项目还将服务对象的改变与同学、老师的改变结合起来，增强彼此之间的沟通，增强相互之间的社会支持关系。

多元生活方式的原则不仅可以运用于问题消除的服务中，而且也可以运用于问题预防和能力发挥的服务中。无论问题的预防还是能力的发挥，都需要有一定的目标。如果仅仅为了减少问题发生的可能性，那么这样的服务策略显然比较被动；如果将服务的目标确定为通过问题预防和能力发挥的过程增强成员之间的社会支持关系，就能取得事半功倍的效果，因为一旦某位或者某些成员遇到问题，周围他人就能够给予积极的支持和帮助。这样，不仅问题出现的可能性减小了，而且能够及时发现问题，及时解决问题。

通过以上的分析可以发现，多类型服务项目的规划和设计要比单类型服务项目复杂，它的成功与否取决于社会工作者对一些基本概念的理解和把握程度，如群体结构、正常化、社会化场所以及多元生活方式等。多类型服务项目的目标是实现三个方面的整合：特定人群的整合、服务阶段的整合以及服务场景的整合，即围绕特定人群的主要生活场所，在帮助服务对象消除问题的过程中改善和增强服务对象与群体中其他成员之间的社会支持关系，促进特定人群的发展。

第八章
以高危人群为服务对象的项目规划与设计

某市精神病院是财政全额拨款的社会福利事业单位，它是某市精神（心理）疾病防治指导中心，主要承担本市和附近地区的无劳动能力、无生活来源、无法定赡养人和抚养人的"三无"精神疾病患者，带病复员退伍军人中的精神疾病患者，以及家境贫困需要政府救济的精神疾病患者的治疗、康复、疗养等任务。医院现有工作人员78人，其中专业技术人员57人，管理人员4人，工勤技能人员17人；拥有四个病区：男病区、女病区、复退病区和疗养病区，共有三百多张床位，但由于住院病人多，出现床位拥挤和紧缺的现象。病人发病被送入医院进行住院治疗，经过急性治疗期、巩固治疗期和维持治疗期的治疗，如果病情稳定，就可以出院回家进行康复。在出院回家进行康复之前，病人在征得医生同意的情况下可以定期请假回家，逐渐适应家庭生活。我们来看一看下面四位处于维持期的住院病人的基本情况。

A，女，40多岁，离异，已经住院接受治疗5个月，目前病情比较稳定，正在联系家人回家进行康复，希望出院后能够继续赚钱。三年前，A下岗后一个人来到某市，在一家工厂打工，负责企业的财务工作。几个月前与新来的人事经理发生冲突，跳河自杀，被民警发现后救了上来，送到医院。A在1988年患上精神疾病，一直按时吃药，病情控制得比较好。没想到这次受了这样的刺激之后，病情复发。A的儿子、姐姐和妈妈都在老家，这里只有她一个人，虽然一年前她结识了一位男朋友，但现在已经不来往了。

B，男，20多岁，已经住院接受治疗7个月，病情比较稳定。从16岁上高三时开始，A就患上了精神疾病。由于在家里没有按时吃药，所以病情复发，伤了人，被送入医院接受药物治疗。A 读过大学，文化程度比较高，能够体谅母亲的艰辛。母亲很心疼 A，希望再观察一段时间就接 A 回家。A 说在医院整天找不到一个可以说话的人，没事做，很无聊，所以想早些出院学外贸英语，找一份工作，并且打算和女朋友结婚。

C，男，30 多岁，已住院接受治疗近 5 年，1995 年曾住过院。因为没有按时吃药，又和哥哥发生口角，导致病情复发，被哥哥送入医院。C 的母亲已经 80 多岁了，没有能力照顾 C，所以由哥哥来照顾他。C 的哥哥认为，C 比较固执，容易钻牛角尖，说话时容易激动，因此希望 C 在医院好好接受治疗，改变一下性格，然后再接他回家。但 C 并不认为自己有病，希望能够尽快出院看望以前生意上的朋友，继续做生意。住院后没几天，C 就开始帮忙打扫卫生，洗衣服，拖地，有时还帮着护士领操。他觉得住在医院无事可做，不如干点儿活。

D，男，40 多岁，已住院接受治疗一年半。D 平时喜欢赌博，经常向家里要钱，不给就打人。D 的病情总是反复，这是他第三次住院接受治疗。D 的姐姐和母亲受不了 D 的纠缠，于是把他送进医院，她们觉得自己没有能力照顾他。D 的妻子也正在办理离婚手续。D 住院之后，觉得整天无事可做，虽然喜欢打羽毛球、乒乓球及游泳，但医院没有组织这样的活动，觉得住在医院很孤单，可又不能回家。

上面介绍的 A、B、C、D 四位病人其实是维持期病人的典型，反映了四种不同类型的住院病人和他们的不同要求：第一类病人病情控制得比较好，只要联系上家人就能回家进行康复；第二类病人回家进行康复的可能性比较大，家人也很愿意配合，但还需要住院观察一段时间；第三类病人也有回家进行康复的可能性，但病人和家人之间的冲突比较大，需要改善病人和家人之间的关系；第四类病人回家进行康复的可能性比较小，需要做好病人和家人之间的沟通工作。

仔细阅读上面介绍的精神病院的案例就会发现，这些处于维持期的病人有很多方面的需求，他们的康复不仅涉及药物的治疗和生活上的护理，而且涉及与家人关系的改善、家庭照顾水平的提高、院内生活的改善、院内服务的改进等，涉及生理、心理和社会等多个层面。显然，在这样的情境下开展社会工作专业服务，首要的任务就是将不同层面、不同内容的专业服务整合起来，形成一种综合的康复模式，以应对精神疾病患者在康复过程中不同层面的多种需求。①

第一节 高危人群服务的专业服务理念

精神疾病患者与一般的服务人群不同，有一个非常显著的特点：是高危人群，很容易遭遇危机事件的侵袭，因此常常被认为是"病人"，是需要监管的对象，而且他们的康复往往涉及多方面的不同需求。因此，从特定人群服务项目的规划和设计转变为高危人群服务项目的规划和设计，不仅服务人群发生了变化，而且服务的焦点、形式、内容和方式也需要随之发生变化。当然，其中最重要的是专业服务理念的转变：坚信即使深陷困境中的服务对象也有能力，也能够康复，他们需要的是一种综合的康复服务。②

一 服务的焦点：关注服务对象的能力

高危人群常常被界定为容易偏离正常生活轨道，而且极可能产生危害的人群，因此他们被认为是"非正常"的人群，受到社会的特别关注，有的甚至直接被社会视为"病人"，予以特别的监护。精神疾病患者就是非常典型的高危人群，他们常常被视为大脑出现异常的病人，是一群"不正常"的服务对象。面对这一"异常"的高危人群，如果社会工作者也把他们视为有"病"并且需要特别监管的对象，就会在社会工作专业服务的规划和设计中强调高危人群需要帮助的一面。这样，不仅忽视了高危人群的能力，而且也不自觉地通过专业服务强化了高危人群的依赖和"不正常"的方面。相反，如果社会工作者关注高危人群的能力，并且为高危人群能力的发挥创造机会，就有可能帮助高危人群走出"非正常"的怪圈，逐渐融入社会生活。③

---

① 帮助精神疾病患者顺利回归家庭和社区是目前精神疾病患者康复模式的主流，参见 Pulice, R. T. & Miccio, S. (2006). "Patient, Client, Consumer, Survivor: The Mental Health Consumer Movement in the United States". In J. Rosenberg & S. Rosenberg (eds.), *Community Mental Health: Challenges for the 21st Century* (pp. 7 – 14). Routledge: Taylor & Francis Group, p. 7。

② Marty, D., Rapp, C., & Carlson, L. (2001). "The Experts Speak: The Critical Ingredients of Strengths Model Case Management". *Psychiatric Rehabilitation Journal*, 24 (4), 214 – 221.

③ Wallcraft, J. (2005). "The Place of Recovery". In S. Ramon & J. Williams (eds.), *Mental Health at the Crossroads: The Promise of the Psychosocial Approach* (pp. 128 – 136). England, Aldershot: Ashgate Publishing Limited, p. 129.

实际上，就像本章介绍的案例中的精神疾病患者，他们即使在疾病缠身的时候，也有自己的能力，也有"正常"的一面。例如，精神疾病患者 A 平时就能按时吃药，能够很好地控制自己的病情；精神疾病患者 B 很懂事，能够体谅母亲的艰辛，而且希望出院后学好外贸英语找份工作，打算和女朋友结婚；精神疾病患者 C 住院没几天，就开始帮忙打扫卫生，洗衣服，拖地；精神疾病患者 D 喜欢打羽毛球、乒乓球及游泳，喜爱运动，希望能够回家。如果社会工作者把这些高危人群视为有能力的人，就会关注他们在生活中表现"正常"的方面，在规划和设计社会工作专业服务时，也会以此为服务的焦点，逐渐恢复他们正常的社会功能。

当然，高危人群确实有一些"异常"的行为表现，也确实容易给周围他人或者自己造成伤害。但社会工作者同时不能忽视他们拥有能力的方面、一些仍旧发挥着"正常"社会功能的方面。如果社会工作者仅仅关注高危人群的"异常"行为或者他们的"病症"，就会给他们施加更大的生活压力，使他们原本很脆弱的生活处境变得更加脆弱。正是由于高危人群深陷困境中，他们的能力很容易受到忽视，因此他们也就特别需要他人的关注和肯定。如果社会工作者仅仅关注高危人群"异常"行为的消除或者为他们提供物质上的帮助，这样的服务策略只能控制他们的行为表现或者病情，但没有办法帮助他们从高危处境中走出来。

就高危人群而言，在经历了"异常"行为或者疾病的困扰，特别是周围他人的否定和排斥之后，他们自己也会逐渐失去信心，看不到自己拥有的能力，把自己视为"异常"的人或者"病人"。显然，这个时候让高危人群认识和了解自己的能力是非常重要的：能够维持他们的康复希望，帮助他们逐渐从高危的困境中摆脱出来，学会发掘和利用自身的能力和资源，从"异常"的人逐渐转变为"正常"的人。

因此，如何看待高危人群成了社会工作专业服务规划和设计的关键。如果把高危人群视为"异常"的人或者"病人"，就会把社会工作专业服务的关注点集中在高危人群的"异常"行为或者病症的消除上，这样的服务策略无益于高危人群的康复；如果把高危人群作为"正常"的人，拥有自己的能力和资源，就会把社会工作专业服务的关注点集中在高危人群"正常"功能的发挥上。显然，这样的服务策略能够帮助高危人群重新树立生活信心，摆脱"异常"行为或者疾病的困扰。

二　服务的形式：培养照顾者的角色

由于高危人群是一些有"异常"行为或者疾病的人，常常被当作需要监护的对象，因此他们很容易出现退缩行为，成为被照顾的对象。像精神疾病患者就是很好的例子，由于他们发病时无法控制自己，无法照顾自己的生活，就需要家庭照顾者作为他们的监护人，监管他们的行为，照顾他们的日常起居。实际上，这是一个恶性的循环圈。当高危人群出现"异常"行为或者病症时，就需要家庭照顾者的监护和照料；家庭照顾者的监护和照料又会进一步强化高危人群的退缩行为，使高危人群变得越来越依赖家庭照顾者。这样，就会出现恶性循环的现象：家庭照顾者照顾得越好，服务对象行为退缩得越明显。显然，仅仅给高危人群细心的日常照顾是不够的，这样不仅不能帮助高危人群摆脱依赖者的角色，真正成为能够安排好自己生活的有能力的行动者，而且可能出现相反的结果：受帮助的高危人群的能力不但没有提高，反而出现了下降。

由于人们习惯于这样的服务形式：只要高危人群遇到问题或者困境，我们就给予他们更多的帮助，使他们能够享受更多的照顾。实际上，真正能够帮助高危人群摆脱困境的方式是改变高危人群的位置，让他们逐渐从被动转变为主动，由被照顾者角色转变为照顾者角色。[①] 仔细阅读本章介绍的案例就会发现，精神疾病患者承担的并不总是被照顾者角色。最明显的例子是精神疾病患者 C，他住院没多久就开始帮忙打扫卫生，洗衣服，拖地，有时还帮着护士领操。精神疾病患者这样的主动的照顾者角色很容易被忽视，因为人们关注的是他们的病症，是那些需要帮助的方面。这样的特点在上面介绍的案例中也有所体现，社会工作者在描述四位精神疾病患者的故事时，关注的重点是这四位病人的病症表现。社会工作者在进一步的接触过程中了解到，精神疾病患者 A、B、D 在日常生活中也有一些积极的、照顾者的经验。

精神疾病患者 A 三年前离开家乡独自一个人来到这座城市，在一家企

---

① 20 世纪 90 年代，西方精神疾病患者康复服务中出现复原力（recovery）概念，注重精神疾病患者的自我管理能力和责任感的培养，参见 Carpenter, J. (2002). "Mental Health Recovery Paradigm: Implications for Social Work". *Health & Social Work*, 27 (2), 86-94。

业找到了一份财务工作，平时能够按时吃药，能够安排好自己的生活，而且
A 对工作也非常认真负责；精神疾病患者 B 很懂得体谅母亲的辛苦，住院时
手划破了也不告诉母亲，为的是让母亲少为他担心，为家里节省一点钱，而
且 B 很大方，家里带来什么好吃的都分给病友，平时也会主动帮助一起住
院的病友；精神疾病患者 D 非常喜欢运动，每次医院组织户外活动总是积
极参加，而且还帮助护士管理病友。

　　在上面这段描述中可以发现，精神疾病患者 A、B、D 也像精神疾病患
者 C 一样有一些照顾者的积极经验。不过，这些积极的经验往往不起眼，
与精神疾病患者总体被动、依赖的社会角色相比确实微不足道，所以常常不
被关注。但是，正是这些微不足道的积极的照顾者角色才能让精神疾病患者
满足"正常"生活的需要。

　　照顾者的角色与被照顾者的角色不同，它在高危人群的康复过程中发挥
着非常重要的作用。如果说被照顾者角色相对比较被动，是接受帮助的一方，
那么照顾者的角色就相对比较主动，能够为周围他人提供积极的帮助。照顾
者的积极角色不仅意味着能够帮助照顾者提高对自己生活的管理能力，如生
活的安排能力、情绪的控制能力、问题的分析和解决能力等，而且同时也意
味着在照顾周围他人的过程中，照顾者对自己及对他人的态度也会发生改变，
会变得更加积极、更加乐观，对周围他人有更强的责任感和更大的包容度。[1]
显然，只有通过让高危人群承担照顾者角色才能帮助他们从被动接受帮助的
角色转变为主动提供帮助的角色，才能将他们拥有的能力更好地发挥出来。

　　因此，就专业服务形式而言，针对高危人群，社会工作者在规划和设计
社会工作专业服务时，需要特别关注高危人群所承担的照顾者角色，并且设
法创造机会让他们承担更多的照顾者角色，通过照顾经验的学习，让高危人
群逐渐从被动接受帮助的角色转变为主动提供帮助的角色。

三　服务的内容：建立相互支持的关系

　　高危人群要比一般人群更容易受到孤立，因为他们常常有一些不能被周
围他人或者社会理解的"异常"行为表现，而且这样的行为表现还具有一定

---

[1]　Mead, S. & Copeland, M.（2000）. "What Recovery Mean to Us: Consumer Perspectives". *Community Mental Health Journal*, 36, 315 – 328.

的危害性。因此，当某个人群被社会界定为高危人群之后，他们就像被贴上了标签，很容易被识别出来，并被与其他人隔离开来。精神疾病患者就是很好的例子。一旦某个人被界定为精神疾病患者，不仅邻居和同事会排斥他（她），甚至兄弟姐妹等家人也会躲着他（她）。我们在精神病院开展服务活动时就发现，不少精神疾病患者的家长出于病人和家庭面子的考虑，故意隐瞒病人的精神病史。显然，这种孤立的生活状态本身就构成高危人群康复的障碍。

如果社会工作者仅仅关注高危人群的问题和病症，帮助他们克服面临的困难，则这样的服务策略尽管也能够发挥效果，避免高危人群出现"异常"行为，但是这样的服务效果只是暂时的，很难长久，因为它并没有改变高危人群的基本生活处境，他们仍旧处于孤立无援的困境中，一旦遭遇新的事件，高危人群的"异常"行为就会表现出来。显然，要帮助高危人群摆脱困境，不仅需要协助高危人群克服"异常"行为，而且也需要协助他们脱离孤立无援的处境，让他们与周围他人建立起相互支持的关系。① 一旦他们处于高危的处境中，身边的周围他人就能及时发现，并且能够给予积极的支持。

帮助高危人群摆脱孤立无援状态的一个很好的方式，就是改善高危人群与家庭成员之间的关系。虽然家庭也可能是造成高危人群困扰的因素，但它也是高危人群最重要的社会支持，尤其涉及日常起居的照顾时，家庭成员往往是高危人群的照顾者，承担了重要的照顾责任。家庭照顾者与高危人群，一个是照顾者，一个是被照顾者；一个是提供者，一个是接受者。两者的依赖与被依赖关系既是高危人群被孤立的原因，又是高危人群社会支持关系的基础。显然，高危人群孤立无援生活状态的改善不仅涉及高危人群本身，而且也涉及他们与家人之间的沟通方式。因此，从某种意义上说，帮助高危人群脱离孤立无援的处境，其实是帮助高危人群及其家人改善相互之间的社会支持关系，让家人学会创造机会，帮助高危人群逐渐从被照顾者的角色转变为照顾者的角色。

加强高危人群内部成员之间的联系也是帮助他们脱离孤立无援处境的很有效的方式之一。尽管社会对高危人群存在很多偏见，但共同的经历和面临的共同困难，却很容易让他们建立起彼此信任的关系。不过，由于高危人群

---

① Anthony, W. A. (1993). "Recovery from Mental Illness: The Guiding Vision of the Mental Health Service System in the 1990's". *Psychosocial Rehabilitation Journal*, 16 (2), 521 – 538.

通常是被监管的对象，他们拥有的能力常常受到怀疑，很多时候，他们只是作为被照顾的对象，因此，高危人群得到的帮助更多的是直接的物质和心理上的支持，而他们之间的社会支持关系却常常受到忽视。作为社会工作者，在帮助高危人群时，就需要注意寻找和挖掘高危人群的照顾者角色，通过照顾者角色帮助他们建立相互支持的关系，脱离孤立无援的处境。

显然，社会工作者在针对高危人群开展社会工作专业服务时，注重的服务内容不是为高危人群提供直接的物质和心理上的支持，而是帮助高危人群摆脱孤立无援的生活状态，让高危人群与家人以及高危人群内部成员之间建立起相互支持的关系。

四　服务的方式：运用综合的康复方式

高危人群涉及的问题往往比较复杂，不仅有心理方面的，如认知、情绪和行为等方面的困扰，而且也会涉及社会方面的，如人际关系的紧张、社会角色扮演的困难等，有的甚至还可能涉及生理方面的缺陷。针对这样的问题，仅仅从一个层面入手或者运用一种方式，显然很难取得明显的效果。就拿精神疾病患者为例，如果仅仅关注精神疾病患者的药物治疗，是很难帮助他们康复的。药物治疗只能帮助精神疾病患者克服生理上的缺陷。即使精神疾病患者克服了生理上的缺陷，仍然面临很多心理层面和社会层面的问题。同样，如果仅仅关注精神疾病患者的心理治疗或者社会功能的恢复，也是不够的，这也只是帮助精神疾病患者消除一个层面上的问题。显然，要真正增强高危人群康复的效果，就需要将不同层面上的治疗和康复工作整合起来，从生理、心理和社会等不同层面安排专业服务活动，走一条综合的康复之路。[①]

如何将不同层面上的康复工作整合起来，这就涉及不同专业的服务活动之间的衔接和整合。针对生理层面的问题，就需要医生的专业指导；针对护理层面的要求，就需要护士的专业照顾；针对心理层面的困扰，就需要心理治疗师的专业辅导；针对社会层面的障碍，就需要社会工作者的专业服务。显然，不同层面的专业服务活动涉及不同的专业人士提供的指导和帮助，它其实是一种多专业的合作。建立多学科的专业团队、整合多层面的专业服

---

① National Mental Health Center. （2004）. *National Consensus Statement on Mental Health Recovery*, http：//www. samhsa. gov. , pp. 2 –5.

务，成为高危人群康复模式的关键所在。这样，社会工作者的专业视野就不能局限于自身专业提供的服务，还要包括不同专业服务活动之间的衔接和整合。也就是说，社会工作者在规划和设计社会工作专业服务时，他（她）的思考框架是一种综合康复的模式，社会工作专业服务只是不同专业服务中的一种，它的效果不仅取决于自身提供的专业服务的质量，而且也取决于不同专业服务的整合程度。

就社会工作专业服务而言，对高危人群也不能局限于运用一种专业服务方法，如个案、小组或者社区社会工作专业方法等，而需要将这些不同的专业方法整合起来，从不同的角度、不同的方面同时影响接受帮助的高危人群。通常，由于高危人群的整个生活都出现了困难，因此日常生活的管理和非正式的社会支持关系的建设就显得非常重要，它能够帮助高危人群从孤立无援的生活状态中走出来，逐渐形成积极乐观的态度和相互关爱的生活方式。显然，社会工作者只有帮助高危人群安排好日常生活，并且帮助他们建立起非正式的社会支持关系，才能为社会工作专业服务提供发挥作用的基础和空间。离开这个基础，社会工作专业服务的效果就会受到影响。当然，社会工作专业服务也可以穿插在帮助服务对象对日常生活进行管理和建设非正式社会支持关系的活动中。尽管它们之间的结合方式可能不同，但目标只有一个：针对高危人群的需求提供切实、有效的综合服务。

因此，针对高危人群，社会工作者在规划和设计社会工作专业服务时，他（她）的专业服务理念需要做一些改变。在服务的焦点上，注重把高危人群视为有能力的人，而不是"异常"的人或者"病人"；在服务的形式上，强调培养高危人群承担照顾者角色，而不是被照顾者的角色；在服务的内容上，关注帮助高危人群建立相互支持的社会关系，而不是让他们生活在孤立无援的状态中；在服务的方式上，侧重整合不同学科多专业的服务，形成一种综合服务方式，而不是单学科的单一介入方式。简而言之，针对高危人群开展服务的专业服务理念，就是把高危人群视为有能力康复的人，通过照顾者角色的培养，帮助高危人群建立相互支持的社会关系，并且借助多学科的整合，为高危人群提供一种多专业整合的综合服务。

第二节　高危人群服务的专业服务标准

高危人群生活的特点决定了针对高危人群的专业服务不同于针对一般人

群的专业服务，它要求充分发掘和利用高危人群的能力，既关注高危人群危机的预防，同时又关注高危人群的康复，提供一种多学科整合的综合服务，包括多专业服务团队的整合、照顾服务与被照顾服务的整合以及预防服务和康复服务的整合等。

一 多专业服务团队的整合

由于高危人群的问题通常涉及多个不同的层面，需要不同的专业人士提供不同的专业服务。这样，多学科的综合服务成了针对高危人群开展的专业服务的核心特征，直接决定专业服务的效果。而要将这些不同专业的服务整合为一体，绝不是一件容易的事。常见的有效方式是建立一支跨学科、多专业的服务团队，让不同的专业人士都能够在这个服务团队中发挥自己应有的作用，为高危人群提供不同的专业服务。① 以精神疾病患者的康复为例，如果要帮助精神疾病患者就不能仅仅关注医生的药物治疗和护士的护理服务，同时还要关注心理咨询师的心理治疗以及社会工作者提供的社会层面的服务。只有将医生、护士、心理咨询师和社会工作者等不同专业人士的力量整合起来，才能为精神疾病患者提供一种包括生理、心理和社会等不同层面的综合康复服务。由于人是一个整体，他（她）各方面的功能是相互影响的，因此，综合服务不是简单的不同专业服务的相加，而是一种相互促进、相互支持的整合服务。②

在这支跨学科、多专业的服务团队中，社会工作者起着非常重要的作用，他（她）不仅可以提供直接的社会工作专业服务，更为重要的是，他（她）是作为整合者发挥作用的。由于社会工作这门学科关注的是个人与环境之间的互动和转化，它的基本逻辑框架是整合服务对象个人和社会方面的不同影响因素，提供一种整合的服务。③ 这样的整合视角也体现在对社会工作的理论知识和专业技巧的学习上，它能够包容不同的学科，并且积极吸收

①　西方精神疾病患者康复服务从 20 世纪五六十年代起就开始强调综合康复的模式，注重跨学科、多专业之间的合作，参见 Potter, D. (2001). *History of Consumer Operated Services in the United States*. Available online at http：//www. hsri. org/ILRU/consumeroperatedservices, p. 1。

②　Enns, R. A., Reddon, J. R., & McDonald, L. (1999). "Indications of Resilience among Members of People Admitted to a Psychiatric Facility". *Psychiatric Rehabilitation Journal*, 23 (2), 127 - 136.

③　社会工作既关注社会环境中个人的福祉，又关注社会本身的福祉，参见 National Association of Social Workers. (1996). *Code of Ethics*. Washington, DC：Author, p. 1。

其中有用的理论和方法。因此，社会工作者在将个人影响因素和社会影响因素联结在一起时能够发挥积极的作用，特别是这种整合的视角为跨学科、多专业服务的衔接和整合提供了基础。这样，面对高危人群，社会工作者在规划和设计社会工作专业服务时，首先考虑的不是提供什么样的社会工作专业服务，而是社会工作在多专业服务中的位置。通过这样的专业服务的位置将不同的专业服务整合起来，实现跨学科的整合服务。

我们接下来看一看本章介绍的精神病院的综合服务的开展情况，分析社会工作者是如何确定自己的专业定位并且与医生、护士以及工勤人员建立跨学科、多专业的服务团队的。在确定社会工作者的专业位置之前，社会工作者需要详细了解精神病院的运作机制，明了医生、护士和工勤人员在精神疾病患者的康复过程中发挥的作用。下面是这所精神病院的工作流程图（见图8-1）。

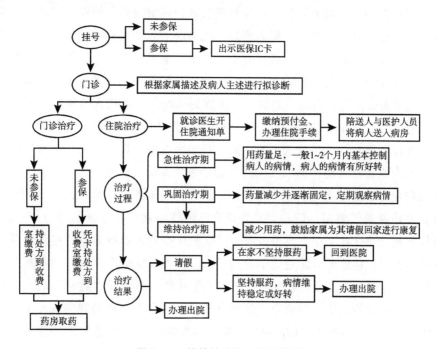

图 8-1　某精神病院工作流程图

注：这张工作流程图是笔者的工作搭档陈凤同学绘制的，在此感谢她的努力和付出。

仔细分析图8-1的工作流程就会发现，精神疾病患者从发病就诊到出院经历了挂号、门诊、住院治疗和出院四个阶段，其中住院治疗的最后一个阶段——维持治疗期和出院阶段所涉及的社会功能恢复的任务最重，是社会工作者最重要的开展专业服务的阶段。在这个阶段，精神疾病患者既要接受医生的药物治疗和护士的护理服务，也要接受心理咨询师的心理咨询和工勤人员的日常照顾，而且面临怎样增强与病友之间的社会支持关系以及改善和家人之间的沟通等。显然，这个阶段是社会工作者开展专业服务的有利时机，不仅能够为精神疾病患者提供以帮助其恢复社会功能为目标的直接的专业服务，而且还能够将不同专业的服务整合起来，为精神疾病患者的康复提供多层面、多内容的综合服务，帮助精神疾病患者顺利回归家庭和社会。

二　照顾服务与被照顾服务的整合

高危人群通常在日常生活中面临很多困难，需要周围他人和社会给予特别的照顾。像精神疾病患者就是很典型的例子，他们的很多生活功能都退缩了。尽管接受了医院的药物治疗和护理服务，病情得到了控制，但他们的很多社会功能并没有办法很快得到恢复。面对高危人群这样的处境，为他们提供照顾服务是必需的。特别是在高危人群出现危机的阶段，提供及时、有效的照顾服务能够减轻他们的生活压力，帮助他们控制病情的发展。尽管照顾服务是必需的，但它们也会造成一些负面的影响，让高危人群与正常的生活越来越疏离，变得越来越孤立，他们的很多社会功能也在被照顾中慢慢退化。

在照顾服务中，高危人群承担的是被照顾者的角色，被动、消极地接受周围他人或者社会提供的服务。这样的服务让高危人群感受到的不是自身的价值和能力，而是无力和依赖。当然，在这样的服务中也很难谈得上帮助高危人群培养责任感和自信心以及管理自己的情绪和日常生活的能力。因此，在规划和设计社会工作专业服务时，仅仅关注高危人群所需要的照顾服务是远远不够的，它甚至可能造成不良的后果。这样，社会工作者在理解高危人群时，就需要转变自己的观察视角，不是把高危人群看作"异常"的人或者"病人"，而是有能力、能够康复的社会成员。只有在这样的观察视角下，社会工作者才能在高危人群的故事中发现他们的能力，了解他们的改变愿望。

照顾者的角色是帮助高危人群从被动转变为主动的有效方法，它能够把高危人群的改变愿望和能力转变为具体的行动，并在行动中进一步加强高危人群与周围他人的交往，让高危人群摆脱孤立无援的生活状态。照顾者的角色不仅和高危人群积极、主动的改变愿望结合在一起，而且也与高危人群的责任感和关爱他人的积极品格的培养有着密切的关系。可以说，在照顾者的角色中，高危人群体会到的是完全不同于被照顾者角色的经验，如自身的价值感和意义感、对他人的关爱和责任感等。显然，这样一些积极的感受和经验对于高危人群摆脱问题的困扰来说是非常重要的。

　　社会工作者在评估高危人群的需要并根据需要规划和设计社会工作专业服务时，既需要关注高危人群面临的被照顾要求，同时也需要关注高危人群照顾别人的愿望。前者能够帮助高危人群减轻生活压力，有效控制危机的发展并预防其出现；后者能够帮助高危人群重建内心的尊严和价值，打破与周围他人之间的隔阂。如果仅仅关注前者，虽然能够缓解高危人群面临的危机，但这样的方式并不能真正帮助高危人群摆脱危机的困扰，让高危人群像一般社会成员那样正常生活；相反，如果仅仅关注后者，虽然针对高危人群的康复工作能够快速展开，但高危人群仍处于非常脆弱的处境中，一旦面对新的矛盾和冲突，高危人群就会再次面临危机。因此，保持照顾服务与被照顾服务之间的平衡是帮助高危人群顺利康复的重要服务准则，它的目的是：既要降低高危人群再次面临危机的可能性，同时又要促进高危人群社会功能的恢复，帮助高危人群顺利回归社会。

三　预防服务和康复服务的整合

　　高危人群面临危机事件的可能性要比一般社会成员高，而且这样的危机事件往往不仅给高危人群自己造成不小的危害，而且也会给社会造成不良的影响。因此，面对高危人群，社会工作者在规划和设计社会工作专业服务时，他（她）的首要任务不是帮助高危人群康复，而是协助高危人群预防危机事件的发生。预防服务和康复服务不同，它的重点在于监督和管理，以防止危机事件的发生。相比之下，在预防服务中高危人群比较被动，是被监管的对象；而专业人士的作用比较突出，他们负责指导高危人群开展预防活动。与预防服务相对的是康复服务，它也有自己的工作焦点和要求：注重高危人群的发展，让高危人群的生活态度从消极、被动转变为积极、主动，并且能够顺利回归社会。①

　　在预防服务中有两个方面的基本工作不容忽视：①危机识别，即让高危人群和周围他人了解什么是危机状态、它有哪些特征，以提高高危人群和周

---

　　①　Pulice, R. T. & Miccio, S. （2006）. "Patient, Client, Consumer, Survivor: The Mental Health Consumer Movement in the United States". In J. Rosenberg & S. Rosenberg （eds.）, *Community Mental Health: Challenges for the 21st Century* （pp. 7 – 14）. Routledge: Taylor & Francis Group, p. 10.

围他人的危机预防能力，做到及时发现，尽早介入；②监管网络，即建立对高危人群进行监护和管理的网络。一旦高危人群处于危机中，就能够迅速给予回应，让处于危机中的高危人群得到必要的保护和照顾。显然，高危人群身边的周围他人，尤其是他们身边的照顾者，如家庭照顾者和亲属等，是预防服务中需要给予特别关注的群体，因为他们每天与高危人群生活在一起，最了解高危人群每天的情绪和行为变化，能够第一时间发现高危人群出现的危机状况。当然，他们也最容易成为高危人群伤害的对象，也最需要学习识别高危人群是否处于危机状态的知识以及处理的方法。不过，预防服务的重点毕竟是防止危机事件的发生，相对来说比较被动，而更为积极的方式是直接为高危人群提供康复服务，帮助他们走出存在危机的生活状态。

康复服务的重点是帮助高危人群摆脱危机的困扰，重新走入社会，像一般人那样生活。这样的服务是发展取向的。显然，积极身份的重建和社会支持关系的建立是高危人群康复服务中不可忽视的重要内容。所谓积极身份的重建是让高危人群认识到自己是有能力的，自己可以给身边的周围他人和社会提供一些积极的帮助，从而在此过程中感受到自己的价值和尊严。社会支持关系的建立则是让高危人群打破相互分割、孤立的生活状态，与周围他人建立相互支持的关系，脱离孤立无援的生活处境。当然，在针对高危人群的康复服务中还有其他不同的服务内容，如情绪的管理、行为习惯的改善等，它们的目的都是帮助高危人群转变为积极的行动者。

对于高危人群来说，无论预防服务和康复服务都是非常必要的，缺少其中任何一项，都将导致社会工作专业服务无法顺利开展。如果仅仅关注预防服务，这样的服务策略显然无法使高危人群顺利回归家庭和社会，而且高危人群对抗危机的能力也无法得到真正的提高；如果仅仅关注康复服务，这样的服务策略虽然能够提高高危人群回归家庭和社会的能力，但是一旦高危人群遭遇新的危机事件，就会打乱整个康复服务的计划。当然，预防服务和康复服务并不是截然可分的，预防服务为康复服务提供基本的保障，康复服务也可以减轻预防服务的压力。只有将这两种服务结合起来，使它们相互促进，才能真正为高危人群提供快速、有效的综合服务。

通过以上的分析我们可以发现，社会工作者在规划和设计针对高危人群的社会工作专业服务时，需要坚持三个方面的整合，即多专业服务团队的整合、照顾服务与被照顾服务的整合以及预防服务和康复服务的整合。这是社会工作者服务于高危人群的专业服务标准。

第三节 "精神病院综合康复"项目的规划与设计

为了具体说明针对高危人群的社会工作专业服务规划和设计的基本理念与原则，接下来，我们将重点介绍"精神病院综合康复"项目，这是社会工作者走进精神病院之后，在广泛开展调查和访谈的基础之上规划和设计的一个社会工作专业服务项目，目的是整合医生、护士、心理咨询师、工勤人员以及社会工作者的力量为精神疾病患者提供一种多层面的综合服务，帮助精神疾病患者顺利康复。

一 "精神病院综合康复"项目设计的基本理念

"精神病院综合康复"项目是以某精神病院的病人为服务对象，通过联合医院的医生、护士、心理咨询师、工勤人员和社会工作者，为处于维持期的病人提供的涉及药物治疗、护理、心理治疗、日常生活管理以及病人和家人社会功能恢复的一项综合服务。根据维持期病人所处的住院治疗阶段，"精神病院综合康复"项目把社会工作者提供的专业服务分为两大类四个部分，即病愈出院病人的院外社工服务和请假回家病人的院外社工服务，以及准备回家病人的院内社工服务和长期住院病人的院内社工服务。

当然，四个部分的专业服务的对象、任务和要求是不同的。病愈出院病人的院外社工服务是针对病情得到稳定控制并且已经出院的精神疾病患者而开展的服务，它的目的是通过与医生和护士的合作，提高精神疾病患者在家庭中进行康复的效果。请假回家病人的院外社工服务的帮助对象是病情得到稳定控制并且获得医生同意请假回家适应家庭生活的精神疾病患者。针对这部分服务对象，社会工作专业服务的目标是借助与医生和护士的合作，帮助这些请假回家病人改善与家人之间的沟通，适应家庭环境的变化，使他们能够顺利地从精神病院转回家庭。准备回家病人的院内社工服务是针对那些病情基本得到稳定控制并且希望出院的精神疾病患者而开展的服务，其目的是通过与医生和护士的合作，帮助这些精神疾病患者协调与家人的关系，让他们及家人做好回家进行康复的准备。最后一部分社会工作专业服务是针对长期住院病人而开展的院内社工服务。这部分社会工作专业服务的对象是那些病情基本得到稳定控制但短时间内不可能出院的精神疾病患者，其目的是通过与工勤人员、护士和心理咨询师的合作，改善院内服务的状况，提高院内服务的效果。

在规划和设计"精神病院综合康复"项目的四部分专业服务时,社会工作者依据的主要是两项基本的原则:①根据精神疾病患者所处的不同康复阶段和面临的不同康复任务,把处于维持期的精神疾病患者分为四类:病愈出院病人、请假回家病人、准备回家病人和长期住院病人。前两者为院外社工服务的对象,后两者为院内社工服务的对象。②根据与不同专业人士的合作以及不同的专业服务目标,把这四部分社会工作专业服务进一步细化。如对病愈出院病人的出院回访、对请假回家病人的回家跟踪、对准备回家病人的联系沟通以及帮助长期住院病人管理日常生活、丰富业余生活和接受心理咨询与治疗等。具体而言,"精神病院综合康复"项目的基本设计理念包括以下几个方面。

(1)精神疾病患者在不同的康复阶段有不同的康复任务,需要区别对待。对于长期住院病人来说,加强日常生活管理、丰富业余生活、提高心理健康水平,是他们面临的重要康复任务;而对于准备回家病人来说,就不同了。加强病人与家人之间的沟通,做好回家的准备,是这一阶段精神疾病患者必须面对的康复任务;对于请假回家病人来说,如何重新适应家庭的环境是最主要的康复任务;而对于病愈出院病人来说,提高家庭成员的照顾水平、增强在家庭中进行康复的效果,是这一阶段精神疾病患者面临的主要康复任务。

(2)精神疾病患者的康复涉及一系列服务,目的是帮助精神疾病患者在不同的阶段克服不同的困难,最终能够顺利回归家庭和社会。因此,需要将各个康复阶段的康复工作联结起来,形成一个相互关联的整体,帮助精神疾病患者一步一步地克服不同阶段的困难,并且协助他们顺利重返社会。

(3)精神疾病患者的康复涉及生理、心理和社会等不同层面的康复服务,建立跨学科、多专业的服务团队是提供综合康复服务的有效策略。这样的基本设计理念不仅表现在每一阶段的康复活动中,而且也表现在项目的整体安排上,以保证社会工作最大限度地发挥自己的专业影响力,提高精神疾病患者的康复效果。

(4)在住院康复服务中,让精神疾病患者承担尽可能多的照顾者角色,打破精神疾病患者之间的隔阂,建立相互支持关系,是帮助精神疾病患者摆脱孤立无援生活状态的关键;在出院康复服务中,帮助精神疾病患者加强与家人的沟通,加强家庭成员之间的相互支持关系,是帮助精神疾病患者顺利回归家庭的核心。"精神病院综合康复"项目规划与设计的基本理念示意图如图8-2所示。

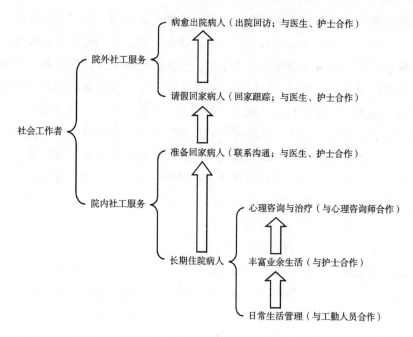

图 8-2 "精神病院综合康复"项目基本理念示意图

阅读图 8-2 可以发现，社会工作者在规划和设计"精神病院综合康复"项目时所秉持的核心理念是：整合医院的医生、护士、心理咨询师、工勤人员等的力量，针对精神疾病患者在维持期不同阶段面临的不同任务开展不同的专业服务，帮助精神疾病患者建立相互支持的关系，加强精神疾病患者与家人之间的沟通，让精神疾病患者顺利回归家庭和社会。

二 "精神病院综合康复"项目的基本目标

由于"精神病院综合康复"项目是依据精神疾病患者在维持期不同阶段的状况而设计的一项综合服务，除了在总体上希望通过建立跨学科、多专业的服务团队帮助精神疾病患者顺利回归家庭和社会之外，在每一阶段都有自己不同的目标，因此，接下来，我们将根据精神疾病患者在维持期所处的不同阶段介绍"精神病院综合康复"项目的基本目标。

1. 院内社工服务

（1）针对长期住院病人的服务目标

长期住院病人是指经过急性治疗期和巩固治疗期之后病情基本得到稳定控制的病人。针对这部分精神疾病患者，社会工作者可以通过在三个方面开展的专业服务改善他们的基本生活状况：日常生活管理、丰富业余生活和心理咨询与治疗。在这些专业服务活动中，首先，通过与工勤人员合作帮助精神疾病患者学习如何管理好自己的生活，转变被动接受照顾的角色，成为自己生活的照顾者，提高精神疾病患者日常生活安排、情绪管理以及行为控制等方面的能力，增强他们的价值感和尊严感。其次，在护士的帮助下，丰富精神疾病患者的业余生活，让精神疾病患者主动参与和管理他们自己的业余生活，帮助他们摆脱孤立无援的生活状态，让他们形成相互支持的关系；最后，与心理咨询师合作，提高精神疾病患者的心理健康水平，特别是对那些情绪不稳定的病人，要及时给予必要的个案和小组的咨询与治疗，减轻他们的心理压力，改善他们的心理状况。

（2）针对准备回家病人的服务目标

对于接受住院治疗后准备回家的精神疾病患者，社会工作专业服务的焦点和目标与针对长期住院病人的焦点和目标是不同的，重点是在医生和护士的帮助下加强精神疾病患者与家人，尤其是与家庭照顾者之间的沟通，让家庭成员了解促进精神疾病患者康复的知识以及可能面临的困难和处理的方法，并且为精神疾病患者回家进行康复做好准备。

2. 院外社工服务

（1）针对请假回家病人的服务目标

对于获得医生同意请假回家进行康复的精神疾病患者，社会工作专业服务的重点是在医生和护士的帮助下，帮助精神疾病患者迅速适应家庭的生活，巩固住院治疗的效果，并且指导家人学习如何照顾精神疾病患者，特别是当病人的情绪不稳定的时候，给予及时的帮助。另外，社会工作者也需要将病人在家庭中的康复情况及时反馈给医生和护士，加强院内服务和院外服务之间的配合。

（2）针对病愈出院病人的服务目标

如果精神疾病患者在请假回家进行康复的过程中仍能够稳定控制自己的病情，就可以进入康复的最后阶段：进行出院康复。针对这部分精神疾病患者，社会工作者可以通过与医生和护士的合作继续帮助他们及其家人，如为他们提供精神疾病患者家庭康复手册，让家人能够及时、准确地了解精神疾病患者的康复情况，掌握应对精神疾病复发的方法；或者定期进行电话回访，及时了解精神疾病患者在家庭中进行康复的情况和面临的问题，给予必要的指导，以提高精神疾病患者家庭照顾的水平和在家庭中进行康复的效果。

总之，"精神病院综合康复"项目是针对处于维持期的精神疾病患者而开展的一项综合的专业服务，涉及维持期各个不同的阶段，通过与医生、护士、心理咨询师、工勤人员等的合作，帮助精神疾病患者摆脱精神疾病的困扰，顺利回归家庭和社会。

三　"精神病院综合康复"项目的主要活动

了解了"精神病院综合康复"项目的基本理念和目标之后，我们接下看一看"精神病院综合康复"项目的具体活动安排。尽管"精神病院综合康复"项目涉及的只是处于维持期的精神疾病患者，但由于维持期又可分为几个不同的阶段，因此针对处于维持期不同阶段的精神疾病患者，社会工作者需要规划和设计不同的专业服务活动。具体的活动安排见表8-1所示。

表8-1　"精神病院综合康复"项目的主要活动安排表

专业服务活动	服务人群	活动的基本要求	注意事项
出院回访	病愈出院的精神疾病患者及其家人，特别是精神疾病患者的家庭照顾者。	针对每位近期（一个月之内）出院的精神疾病患者进行定期电话回访，持续时间为6个月，目的是了解精神疾病患者回家康复的情况以及家人的照顾情况。	(1)注意与医生和护士合作，建立多专业的服务团队； (2)既要了解成功康复者的经验，也要了解复发病人的问题； (3)注意帮助家人积累照顾精神疾病患者的经验，并且给予家人及时的指导。
家庭康复手册	病愈出院的精神疾病患者及其家人，特别是精神疾病患者的家庭照顾者。	针对每位出院的精神疾病患者发放家庭康复手册，指导精神疾病患者及其家人处理在家庭康复中面临的问题。	(1)注意与医生和护士合作，建立多专业的服务团队； (2)注意总结本精神病院病人康复的经验和面临的主要困难，把这些经验和问题写进家庭康复手册进行宣传。
回家跟踪	请假回家的精神疾病患者及其家人，特别是精神疾病患者的家庭照顾者。	对每位请假回家的精神疾病患者进行回家跟踪，了解精神疾病患者适应家庭生活的情况和家人照顾精神疾病患者的情况。	(1)注意与医生和护士合作，建立多专业的服务团队； (2)注意让家人了解促进精神疾病患者康复的基本知识以及在康复过程中可能面临的困难； (3)鼓励精神疾病患者在家庭生活中继续巩固已经取得的效果； (4)及时将精神疾病患者在家庭中的康复情况反馈给医生和护士，加强院内服务和院外服务之间的配合。

续表 8 – 1

专业服务活动	服务人群	活动的基本要求	注意事项
联系沟通	准备回家的精神疾病患者及其家人,特别是精神疾病患者的家庭照顾者。	帮助每位准备回家的精神疾病患者与家人联系,沟通彼此的想法和今后的打算,并且为精神疾病患者回家进行康复做好准备。	(1)注意与医生和护士合作,建立多专业的服务团队; (2)注意加强精神疾病患者与家人之间的沟通,让他们了解彼此的想法; (3)注意与精神疾病患者家人联系,让他们及时了解精神疾病患者在医院的康复情况。
日常生活管理	所有长期住院的精神疾病患者。	针对长期住院的精神疾病患者的不同情况,帮助精神疾病患者寻找照顾者的角色,让精神疾病患者学会管理好自己的日常生活。	(1)注意与工勤人员合作,建立多专业的服务团队; (2)注意寻找长期住院精神疾病患者的照顾者角色,并且努力创造机会让精神疾病患者承担照顾者的角色; (3)注意让精神疾病患者感受到自己的价值和尊严。
病人兴趣俱乐部	所有长期住院的精神疾病患者。	根据长期住院精神疾病患者的兴趣爱好组织不同形式的娱乐活动,创建病人兴趣俱乐部,丰富病人的业余生活。	(1)注意与护士合作,建立多专业的服务团队; (2)鼓励精神疾病患者根据自己的兴趣爱好参加不同形式的娱乐活动,丰富自己的业余生活; (3)注意让精神疾病患者自己设计、组织各种业余活动,增强精神疾病患者的参与程度。
病人志愿服务	所有长期住院的精神疾病患者,尤其是活动中的积极分子。	根据长期住院精神疾病患者的实际需要,组织不同形式的病人志愿服务,增强病人之间的社会支持关系。	(1)注意与医生、护士和工勤人员合作,建立多专业的服务团队; (2)注意发掘和培养各种活动中的积极分子,组织不同形式的志愿服务活动,打破病人之间相互孤立的生活状态。
个案心理治疗	住院或者出院病人中遭遇心理困扰的精神疾病患者。	根据寻求心理治疗的精神疾病患者的具体心理状况设计和安排个案治疗活动。	(1)注意与医生、护士以及心理咨询师合作,建立多专业的服务团队; (2)针对精神疾病患者的具体心理状况开展心理治疗,同时注意加强病人之间或者病人与家人之间的社会支持关系。
团体心理治疗	住院或者出院病人中遭遇心理困扰的精神疾病患者及其家人。	根据寻求团体心理治疗的精神疾病患者及其家人的具体心理状况设计和安排团体心理治疗活动。	(1)注意与医生、护士以及心理咨询师合作,建立多专业的服务团队; (2)针对接受团体心理治疗的精神疾病患者及其家人的具体心理状况开展团体心理治疗,注意加强病人之间或者病人与家人之间的社会支持关系。
心理健康知识宣传和培训	所有住院或者出院的精神疾病患者及其家人。	根据本院精神疾病患者在康复过程中面临的心理方面的困扰,开展心理健康知识的宣传和培训。	(1)注意与心理咨询师合作,建立多专业的服务团队; (2)注意总结本院精神疾病患者在康复过程中积累的经验和面临的问题,开展有针对性的心理健康知识的宣传和培训。

　　仔细分析表 8-1 可以发现，"精神病院综合康复"项目涉及精神疾病患者在长期住院、准备回家、请假回家和病愈出院四个不同阶段的康复活动，活动的内容比较多，涉及面比较广。其中，日常生活管理、病人兴趣俱乐部、病人志愿服务、个案心理治疗、团体心理治疗与心理健康知识宣传和培训等是针对长期住院的精神疾病患者开展的活动；联系沟通是针对准备回家的精神疾病患者开展的活动；回家跟踪是针对请假回家的精神疾病患者开展的专业服务活动；出院回访和家庭康复手册则是针对病愈出院的精神疾病患者开展的活动。这样，"精神病院综合康复"项目就能涵盖维持期的所有不同阶段，为精神疾病患者提供一种综合的康复服务，帮助精神疾病患者顺利回归家庭和社会。

　　在日常生活管理服务中，帮助长期住院的精神疾病患者寻找照顾者的角色非常重要，能够让精神疾病患者从被动接受服务逐渐转变为主动提供服务。无论学会照顾自己还是学会照顾他人，都能够帮助精神疾病患者在日常生活中发现自己的能力，了解自己的价值，增强自信心；同时，精神疾病患者也能在照顾他人的过程中摆脱孤立无援的生活状态，增强相互之间的社会支持关系。病人兴趣俱乐部、病人志愿服务也有这个作用，能够让精神疾病患者走出封闭的生活圈子，参加各种形式的娱乐活动，增强相互之间的交流，甚至组织开展志愿服务，帮助其他的病友。在这些活动中，让精神疾病患者学会自己组织、自我管理是非常重要的，除了能够创造机会培养精神疾病患者的兴趣爱好和能力之外，更为重要的是，能够让他们从被动接受帮助的角色转变为主动提供服务的角色。

　　此外，在帮助精神疾病患者从院舍康复转变为家庭康复的过程中，协调病人和家人的关系，加强家庭照顾者的照顾能力，让家庭照顾者获得必要的情感支持，是非常关键的因素。精神疾病患者遭遇精神疾病困扰，不仅对病人自己来说是一个很大的打击，通常对家人来说也是一个不小的困扰，他们不仅需要重新调整自己的生活和工作安排，以便能够照顾精神疾病患者的日常起居，而且也需要重新调整自己与精神疾病患者的关系，学习如何与病人相处的知识和技能。当然，在病人接受治疗的过程中，家人还要承担社会歧视带来的压力。可以想象，家人承担的压力是非常大的，增强他们照顾精神疾病患者的能力并且给予他们必要的情感支持，是非常有效的措施。

四　"精神病院综合康复"项目中各活动之间的衔接

　　"精神病院综合康复"项目是针对处于维持期的精神疾病患者而开展的

一系列综合康复活动，涵盖四个不同的康复阶段，涉及日常生活管理、丰富业余生活、心理健康、病人与家人的联系沟通、回家跟踪、出院回访等多个方面。怎样将这些不同阶段、不同方面的服务活动整合起来，是"精神病院综合康复"项目规划和设计的关键内容之一。下面，我们来看一看"精神病院综合康复"项目中各专业服务活动之间是怎样衔接的，如何保证它们形成一个相互促进的有机整体。

分析表8－2就可以发现，"精神病院综合康复"项目的第一阶段是针对处于四个不同康复阶段的精神疾病患者开展康复活动，提供最基本的服务，包括病人兴趣俱乐部的创建、联系沟通、回家跟踪和出院回访等。通过这四个方面的服务活动，就能确定社会工作者在帮助维持期精神疾病患者进行康复过程中的基本作用以及与医生、护士在合作过程中的基本定位。这样，社会工作者就能对"精神病院综合康复"项目有一个总体的把握。之所以选择病人兴趣俱乐部作为针对长期住院病人的启动活动，是因为住院病人的业余生活比较单调，他们都希望能够有所改变，而且与病人志愿服务、

表8－2 "精神病院综合康复"项目中各专业服务活动相互衔接表

服务阶段＼康复阶段	长期住院		准备回家		请假回家		病愈出院	
	服务形式	服务内容	服务形式	服务内容	服务形式	服务内容	活动形式	活动内容
第一阶段：针对处于四个不同康复阶段的精神疾病患者开展康复活动，提供最基本的服务	病人兴趣俱乐部	(1)了解病人目前参加娱乐活动的情况；(2)选择病人比较感兴趣的娱乐活动项目，组织比赛，加强病人之间的交流；(3)发现活动中的积极分子，由他们负责在各病区推广该项活动；(4)组织其他类型的娱乐活动,让更多的病人参加自己喜欢的各种活动；(5)发现和培养更多的活动积极分子,组成病人兴趣俱乐部。	联系沟通	(1)帮助准备回家的病人联系家人，加强病人和家人之间的沟通；(2)及时把病人在医院的康复表现反馈给家人；(3)帮助病人做好回家进行康复的准备。	回家跟踪	(1)了解病人回家进行康复的情况，并给予及时的指导；(2)帮助家人提高家庭照顾水平；(3)将病人在家庭中康复的情况及时反馈给医生和护士。	出院回访	(1)对出院病人进行电话回访，了解病人在家庭中进行康复的情况；(2)了解家人在帮助病人进行康复的过程中取得的成功经验和面临的困难；(3)协助家人处理病人在家庭康复中遇到的困难；(4)把病人在家庭中康复的情况及时反馈给医生和护士。

服务阶段 / 康复阶段	长期住院		准备回家		请假回家		病愈出院	
	服务形式	服务内容	服务形式	服务内容	服务形式	服务内容	活动形式	活动内容
第二阶段:进一步深化各康复阶段的服务,重点关注照顾者角色的寻找和社会支持关系的建设	病人志愿服务	(1)寻找活动中的积极分子,组建病人志愿服务队;(2)组织志愿服务活动,帮助有需要的病人;(3)加强病人志愿者之间的经验分享,促进相互之间的交往;(4)加强病人志愿者队伍的管理。	联系沟通	(1)扩大联系沟通的范围;(2)规范文档的工作;(3)建立常规化的工作制度。	回家跟踪	(1)扩大回家跟踪的范围;(2)规范文档的工作;(3)建立常规化的工作制度。	出院回访	(1)扩大回家跟踪的范围;(2)规范文档的工作;(3)建立常规化的工作制度。
	日常生活管理	(1)寻找病人在日常生活中的照顾者角色;(2)创造机会让病人承担照顾者的角色,增强病人的价值感和尊严感;增强病人的责任心和爱心。					家庭康复手册	(1)分析出院回访获得的资料,了解病人在家庭康复中取得的成功经验和面临的主要困难;(2)和医生、护士合作编写精神疾病患者家庭康复手册;(3)将家庭康复手册发放给每一位病愈出院的病人,指导病人在家庭中进行康复。
第三阶段:进一步深化各康复阶段的服务,重点加强心理健康的宣传和心理治疗工作	心理健康知识宣传	(1)了解住院和出院的精神疾病患者的心理状况以及面临的主要心理困扰;(2)和心理咨询师合作开办心理健康宣传栏,帮助病人及其家人了解心理健康方面的知识,提高病人及其家人求助的动机。	联系沟通	(1)扩大联系沟通的范围;(2)规范文档的工作;(3)建立常规化的工作制度。	回家跟踪	(1)扩大回家跟踪的范围;(2)规范文档的工作;(3)建立常规化的工作制度。	出院回访	(1)扩大回家跟踪的范围;(2)规范文档的工作;(3)建立常规化的工作制度。
	心理治疗(个案和团体)	(1)和心理咨询师合作开设心理门诊;(2)和心理咨询师合作开展个案和小组治疗活动;(3)帮助病人加强与家人或者与其他人之间的社会支持关系。						

服务阶段＼康复阶段	长期住院		准备回家		请假回家		病愈出院	
	服务形式	服务内容	服务形式	服务内容	服务形式	服务内容	活动形式	活动内容
第四阶段：进一步深化各康复阶段的服务，重点加强院外服务与院内服务之间的联结	病人志愿服务	(1)邀请康复情况比较好的病人重返精神病院充当志愿者，扩大志愿者队伍；(2)让他们协助社会工作者指导住院病人进行康复；(3)让他们参与志愿活动，帮助有需要的病人。	联系沟通	(1)扩大联系沟通的范围；(2)规范文档的工作；(3)建立常规化的工作制度。	回家跟踪	(1)扩大回家跟踪的范围；(2)规范文档的工作；(3)建立常规化的工作制度。	出院回访	(1)扩大回家跟踪的范围；(2)规范文档的工作；(3)建立常规化的工作制度。
	心理健康知识培训	(1)邀请住院和出院病人的家人参加心理健康知识培训，加强家人之间的交流；(2)让成功照顾精神疾病患者的家人介绍经验，分享照顾的经验，增强家人之间的社会支持关系。						

日常生活管理、心理健康宣传以及心理治疗等活动相比，病人兴趣俱乐部的建设更容易一些。同时，这样的活动也能为病人志愿服务和日常生活管理活动的开展打好基础。在出院回访服务中，社会工作者非常注重了解家庭照顾者在帮助病人进行康复的过程中取得的成功经验和面临的困难，这是为第二阶段的家庭康复手册的制作做好准备。

"精神病院综合康复"项目第二阶段的任务，是进一步深化各康复阶段的服务，重点关注照顾者角色的寻找和社会支持关系的建设。除了针对准备回家病人、请假回家病人和病愈出院病人继续开展第一阶段的服务活动，扩大服务的范围，规范文档并建立常规化的工作制度之外，社会工作者同时还组织病人志愿服务、日常生活管理以及家庭康复手册制作等活动。病人志愿服务需要以病人兴趣俱乐部为基础，选择其中的积极分子组成志愿者队伍，帮助其他有需要的病人。这样，不仅参加志愿服务的精神疾病患者能够摆脱孤立无援的生活困境，让病人之间建立起相互支持的关系，而且在日常生活管理服务中，社会工作者需要与医院的工勤人员合作，寻找精神疾病患者在日常生活中的照顾者角色，并且创造机会让精神疾病患者承担照顾者角色。在承担照顾者角色的过程中，精神疾病患者就能够学习主动照顾自己和照顾他人的知识和技能，培养精神疾病患者积极的生活态度。此外，在这一阶段，社会工作者还需要在医生和护士的帮助下总结精神疾病患者康复的经验，编制家庭康复手册，以便帮助病愈出院的精神疾病患者提高在家庭中进行康复的效果。

在第三阶段，"精神病院综合康复"项目的重点是加强心理健康知识的宣传和心理治疗工作。除了进一步深化各康复阶段的服务之外，社会工作者在这一阶段主要是与心理咨询师合作开展心理健康方面的活动，以提高精神疾病患者及其家人的心理健康水平，包括心理健康知识的宣传、个案心理治疗和团体心理治疗等。与心理咨询师不同的是，社会工作者在开展心理治疗服务时，需要注重精神疾病患者能力的发挥和社会支持关系的建设。这一点又与病人兴趣俱乐部、病人志愿服务以及日常生活管理等活动的目标相一致，因此可以把心理治疗活动与这些服务结合起来，让它们相互支持、相互促进。把心理健康知识的宣传和心理治疗工作放在"精神病院综合康复"项目的第三阶段，也有这样的考虑，即希望精神疾病患者及其家人在接受心理治疗时，拥有良好的社会支持关系。这样，如果精神疾病患者及其家人在心理治疗过程中取得一些效果，良好的社会支持关系就能够帮助他们维持治疗效果，而且，反过来，又能进一步加强病人与家人以及病人与病人之间的社会支持关系。

"精神病院综合康复"项目第四阶段的工作重点，是通过病人志愿服务和心理健康知识培训等形式加强院外服务与院内服务之间的联结，充分利用院外的社会资源。例如，邀请康复情况比较好的精神疾病患者重返精神病院充当志愿者，为院内的精神疾病患者提供服务。这样，不仅能够给院内的精神疾病患者及其家人以很好的启示，增强他们康复的信心，交流在康复过程中取得的经验，而且还能够拓展精神病疾病患者康复所需的社会资源，为病愈出院的精神疾病患者提供更好的社会支持关系。此外，还可以通过心理健康知识培训的方式，加强院外和院内病人的家人之间的交流，增强家人之间的社会支持关系。

通过以上的分析我们可以发现，"精神病院综合康复"项目是针对维持期精神疾病患者所处的不同康复阶段而开展的综合康复活动，通过与医生、护士、心理咨询师以及工勤人员的合作，社会工作者首先在长期住院、准备回家、请假回家和病愈出院四个阶段开展基础性专业服务活动；在此基础之上，借助病人志愿服务、日常生活管理以及家庭康复手册制作等方式，重点关注照顾者角色的寻找和社会支持关系的建设；之后，社会工作者将专业服务活动的重心转到心理健康知识的宣传和心理治疗工作上，以提高精神疾病患者及其家人的心理健康水平；最后，社会工作者通过病人志愿服务和心理健康知识培训等形式再将专业服务活动的关注点集中在院外服务与院内服务的联结上，充分利用院外的社会资源帮助精神疾病患者顺利回归家庭和社会。

第四节　高危人群服务项目设计中的基本概念

高危人群服务项目的规划和设计与一般服务人群不同，需要预防和处理危机事件的发生，而且涉及的服务层面和内容非常多，几乎涵盖生活的各个方面，这就对各专业服务活动之间的衔接提出了很高的要求，特别是跨学科、多专业服务活动的整合，成为高危人群服务项目中不可缺少的内容。针对高危人群，如何规划和设计科学、有效的社会工作专业服务，依赖于社会工作者对一些基本概念的理解和运用，如多学科服务团队、危机识别和处理以及照顾者的角色等，下面分别予以介绍。

一　多学科服务团队

多学科服务团队强调的是将不同专业的力量整合起来，为服务对象提供多层面、多方面的整合服务。服务对象的生活是一个整体，各个层面、各个方面的生活是关联在一起的，仅仅针对某一层面或者某一方面开展专业服务，尽管提供的服务可能很专业，但并不一定有明显的效果，特别对于高危人群来说更是怎样，他们的日常生活与一般人群不同，常常有一些不能被周围他人和社会认可的"异常"行为表现，像精神疾病患者，他们的整个生活都面临困扰。对于这样的服务人群，如果只针对某个层面或者某个方面开展专业服务，是很难收到良好的效果的。实际上，像精神疾病患者这样的高危人群，他们也接受不同的专业服务，如医院提供的药物治疗、护理服务，有的同时还接受医院提供的心理治疗。但是，这些专业服务通常是相互分割的，没有经过整体的规划和设计。如果能够将这些不同专业的服务整合起来提供一种综合的服务，显然能够大大提高专业服务的效果。

多学科服务团队为不同专业提供了合作的平台，它不仅是专业服务方式上的变革，而且也是专业服务视角上的变革。这样，社会工作者在规划和设计社会工作专业服务时，首先考虑的不是社会工作自身提供服务的专业性，而是把服务对象视为拥有多层面不同需要的对象，从服务对象的需要出发整合不同的专业服务。就像"精神病院综合康复"项目的规划和设计一样，社会工作者首先需要确定的是，社会工作在精神疾病患者康复过程中的位置和作用，将精神疾病患者所需要的药物治疗、护理服务、心理治疗、日常生活管理、家庭照顾等联结起来，形成整合为一体的综合服务。社会工作者只有坚持这样一种综合服务的逻辑框架，才能跳出自身专业的限制，从更高的层面来看社会工作专业服务，将社会工作融入不同的专业服务中，充分发挥社会工作专业的优势和作用。

在多学科服务团队的建设中，一定会涉及各个专业自身的位置、特点和作用。社会工作作为一门学科、一项专业的服务，就需要明确自身专业的特点，而社会工作者在规划和设计社会工作专业服务时，就需要突出本专业的特点。[1] 例如，社会支持关系的建设就是社会工作很有特色的专业服务技巧。在"精神病院综合康复"项目中，社会工作者就充分运用了建设社会支持关系的技巧，包括针对长期住院病人组织病人兴趣俱乐部和病人志愿服务，为准备回家病人开展联系家人的活动，以及为请假回家病人和病愈出院病人开展回家跟踪和出院回访服务。即使与心理咨询师合作开展心理治疗和心理健康知识培训活动，社会工作者也能在这些服务活动中突出社会工作的社会支持关系建设的专业元素，增强病人与病人以及病人与家人之间的社会支持关系。此外，服务对象能力的发挥也是社会工作专业服务的重要特色，在"精神病院综合康复"项目中也得到了很好的体现。例如，日常生活管理中照顾者角色的寻找、病人兴趣俱乐部的建设以及病人志愿服务的开展等，都强调充分发掘精神疾病患者自己的能力。只有在专业服务中充分运用社会工作自身的专业元素和技术，社会工作才能拥有自己的位置并发挥重要的作用，才能够整合不同学科的专业力量，提供一种综合的专业服务。

多专业服务团队概念的提出，要求社会工作者从跨学科、多专业的角度明确自己专业服务的地位和策略，从而规划和设计好社会工作专业服务。这

---

[1] 有学者认为社会工作专业服务的独特性表现在将个人治疗和社会改革结合起来，参见 Gibelman, M. (1999). "The Search for Identity: Defining Social Work—Past, Present, Future". *Social Work*, 44, 298–310。

样，社会工作专业服务的目标就不能仅仅局限于提供社会工作专业服务，同时还包括融入多专业服务团队中，提供一种综合的专业服务。

二　危机识别和处理

高危人群的一个非常显著的特点就是，危机事件发生的可能性比较高。预防危机事件的发生以及消除危机成了高危人群和周围他人的一项重要需求。由于危机事件所具有的危害性，社会工作者在规划和设计社会工作专业服务时，就需要重点考虑如何防止危机恶化。这样，危机的识别和处理自然就成了高危人群服务设计中的重要内容。任何危机的出现都有先兆，如果能够及时发现这些先兆，就能够防止危机出现，使社会工作专业服务能够做到及时发现、尽早介入，不仅能够减少危机事件的危害性，而且也能够提高高危人群康复的可能性。像"精神病院综合康复"项目就考虑到了这个因素，社会工作者在专业服务活动开展的第一阶段，就把服务的关注点集中在基础性服务的提供上，包括针对准备回家病人的联系沟通、针对请假回家病人的回家跟踪以及针对病愈出院病人的出院回访等。在这些专业服务活动中，都安排了危机的识别和处理服务，要求社会工作者及时把精神疾病患者的康复情况反馈给医生和护士。一旦精神疾病患者遭遇危机，就可以尽早介入。

当然，让高危人群自己及家人掌握危机识别和处理的知识和技能是非常有效的服务策略，因为高危人群了解了危机识别和处理的知识后，就能够及时调整自己，或者主动寻求他人的帮助；而家人如果了解了危机识别和处理的知识，就能够在第一时间应对高危人群遭遇的危机事件，保护高危人群，减轻或者预防危机事件造成的伤害。在"精神病院综合康复"项目中，社会工作者就设计了相关的活动，如在总结精神疾病患者康复的成功经验的基础上，编制家庭康复手册，帮助病愈出院的精神疾病患者在家庭中顺利进行康复，并且协助家人开展家庭康复活动。在联结院外服务与院内服务的过程中，社会工作者就运用了危机识别和处理的服务理念，邀请成功康复的精神疾病患者重返精神病院充当志愿者，协助住院的精神疾病患者顺利康复。在这项服务活动中，社会工作者还设计了心理健康知识培训活动，让成功帮助精神疾病患者康复的家人分享照顾经验。

如果把危机的识别和处理视为危机事件出现之后的应对方式，这样的看法相对而言就比较被动，是治疗和预防取向的；如果从积极的角度看待危机的识别和处理，就会强调主动介入，通过介入降低危机出现的可能性。在主动介入中，一个比较有效的策略是帮助高危人群摆脱孤立无援的生活困境，让高危人群内部成员之间以及高危人群与周围他人之间建立起社会支持关系。仔细阅读本章绍的"精神病院综合康复"项目就会发现，社会工作者在项目的规划和设计中有意识地运用了这样的服务理念。例如，在日常生活管理中帮助精神疾病患者寻找照顾者的角色，让精神疾病患者不仅学习如何照顾自己，而且也学习如何照顾他人，加强精神疾病患者之间的交流。像病人兴趣俱乐部和病人志愿服务就更为典型，社会工作者通过这样的活动让精神疾病患者帮助精神疾病患者，增强他们之间的社会支持关系。

不过，需要强调的是，尽管危机的识别和处理是高危人群服务项目规划与设计中的重要内容，但并不是全部，协助高危人群进行康复也是其中不可忽视的重要内容。实际上，如果从积极的视角理解危机的识别和处理，所提供的专业服务活动就是以康复为目标的专业服务活动。因此，作为一个服务于高危人群的综合服务项目，保持危机的识别和处理与康复活动之间的平衡是非常重要的。这样，才能让两者相互促进，增强综合服务的效果。

三 照顾者的角色

在日常生活中，人承担的基本角色可以分为照顾者的角色和被照顾者的角色。照顾者的角色强调生活中的责任和要求，而被照顾者的角色强调生活中的欠缺和不足。因此，相比较而言，照顾者的角色更为积极、主动，而被照顾者的角色则表现出消极、被动的特征。作为高危人群，特别是像精神疾病患者那样被视为"病人"的服务对象，他们的日常行为出现了退缩，需要别人照顾他们的日常起居。也就是说，精神疾病患者在成为"病人"的过程中，他们的日常生活能力也在减退，逐渐成为被照顾者。显然，所谓的康复不是简单的病症的消除，而是帮助高危人群从被照顾者的角色中逐渐摆脱出来，成为照顾者。[①] 照顾者的角色表现出与被照顾者的角色完全不同的特征：不仅能够安排好自己的日常生活，管理好自己的情绪，解决面临的问题，而且还能够承担社会责任，关心他人，接纳别人与自己的不同之处。更为重要的是，照顾者的角色能够让高危人群体会到自己的价值和尊严，认识

---

① 有学者强调，帮助精神疾病患者的关键在于让他们从病人和失败者的身份中走出来，发展积极的自我，参见 Davidson, L. & Strauss, J. (1992). "Sense of Self in Recovery from Mental Illness". *British Journal of Medical Psychology*, 65 (3), 131 – 145。

到自己是有用的人，其生活态度也会随之发生积极的改变。

照顾者的角色与被照顾者的角色并不是截然对立的。当我们说高危人群的社会功能出现了退缩，他们逐渐成为被照顾者时，这是指总体情况而言，就具体的情况来说，高危人群也承担着一些照顾者的角色。但是，由于高危人群被视为一群"异常"的人，因而他们的被照顾者角色就会受到社会的特别关注。像精神疾病患者的例子就很典型，他们通常被视为丧失基本生活能力并且需要他人全方位照顾的人。这样，就会进一步强调高危人群需要照顾的一面，而高危人群能够照顾自己和他人的一面就会受到忽视。因此，在帮助高危人群寻找照顾者的角色时，社会工作者就需要细心地在高危人群的日常生活中挖掘那些被忽视的照顾者角色。这些照顾者的角色可能微不足道，但对高危人群来说却非常重要，它能够带动高危人群从消极、被动逐渐转变为积极、主动。

在照顾者角色的寻找过程中，发现高危人群中的一些积极分子是非常重要的，因为他们愿意主动参加一些活动，甚至愿意主动帮助别人。通过挖掘高危人群中的这样一些积极分子就能影响高危人群中的其他人，让他们也能够逐渐从被动接受照顾的角色转变为主动提供帮助的照顾者角色。在"精神病院综合康复"项目中，社会工作者就运用了这样的概念，选择参加娱乐活动比较积极的精神疾病患者，让他们去推展各病区的娱乐活动，帮助社会工作者组织、安排医院的各种娱乐活动和比赛。此外，社会工作者还帮助这些积极分子组成志愿者服务队，帮助其他有需要的精神疾病患者。在这个过程中，精神疾病患者就能有更多的机会承担照顾者的角色。

不过，在帮助高危人群寻找照顾者角色的时候，也不能忽视他们需要照顾的一面，特别是像精神疾病患者这样的高危人群，他们在日常生活中确实有需要别人照顾的方面。作为社会工作者既不可忽视他们的潜能，也不能无视他们的现实需要，在回应高危人群的发展要求的同时，使他们的照顾者角色与被照顾者角色保持平衡发展。

通过以上的分析可以发现，以高危人群为服务对象的专业服务的规划和设计与一般人群不同，它注重运用多学科服务团队、危机的识别和处理以及照顾者的角色等基本概念，强调实现三个方面的整合：多专业服务团队的整合、照顾服务与被照顾服务的整合以及预防服务和康复服务的整合，其目的是通过照顾者角色的寻找和社会支持关系的建设，为高危人群提供一种跨学科、多专业的综合服务。

第九章
以社区为服务对象的项目规划与设计

　　某社区为纯住宅社区，位于城市工业区附近。它由 9 个物业小区和 4 个单位宿舍楼组成，共有楼房 175 幢，住户 3653 户，常住人口 7992 人，外来人口 4100 人左右。社区内有小学 1 所，幼儿园 1 所，活动中心 1 座，农贸市场 1 个，银行 2 家，企事业单位 7 家，医疗服务站 2 个。在这个纯住宅社区，有别墅区、商品房、统建房、廉租房和单位自建房。社区的弱势群体很多，双困户有 168 户，残疾人 114 名，低保家庭 78 户，每月发放低保金43783 元；社区现有 60 岁以上的老人 481 人，其中慢性病患者 276 人，低保老人 20 人，空巢老人家庭 48 户。社区居委会现有工作人员 16 人，负责社区建设的各方面工作，组织了形式多样的志愿服务活动，曾获国家部委和省市多项荣誉称号。我们来看一看社区活动中一些积极分子的情况。

　　A，女，62，退休之后来到这个社区居住，帮助孩子照顾孙子。多才多艺的她主动找到社区居委会的工作人员，希望凭借自己的特长为社区做点事情，帮助社区组织、管理和训练社区居民自己的文艺队。在她的宣传和鼓励下，很多社区中的老人走出家门，聚在一起组成了秧歌队、腰鼓队。经过她的耐心指导，这支老年社区文艺队成了家喻户晓的社区表演队，为社区争得了很多荣誉，也给社区居民带来了不少欢乐。在她的带领下，这支老年社区文艺队的队员们相互关心、相互帮助，让社区变得更加温馨。

　　B，女，44 岁，是社区的"老"居民，为人热情、真诚，不求回报，与楼上楼下的关系处得特别融洽，邻居们都很乐意找她帮忙。作为楼长，她很热心地帮助邻居接送孩子、辅导孩子的功课、照顾老人、办理户口等；邻居们有什么烦心事，也会主动找她聊天。到了节假日，她还动员居民一起搞活动，组织中秋节博饼、春节聚餐等活动，让整栋楼的居民关系都很融洽。

她的热情和真诚感染了许多居民。只要邻里有人有什么困难，大家就会伸出援助之手，让邻里关系变得很和谐。

C，男，32岁，社区的居民，擅长家电维修。虽然因车祸致残，行动不便，但他坚持参加社区组织的志愿服务活动，与理发、修车、修锁的志愿者一起，利用自己懂电器修理的特长为社区居民服务。社区每月开展便民服务活动时，他总是准时到，最晚离开，工作认真负责，已自愿为社区居民服务21人，受到居民的欢迎。

在社区中，像这样的已注册的志愿者有716人，包括普通志愿者、专职志愿者和特聘志愿者三类。社区建立了以社区党务工作者、团干部和专职志愿者组成的领导班子，专门负责志愿服务的日常事务，并且建立了志愿服务小分队，包括治安巡逻小分队、扶贫帮困小分队、义务服务小分队、绿色环保小分队、巾帼小分队、党员小分队等十支便民服务小分队。社区每季度都召开志愿者骨干学习会，不定期地组织志愿者学习，提高志愿者自身的素质，完善、规范志愿者的招募、管理和激励等制度，让志愿者在社区建设中发挥更大的作用。

阅读了上面的案例可以发现，在社区中居住着各种不同类型的居民，既包括弱势群体，像残疾人、双困户、低保户和老人等，也包括一般的居民，甚至还有一些比较富裕、有社会地位的居民。在这样的社区中开展社会工作专业服务，它的服务对象就不是某类人群，而是居住在社区中的所有居民；它的目标也不再是消除某类服务人群的问题或者发掘某类服务人群的能力，而是让社区居民互助自助，提高社区居民的整体生活水平和质量。①

第一节　社区互助自助服务的专业服务理念

与前面介绍过的所有社会工作专业服务不同，以社区作为服务对象，社会工作者在规划和设计社会工作专业服务时，他（她）的关注焦点就不是向服务人群提供一种综合服务，而是帮助社区居民建立互助自助的生活方式。

---

① Specht, H. & Courtney, M. E. (1994). *Unfaithful Angels: How Social Work Has Abandoned Its Mission*. New York: The Free Press, p. 175.

这样，在面对社区居民时，社会工作者首先需要改变的是自己的专业服务理念：从直接服务的提供者转变为促进社区居民互助自助的协助者。[1]

一 服务的焦点：发掘社区资源

如果以某个弱势群体为服务对象，社会工作者在规划和设计社会工作专业服务时，就会关注如何为这个弱势群体提供直接、有效的服务，帮助他们解决面临的困扰或者发掘他们自身拥有的能力；但是，如果以社区为服务对象，社会工作者的关注焦点就会改变，他（她）首先注重的是如何发掘社区的资源，而不是提供直接、有效的服务。[2] 显然，弱势群体的处境与社区的处境是不同的，前者通常处于问题困境中，需要周围他人或者社会的帮助，否则，他们就有可能给自己或者他人造成一定的危害。而社区就不同了，它几乎就是一个小社会，其中既有弱势群体，也有一般的群体和"强势"群体。如果社会工作者直接给社区的弱势群体提供专业服务，尽管能够消除弱势群体面临的困扰，但却无法提升整个社区的生活品质，甚至可能导致弱势群体与其他群体之间的冲突。因此，如果社会工作者希望帮助社区中的弱势群体，比较好的服务策略不是提供直接的帮助，而是发动社区中的其他群体帮助弱势群体，或者让社区中的弱势群体帮助弱势群体。这样，不仅能够有效地帮助社区中的弱势群体克服困难，而且更为重要的是，通过社区居民的互帮互助，让社区居民真正走出家门，参与社区建设，成为社区真正的主人。

如果把弱势群体放在社区的背景中考察，就会强调社区资源的发掘，但这只是把社区的资源作为弱势群体改变的外部条件，目的仍然是通过直接服务于弱势群体帮助他们消除面临的问题。如果以社区为服务对象，则也会强调社区资源的发掘，但是此时的资源发掘关注的是如何发动和组织社区中的其他群体帮助弱势群体，促进社区居民的互助自助，显然它的目的是通过帮助弱势群体消除问题，改善社区居民之间的社会支持关系，让居民既体会到社区的温馨，又感受到自己的责任，成为主动关心社区的居民。

这样，在以社区为服务对象时，社会工作者除了需要了解社区中的弱势群体及其面临的困难外，同时还需要考察社区的资源，如社区的基础设施、

---

[1] 简·亚当斯（Jane Addams）在创建社会工作专业服务的过程中就运用了居民互助自助的理念，参见 Addams, J. (1910). *Twenty Years at Hull-House.* New York：Macmillian, p. 180。

[2] Specht, H. & Courtney, M. E. (1994). *Unfaithful Angels：How Social Work Has Abandoned Its Mission.* New York：The Free Press, p. 141.

活动中心、医疗站等，特别是社区生活中的积极分子，像社区的志愿者就是社区很重要的资源。所谓发掘社区资源就是寻找这样一些可以为社区居民提供各种不同服务的机构以及愿意奉献自己业余时间和精力的志愿者。因此，在针对社区规划和设计社会工作专业服务时，社会工作者不仅需要考虑如何为有需要的居民提供直接的社会工作专业服务，而且也需要关注如何整合社区的不同资源，尤其需要考察如何促进社区志愿服务的发展。① 实际上，由于社会工作者自身的人力资源有限，仅仅靠社会工作者自己为社区有需要的居民提供直接的服务是非常受限制的，很难满足社区广大居民的需求，让社区居民互助自助是比较有效的服务策略。

发掘社区资源还包含另一层含义：每位社区居民都是有能力的。即使是需要帮助的社区弱势群体，等他们接受帮助消除了问题之后，也可以成为社区服务的提供者，帮助社区中其他有需要的居民。因此，在帮助弱势群体的过程中，让他们树立互助自助的社会工作服务理念是非常重要的。这样，只要他们有能力、有时间，就可以成为社区资源的一部分，帮助其他有需要的居民。就弱势群体而言，他们在接受帮助时，也只是某个方面或者某些方面需要帮助；在其他方面，他们仍然可以是帮助者，为社区居民提供所需要的服务。本章案例中介绍的社区居民 C 就是很典型的例子，尽管他身有残疾，需要社区的帮助和支持，但同时他也是社区的志愿者，利用自己懂电器修理的特长，无偿地为社区居民提供志愿服务。

因此，无论接受帮助还是提供帮助，都是可以转化的，都只是日常生活中常见的两种状态。作为社会工作者，他（她）在规划和设计社会工作专业服务时，不仅需要关注接受帮助的居民，而且需要关注提供帮助的居民，特别是需要学会利用两者转化的机制帮助社区居民建立互助自助的社会支持关系，推进社区的发展。

二 服务的方式：促进居民互助自助

就专业服务提供的方式而言，如果直接针对需要帮助的弱势群体，依靠的是社会工作者提供的直接帮助。当然，社会工作者在提供帮助的过程中，

---

① Macmillan, R. & Townsend, A. (2006). "A 'New Institutional Fix'? The 'Community Turn' and the Changing Role of the Voluntary Sector". In C. Milligan and D. Conradson (eds.), *Landscapes of Volunteerism: New Spaces of Health, Welfare and Governance* (pp. 15 – 32). UK, Bristol: The Policy Press, p. 18.

也可以发掘弱势群体自身拥有的能力，利用周围环境的资源。但是，观察整个服务的流向就会发现，这些服务的主导方向是以弱势群体为中心，由外界向弱势群体这个中心汇集。即使是弱势群体的能力得到了提升，也只是社会工作者和周围他人帮助的结果。如果以整个社区为服务对象，情况就会有所不同。无论接受帮助的社区弱势群体还是提供帮助的社区居民，都是社区的一部分，他们之间的关系就不是内部和外部的关系，而是生活在同一个社区中的互助关系。因此，在针对整个社区时，专业服务的主要提供者，不是处于外部的社会工作者或者其他专业人士，而是生活在社区中的不同专业服务机构、专业人士、普通居民等，是社区居民自己。

　　社区居民的互助自助包含两层含义：社区居民的互助和社区居民的自助。[①] 互助是指社区居民在遇到问题时，互相帮助，形成相互支持的互动关系；自助则是指社区居民在遇到问题时，自己帮助自己，提高自身的能力。显然，互助和自助是不能截然分开的。当社区中的弱势群体遇到问题时，就需要社区中其他居民的帮助和支持，这就是互助。但是，互助的目的不是为了增强弱势群体的依赖心理，而是让他们能够提升自身的能力，这就是自助。一旦社区中弱势群体的生活状况得到改善，他们就能够成为服务的提供者，帮助其他有需要的社区居民，这样就又从自助转变成互助。因此，互助和自助是相互转化的。社会工作者在规划和设计社会工作专业服务时，是希望通过社区中居民之间的互助推动居民的自助，借助居民的自助增强社区居民之间的互助，在这样的循环中增强社区居民之间的社会支持关系，拓展社区居民自我实现的空间。

　　如果社会工作者在规划和设计社会工作专业服务时，关注的焦点是为社区居民提供直接的专业服务，在这样的视角下，社区居民通常只是专业服务的被动接受者。如果社会工作者把服务的焦点放在社区居民互助自助方式的建设上，社区居民就会变得相对比较主动。那些有能力的社区居民就能够为其他居民提供帮助，即使是社区中的弱势群体，他们通常也能够在某个或者某些方面成为社区服务的提供者。特别是当弱势群体得到帮助消除了问题之后，他们就能够从服务的被动接受者转变为服务的积极提供者。

---

① Munn-Giddings, C. & Borkman, T. (2005). "Self-Help/Mutual Aid as a Psychosocial Phenomenon". In S. Ramon & J. Williams (eds.), *Mental Health at the Crossroads: The Promise of the Psychosocial Approach* (pp. 138 – 154). England, Aldershot: Ashgate Publishing Limited, p. 139.

因此，当社会工作者把社区作为服务对象时，他（她）在规划和设计社会工作专业服务的过程中，注重的不是为社区中的弱势群体提供外界的帮助，而是走进社区，发掘社区的资源，让社区居民互助自助，强调的是社区内部相互支持关系的建设。

三 服务的对象：社区所有居民

社会工作者通常把弱势群体作为自己的服务对象，帮助他们消除问题或者减轻问题的困扰。但是，一旦社会工作者走进社区，面对的就不仅仅是弱势群体，同时还包括社区中的其他居民，甚至一些"强势"的群体。弱势群体确实需要社会工作者的帮助，但是社会工作者不可能有那么多的时间和精力帮助社区中的所有弱势群体。这样，就需要借助社区中其他居民和"强势"群体的力量帮助社区中有需要的弱势群体。因此，如果社会工作者以社区作为服务对象，则其所规划和设计的专业服务涉及的就不仅仅是需要帮助的弱势群体，同时还包括提供帮助的社区中的其他群体，甚至社区中的"强势"群体。

从传统的专业服务的角度来说，社区中的弱势群体才是社会工作专业服务的帮助对象。但是，如果社会工作者把专业服务的概念做一些扩展，把能力的发挥也视为社会工作专业服务的一种方式，那么不仅接受服务的人是服务对象，而且提供帮助的人也是服务对象，只不过此时的服务对象更多地关注怎样发挥自己的能力去帮助别人。和接受帮助一样，帮助别人也是个人成长中的重要经验。社会工作强调"助人自助"的原则，不仅强调社会工作者帮助服务对象消除问题，而且也要求社会工作者协助服务对象发挥自身的能力。当然，这里所说的能力的发挥是和问题的消除相对应的，能够帮助弱势群体消除问题。如果以社区作为服务对象，能力的发挥就成了针对一部分社区居民的服务重点，让这些居民成为服务的提供者，帮助社区中的弱势群体。

其实，服务于社区中的弱势群体的目的是为了让他们摆脱问题的困扰，成为社区服务的积极提供者。当社区中的其他居民遇到困难时，他们能够给予积极的帮助。这样，社会居民之间就能建立起相互帮助的社会支持关系。[1] 同

---

① Specht, H. & Courtney, M. E. (1994). *Unfaithful Angels: How Social Work Has Abandoned Its Mission.* New York: The Free Press, p. 175.

样，即使目前是社区服务的提供者，当遇到困难和挫折时，也可能成为需要帮助的对象，需要社区中其他居民的支持。可见，无论社区的帮助者还是被帮助者，都是社会工作专业服务的对象，其目标是加强社区居民之间的交流，让居民互助自助。

四　从以弱势群体为服务对象的服务转变为以社区为服务对象的服务

通过上面的分析我们可以发现，一旦社会工作者把社区作为专业服务的对象，需要改变的就不再是服务对象的范围，而是整个专业服务的基本理念，包括服务的焦点、服务的方式和服务的对象，即在三个方面扩展以往的以弱势群体为服务对象的服务。首先，服务的焦点由弱势群体的问题的消除扩展到其他群体的能力发挥，并且让两者联结起来，促进社区居民的互助自助；其次，服务的方式由社会工作者提供直接的外部服务扩展为社会工作者协助社区居民互助自助，这样，社会工作者就不再是专业服务的外部指导者，而是社区服务的积极参与者；最后，服务的对象由弱势群体扩展到社区的其他居民，包括社区中的"强势"群体，涉及整个社区的所有居民。如果用表来展现这样的社会工作专业服务理念的转变，可以见表 9－1 所示。

表 9－1　以弱势群体为服务对象与以社区为服务对象的理念差异比较

比较项目＼服务类型	以弱势群体为服务对象	以社区为服务对象
服务的基本理念	弱势群体问题的消除	(1)弱势群体问题的消除； (2)其他社区居民的能力发挥； (3)问题消除与能力发挥的联结，促进社区居民的互助自助。
服务的焦点	社会工作者提供直接的外部服务	(1)社会工作者成为社区服务的积极参与者； (2)让社区中的其他居民帮助社区中的弱势群体。
服务的方式	弱势群体	(1)社区中的弱势群体； (2)社区中的一般居民； (3)社区中的"强势"群体 (特别是社区中的志愿者)。
服务的对象	直接提供社会工作专业服务	促进社区居民互助自助。

　　仔细分析表 9 - 1 就会发现，从以弱势群体为服务对象的专业服务理念转变为以社区为服务对象的专业服务理念，这个转变的核心是社会工作专业服务视野的扩展，从关注弱势群体转变为关注整个社区。

第二节　社区互助自助服务的专业服务标准

　　正是由于把社区作为服务对象，社会工作的专业服务理念需要发生根本的转变，从社会工作者直接提供社会工作专业服务转变为促进社区居民互助自助。因此，考察这样的专业服务的标准也需要做相应的改变，从关注直接专业服务的效果转变为强调社区互助自助交流平台的建设，让社区居民建立互帮互助的社会支持关系。

一　社区资源的有效发掘

　　从直接提供专业服务转变为建设社区互助自助交流平台，这样的专业服务理念的转变要求社会工作者在规划和设计社会工作专业服务时，首先注重的不是直接专业服务效果，而是社区资源的有效发掘。所谓社区资源的有效发掘有几个层面的含义：从现有的社区机构的角度来看，社区资源的有效发掘就是指社会工作者在规划和设计社会工作专业服务时，不仅需要仔细分析社区弱势群体的需求和困难，同时也需要充分了解社区拥有的服务机构以及可能提供的不同服务。① 实际上，每个社区都拥有不同的服务机构，像社区活动中心、医疗站、老年大学等。只有充分了解了社区的资源，社会工作者才能够在专业服务的规划和设计中将社区弱势群体的需要与社区拥有的资源对接起来，充分利用社区的资源改善社区弱势群体的生活处境。这样，不仅社区弱势群体的生活得到了改善，而且社区的资源也得到了充分的利用。与社区服务机构相关联的是国家和政府的相关法律法规，它们对社区弱势群体生活状况的改善也发挥着重要的作用。了解这些法律法规能够帮助社会工作者更好地利用社区的资源。

　　从社区居民的角度来看，社区资源的有效发掘包括充分了解社区中不同

---

　　① Seibel, W. (1989). 'The Function of Mellow Weakness: Nonprofit Organizations as Problem Solvers in Germany". In E. James (ed.), *The Nonprofit Sector in Comparative Perspective* (pp. 177 - 192). New York, N. Y.: Oxford University Press, p. 192.

居民的不同要求，让那些有能力并且希望帮助别人的社区居民走出来，帮助社区中有需要的弱势群体。社区中不仅有生活比较困难的弱势群体，而且也有普普通通的一般居民，甚至还有一些拥有比较多的资源的"强势"群体。只有充分了解了这些居民的不同需求，社会工作者在规划和设计社会工作专业服务时，才能够根据不同居民的不同要求，把那些有能力并且愿意付出自己的时间和精力的社区居民找出来，将他们组织起来，服务于社区中的弱势群体。在此过程中，发现社区生活中的积极分子并且把他们组织起来非常重要，他们是社区中的重要资源。除了他们比较热情、比较积极之外，他们通常对身边的居民有很大的影响力，能够带动其他居民参与社区组织的不同活动。

社区志愿者也是社区生活中不可忽视的资源，他们愿意主动奉献自己的业余时间、精力和资源帮助社区中有需要的弱势群体。[1]　显然，志愿者是社会工作者开展专业服务的重要补充力量，他们能够为社会工作专业服务提供充足的人力和资源。这样，志愿者的招募、培训、管理自然就成为社会工作专业服务中的重要内容。从社区发展的角度来说，通过招募和组织志愿者，能够壮大社区的志愿者队伍，让更多的居民利用业余时间服务于社区，推动社区居民的互助自助。因此，社区志愿者的发展不能仅仅围绕着如何促进社会工作专业服务，而且也需要围绕如何增强社区居民的互助自助。

从社区居民的发展角度来看，即使是社区中的弱势群体，也并不意味着他们只是社区服务的接受者。在其他方面，他们很可能也是社区服务的提供者。仔细了解和分析弱势群体的不同发展要求、困难和能力，对于社会工作者来说是非常必要的，是帮助他们发掘社区资源的很重要的一部分工作。这样，社会工作者在规划和设计社会工作专业服务时，就能够充分利用弱势群体拥有的能力服务于社区中其他有需要的居民。这样的服务策略不仅能够让更多的社区居民得到帮助，而且还能够充分利用弱势群体拥有的能力，帮助弱势群体消除面临的问题。社区居民的角色是变化的，一旦社区中的弱势群体摆脱了问题的困扰，就可以成为社区服务的提供者来帮助社区中的其他弱势群体，成为社区资源的一部分。因此，作为社会工作者，在规划和设计社

① Sherr, M. E. （2008）. *Social Work with Volunteers.* Chicago, Illinois: Lyceum Books, Inc., p. 74.

会工作专业服务时，可以加入社区居民志愿服务精神的培养，这也是社区资源的重要组成部分。

显然，社区资源的有效发掘涉及多个方面，包括对社区现有服务机构的了解、对社区不同居民不同需求的分析、社区弱势群体能力的发挥，特别是社区积极分子和社区志愿者队伍的组织和管理。充分了解了社区的这些资源之后，社会工作者才能在社会工作专业服务的规划和设计中，为社区居民创建互助自助的交流平台。

二　社区互助自助网络的建设

当社会工作者把社区作为服务对象时，他（她）的目标就从帮助社区的弱势群体扩展到发掘社区资源以及建设社区互助自助网络。实际上，当社会工作者走进社区时就会发现，社区中总存在一些生活比较困难的弱势群体，但他们的困难并不一定能够得到及时的解决，特别是那些不愿意主动寻求帮助或者不了解社会政策的居民，他们的需求常常被忽视。如果社会工作者不能及时了解社区居民的需求，当然也就很难谈得上规划和设计科学、有效的社会工作专业服务。除了及时了解社区居民的需求和困难之外，如何保存这些信息，并对这些信息进行分类管理，也是社会工作者在规划和设计社会工作专业服务时需要重点考虑的内容。因为只有对社区居民的需求做到及时了解、对信息进行及时更新，社会工作者才能够根据居民的需求，及时将社区提供的服务与居民的需求对接起来，帮助他们克服面临的困难。可以说，社区互助自助网络建设的第一步，就是及时了解社区居民的需求，并且对这些需求信息进行分类管理。这样，社会工作者就能够将这些需求与社区提供的服务对接起来，建立社区互助自助的网络。

显然，社会工作者在针对社区开展社会工作专业服务时，仅仅了解社区中不同居民的不同需求还远远不够，这只是专业服务的一个步骤。除此之外，社会工作者还需要了解社区能够为这些需要帮助的居民提供什么样的帮助，也需要对这些社区资源进行分类管理，以便在居民有需要时能够快速将这些资源与居民的需求对接起来。特别是社区中的志愿者，只有了解了他们提供志愿服务的意愿、他们的特长、他们能够付出的时间和精力，才能及时将他们的志愿服务要求与社区居民接受帮助的需要联结起来，建立社区互助自助的服务网络。

当然，社区互助自助网络的建设不能局限于让社区居民的需求与社区提供的服务直接对接起来，让社区居民能够及时地把自己面临的困难和社区建设中存在的问题反映出来，也是社区互助自助网络建设的重要内容，它不仅能够帮助社会工作者及时了解社区居民的需求和面临的困难，而且也是让社区居民参与社区建设的一种方式。社会工作者规划和设计的专业服务只有与居民的需求相匹配的时候，社区居民才会走出家门参与社区的建设，服务于其他有需要的居民。此外，让社区的热心居民和志愿者在一起交流，分享志愿服务的经验，也是促进社区居民互助自助的重要途径。

总之，一旦社会工作者把社区作为服务对象，社区互助自助网络建设得如何就成为评估社会工作专业服务的一项重要标准，它不仅包括社区居民的需求与社区提供的服务的对接，而且也包括社区居民意见的反映以及社区居民之间服务经验的交流等。只有这样，社会工作者规划和设计的专业服务才能突破直接提供服务的局限，让社区居民互相帮助、互相支持。

三　社区发展

如果社会工作者专注于为社区弱势群体提供直接服务，就会关注服务本身的专业性，如是否运用了社会工作三大专业方法，是怎样运用的，等等，这样，社会工作专业服务就很难与社区的整体发展联结起来，无法融入社区整体的建设中，只能成为社区建设的补充。但是，一旦社会工作者把社区作为服务对象，他（她）首先需要关注的是社区的整体发展，即社会工作怎样融入社区建设中，在整体上影响社区的发展，提升社区的专业服务水平。[①] 因此，针对社区，社会工作者在规划和设计社会工作专业服务时，他（她）规划和设计的社会工作服务是否专业，首先表现在在社区建设的整体层面上社会工作服务是否影响社区的发展。

这样，社会工作专业服务就不仅涉及社区中需要帮助的弱势群体，而且涉及其他居民，甚至社区中的"强势"群体。只有让社区中这些不同类型

---

① 社会工作与社区发展的结合是全球化影响下社会工作服务发展的新趋向，有学者称之为"社区的转向"，参见 Macmillan, R. & Townsend, A. （2006）. "A 'New Institutional Fix'? The 'Community Turn' and the Changing Role of the Voluntary Sector". In C. Milligan and D. Conradson （eds.）, *Landscapes of Volunteerism: New Spaces of Health, Welfare and Governance* （pp. 15 - 32）. UK, Bristol: The Policy Press, p. 18。

的居民互相帮助、互相支持，才能提高社区整体的发展水平。因此，社会工作者在规划和设计社会工作专业服务时，就需要将社会工作专业服务放在社区整体发展的背景下考察，看这样的专业服务能否真正在整体上促进社区的建设和发展。显然，促进对社区资源的发掘、利用和整合是在社区整体层面上规划和设计社会工作专业服务的重要内容，例如，社区提供的服务与社区居民需求的对接、居民交流平台的搭建等，这些措施都是在帮助整个社区建立互助自助的服务网络。

在社区整体的层面上安排社会工作专业服务，其中不可忽视的是社区志愿者的培养，包括社区志愿者的招募、培训和管理等。社区志愿者是社区的重要资源，培养社区志愿者其实是发掘社区资源的重要组成部分。社区志愿者不仅可以协助社会工作者提供居民所需的各种专业服务，而且可以带动社区整体服务水平的提高，因为通过志愿服务可以让社区的居民关心社区的发展，参与社区的建设。社区居民是最了解社区的需要的，如果能够让他们成为志愿者走出家门，服务于社区，就能够真正提高社区的整体服务水平。

当然，强调社会工作者在规划和设计社会工作专业服务时关注社区整体的发展，并不意味着社会工作不需要自身的专业服务方法、知识和技巧，只是在面对社区时，社会工作者首先关注的是如何保证社会工作在社区建设的整体层面上与社区发展联结起来。在这样的逻辑框架下，再来安排具体的社会工作专业服务，让具体的社会工作专业服务促进社区的整体发展，否则，就会出现这样的情况：尽管社会工作者提供的服务很专业，但对社区的整体发展没有多少影响。因此，在以社区为服务对象时，社会工作服务的专业性体现在两个层面：①与社区整体发展的联结；②社会工作自身的专业性。显然，社会工作自身的专业性应该能够促进社区的整体发展。

当社会工作者走进社区，把社区作为服务对象规划和设计社会工作专业服务时，社会工作专业服务的标准就需要做相应的调整：注重社区资源的有效发掘、社区互助自助网络的建设和社区的发展。

第三节　"网络化社区专业社会工作服务机制建设"项目的规划与设计

在介绍了以社区为服务对象的社会工作专业服务理念和服务标准之后，

我们接着来看一看"网络化社区专业社会工作服务机制建设"项目的规划和设计，分析在这个项目中以社区为服务对象的专业服务理念和服务标准是如何体现的、项目中的不同专业服务活动之间是如何衔接的。开展这个项目的目的，是运用互联网技术充分发掘和利用社区的资源，帮助社区居民建立互助自助的社会支持网络。

一　"网络化社区专业社会工作服务机制建设"项目设计的基本理念

"网络化社区专业社会工作服务机制建设"项目是以某个社区为服务对象，帮助社区居民建立互助自助的社会支持网络。整个"网络化社区专业社会工作服务机制建设"项目分为三个相互关联的部分：①居民需求库和社区资源库的建设；②居民需求交流平台的搭建；③社区资源交流平台的搭建。"网络化社区专业社会工作服务机制建设"项目假设，社区中既存在需要帮助的弱势群体，同时也存在服务提供者，能够为这些弱势群体提供帮助。特别是愿意奉献自己业余时间和精力的志愿者，他们是社区的重要资源。对收集到的社区居民的需求信息和社区的资源信息进行分类管理，建立资料库，是迅速了解社区居民需求、掌握社区资源的有效方法。作为社会工作者不仅需要开展调查研究，帮助社区及时了解居民的需求和社区的资源，并将这些信息输入社区的互联网系统，对居民的需求信息和社区的资源信息进行电子化的分类管理，而且还需要设计具体的社会工作专业服务活动，将社区的资源与居民的需求进行有效的对接，帮助社区居民建立快速获得帮助的专业服务通道。

在居民需求交流平台建设方面，"网络化社区专业社会工作服务机制建设"项目专门在社区网站上搭建了居民需求交流平台，让有需要的居民自由地表达自己的想法和意见。这样，不仅能够更快、更多地了解居民的需求，而且能够方便居民相互交流，增强居民对社区活动的了解和参与程度。只有当居民的需求真正受到重视并且得到满足之后，居民的积极性才能被调动起来。而且，通过居民之间的交流，能够增进居民之间的了解，增强相互之间的社会支持关系。

"网络化社区专业社会工作服务机制建设"项目还专门在社区网站上搭建了资源交流平台，让那些愿意奉献自己业余时间和精力的志愿者了解社区的志愿服务项目，表达自己的志愿服务意愿，分享志愿服务的经验，并且让更多的社区居民了解志愿服务，参与志愿服务。显然，搭建社区资源交流平台是为了充分发掘社区的资源，让志愿者走出家门，帮助社区中有需要的弱势群体，而且通过加强他们之间的交流，增强他们之间的社会支持关系。

当然，"网络化社区专业社会工作服务机制建设"项目中的三个部分是相互关联的，通过建设社区居民需求库和社区资源库以及加强两者之间的对接，就能发掘更多有需要的居民和社区志愿者，促进他们之间的交流；加强社区居民需求交流平台和社区资源交流平台的建设，让更多的社区居民自由地表达自己的需求和提供志愿服务的愿望，就能够增进相互之间的了解，进一步促进居民需求库和社区资源库的建设。这样，社区社会工作专业服务就不会局限于自身服务的专业性，而能够在整体层面上与社区建设紧密衔接起来。具体而言，"网络化社区专业社会工作服务机制建设"项目规划和设计的基本理念表现在以下两个方面。

（1）社区中既有需要帮助的社区居民，也有服务的提供者，能够为有需要的居民提供帮助。建立社区居民需求库和社区资源库，并且让两者对接起来，就能保证社区居民的需求能够得到及时的反映和满足。这样，社会工作者在规划和设计社会工作专业服务时，就能够把专业服务关注的焦点从社区中有需要的弱势群体扩展到整个社区，增进社区居民之间的互助以及居民的自助。

（2）每个社区居民都是有能力的，都能够成为社区建设的积极参与者。通过搭建社区居民需求交流平台和社区资源交流平台，能够促进社区居民之间的交流。在相互交流的过程中，社区居民才能够了解自己的需求，增强相互之间的社会支持关系，一起参与社区的各种服务活动，成为社区建设的积极参与者。

显然，通过发掘居民的需求和社区资源以及搭建社区居民需求交流平台和社区资源交流平台，社会工作者就能够将社会工作专业服务融入社区建设中，在整体上提高社区的服务水平。"网络化社区专业社会工作服务机制建设"项目的基本理念具体图示如下（见图9-1）。

分析图9-1就可以发现，"网络化社区专业社会工作服务机制建设"项目的核心理念是：通过发掘社区的资源和加强社区居民之间的交流，帮助社区居民建立互助自助的社会支持关系，在社区的整体层面上提高社区的专业化服务水平。

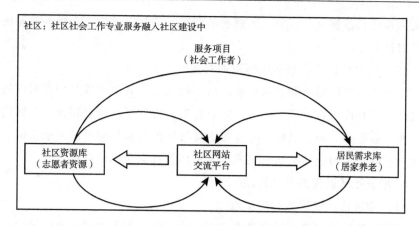

图 9-1 "网络化社区专业社会工作服务机制建设"项目基本理念示意图

二 "网络化社区专业社会工作服务机制建设"项目的基本目标

通过上一节对基本服务理念的分析我们可以看到,"网络化社区专业社会工作服务机制建设"项目是希望通过加强社区资源与居民需求的对接以及社区居民之间的交流,促进社区居民的互助和自助,让社会工作专业服务融入社区建设中,在社区的整体层面上推进社区的发展。它的作用体现在以下三个方面:①社区资源与居民需求的对接;②社区居民互助自助的加强;③社会工作专业服务与社区建设的融合。为了清晰地说明"网络化社区专业社会工作服务机制建设"项目的基本目标,下面我们将依据项目的作用分别介绍项目的基本目标。

1. 促进社区资源与居民需求的对接

(1)加强对居民需求的管理

对社区居民的需求进行调查,把调查得到的信息输入社区的互联网,建立社区居民需求库,并且对社区居民的需求信息进行电子化管理。这样,社会工作者就可以随时了解社区居民的需求,并且根据社区居民的需求寻找社区的资源,将社区的资源与居民的需求对接起来。社会工作者在社区中首先开展了 60 岁以上老人的需求调查,帮助每一位老人建立需求档案,以便为社区居家养老活动的开展做好准备。

(2)加强对社区资源的管理

对社区的志愿者进行重新登记,把他们的信息输入社区的互联网,建立社区资源库,运用电子化信息处理手段对社区资源库进行分类管理。这样,社会工作者就能够及时了解社区拥有的资源，将社区的志愿者服务与居民的需求对接起来。

（3）促进社区资源与居民需求的对接

了解了居民的需求和社区的资源后，社会工作者就可以运用互联网技术对这两个资料库进行电子化管理，并且针对双方的要求规划和设计具体的社会工作专业服务，通过具体的专业服务将社区的资源与居民的需求快速、有效地对接起来，增进社区居民之间的互助以及社区居民的自助。

2. 增进社区居民的互助自助

（1）增进社区居民之间的交流

在社区的网站上搭建居民需求交流平台，让有需要的居民自由地表达自己的想法和意见，促进居民之间的交流。这样，社会工作者就能及时更新有关社区居民需求的信息，并且根据社区居民的需求寻找社区的资源，让社区居民互相帮助。

（2）增进社区志愿者之间的交流

在社区网站上搭建社区资源交流平台，让那些愿意奉献自己业余时间和精力的志愿者了解社区的志愿服务信息，交流志愿服务的经验，分享志愿服务的经历，鼓励更多的社区居民走出家门，帮助社区中有需要的弱势群体。

3. 促进社会工作专业服务与社区建设的融合

了解了社区居民的需求和社区拥有的资源后，社会工作者就可以在社区的整体层面上规划和设计社会工作专业服务，将社区的资源与居民的需求对接起来，并且促进整个社区居民之间的交流，让他们互助自助。这样，社会工作专业服务就能融入社区建设中，在社区建设的具体要求中加入社会工作专业服务的元素，提升社区的专业化服务水平。

概括起来，"网络化社区专业社会工作服务机制建设"项目的基本目标，就是通过居民需求库、社区资源库以及社区网站交流平台的建设，充分运用社区的资源，增进居民的互助自助，让社会工作专业服务融入社区建设中，从整体上提升社区的专业化服务水平。

三 "网络化社区专业社会工作服务机制建设"项目的主要活动

明确了"网络化社区专业社会工作服务机制建设"项目的基本理念和目标之后，我们接下来看一看"网络化社区专业社会工作服务机制建设"项目的主要活动安排。针对居民需求库、社区资源库、居民需求交流平台、社区资源交流平台的建设以及社区资源与居民需求对接的要求，社会工作者规划和设计了相应的活动。这些活动尽管各不相同，但都体现了一个目标：增进社区居民的互助自助，让社会工作专业服务融入社区建设中。"网络化社区专业社会工作服务机制建设"项目的主要活动见表9－2所示。

表9－2 "网络化社区专业社会工作服务机制建设"项目的主要活动安排表

服务活动	服务人群	活动的基本要求	注意事项
问卷调查和访谈	社区60岁以上的老人，对其中行动不便的老人进行入户访谈。	对社区60岁以上的老人逐个进行问卷调查和访谈，并把调查和访谈获得的资料输入居民需求库中，对社区60岁以上老人的资料进行电子化分类管理。访谈调查的时间为1个月。	(1)访谈调查的内容分为两大部分：社区60岁以上老人的需求和参加志愿服务的要求；(2)对行动不便的老人进行入户问卷调查和访谈；(3)把调查和访谈获得的资料输入居民需求库和社区资源库中。
志愿者的招募	愿意参加社区志愿活动的社区居民和非社区居民。	对志愿者的基本资料进行登记，将信息输入社区的资料库中，对信息进行电子化分类管理。把志愿者招募活动作为社区日常工作的一部分。	(1)区分社区居民志愿者和非社区居民志愿者；(2)对志愿者信息进行电子化分类管理；(3)把志愿者的信息输入社区资源库中。
社区医疗志愿队的建设	社区中愿意奉献自己业余时间和精力并且具有医学知识的志愿者。	寻找具有医学知识和经验的志愿者，组建社区医疗志愿队，并且由他们训练其他志愿者，提高志愿者的专业技能。	(1)注意寻找社区中有医学知识和经验的志愿者，组建社区医疗志愿队；(2)注重社区医疗志愿队专业技能的培训，增进志愿者的专业技能。
社区居家养老的"走出来"系列活动	社区中身体健康的老人和社区中的志愿者。	选出社区活动中的积极分子，由他们来组织棋艺、厨艺、舞技和才艺等系列社区竞赛活动。在活动中运用了个案、小组和社区社会工作的专业方法和技巧。这个系列活动持续半年。	(1)注意选出社区活动中的积极分子，由他们来组织社区的活动；(2)注意将社区居民的兴趣爱好和志愿服务意愿登记下来，扩大社区志愿者队伍；(3)注意让社区中不愿意参加社区活动的老人走出家门。
社区居家养老的"走进去"系列活动	社区中行动不便的老人和社区中的志愿者。	针对社区中行动不便的老人进行家访，帮助他们建立健康档案。活动中运用了个案访谈、个案管理等社会工作的专业服务技巧。	(1)针对每位行动不便的社区老人进行入户访谈；(2)帮助社区中行动不便的老人建立健康档案，并且定期跟踪；(3)根据每位行动不便的老人设计专门的志愿服务方案，满足行动不便老人的个性化需求。

服务活动	服务人群	活动的基本要求	注 意 事 项
志愿者社区宣传	社区中的所有居民,特别是愿意奉献自己业余时间和精力的社区志愿者。	选出社区活动中的积极分子,将他们的事迹写在社区宣传展板上,对社区志愿者进行表彰。	(1)选择社区活动中的志愿者代表; (2)志愿者的事迹既要感人,又要让人觉得亲切; (3)突出宣传社区志愿服务的"一次义工,终身义工"精神。
志愿者胸卡制作	社区的志愿者。	由社区的志愿者设计,突出社区自己的特色。	(1)由社区志愿者自己设计; (2)突出"关爱他人,成长自己"的志愿服务理念。
志愿者的培训和管理	愿意参加社区志愿活动的所有志愿者,包括社区居民志愿者和非社区居民志愿者。	对志愿者进行分类管理,并且根据每类志愿者的要求,开展志愿者培训,规范志愿者管理,加强志愿者之间的交流。	(1)建立志愿者基本管理规范; (2)针对每类志愿者的要求,开展志愿者培训,规范志愿者培训的程序; (3)建立有关志愿者培训和管理的各种规章制度; (4)加强志愿者之间的交流。
社区志愿服务成果展	社区的所有居民,尤其是社区中的志愿者。	将社区志愿服务中的精彩故事、图片汇集起来,并且展现出来,宣传社区的志愿服务精神。	(1)注意收集社区志愿服务中的精彩故事和图片,并且将它们以艺术的形式展现出来,吸引更多的人参与社区志愿活动; (2)注意宣传"一次义工,终身义工"的志愿服务精神,和"关爱他人,成长自己"的志愿服务理念。
社区居家养老创意大赛	社区的所有居民。	让社区居民把自己有关居家养老的创意放到社区网站交流平台上交流,通过评审选出一定数量的获胜者,并且邀请获胜者参加社区志愿活动,实现自己的居家养老创意。	(1)让社区的所有居民都知道这项社区居家养老创意大赛; (2)邀请获胜者参与社区的志愿服务,与社区中的其他志愿者一起实现居家养老的创意。

仔细分析表9-2就可以发现,"网络化社区专业社会工作服务机制建设"项目涉及很多不同的活动,这些活动尽管各不相同,但可以概括为三个方面:①资料库建设的有关活动,如对社区60岁以上老人开展的问卷调查和访谈、志愿者招募以及社区医疗志愿队的建设等。这些活动可以加强居民需求库和社区资源库的建设。②社区资源与居民需求对接的有关活动,主要包括社区居家养老的"走出来"系列活动和"走进去"系列活动。这两个系列活动都是针对社区60岁以上老人的需求利用社区志愿者而开展的服务活动。通过这些活动,就能将社区资源与居民需求对接起来。③社区网站

交流平台建设的有关活动。这方面的活动比较多，包括志愿者之间的交流，如志愿者社区宣传、志愿者胸卡制作、志愿者的培训和管理以及社区志愿服务成果展等。此外，还有居民之间的交流，如社区居家养老创意大赛。通过以上三个方面的服务活动，社会工作者就能够迅速了解社区居民的需求，充分发掘社区的资源，并且将社区资源与居民需求快速对接起来，促进社区居民的互助自助。

不过，很多活动并不能简单地被归为某个方面的活动，如在问卷调查和访谈过程中，就可以促进居民之间的交流。同样，志愿者的招募和社区医疗志愿队的建设也类似，也可以促进志愿者之间的交流。在组织社区居家养老的"走出来"和"走进去"系列活动中，社会工作者可以发现社区居民新的需求以及新的社区志愿者。而社区居家养老创意大赛除了可以增进居民之间的交流外，还可以吸引更多的居民成为志愿者。不管这些活动怎么不同，它们都有一个明确的目标：促进社区居民的互助自助，让更多的社区居民参与社区的活动，在社区建设的整体层面上加入社会工作的专业服务元素，提高社区的专业化服务水平。

另一点需要解释的是，之所以把社区居家养老作为"网络化社区专业社会工作服务机制建设"项目的重点，是因为社会工作者在规划和设计社区社会工作专业服务时，首先面临的社区建设中的一项重要任务就是社区居家养老。将社区居家养老纳入"网络化社区专业社会工作服务机制建设"项目，正是要体现社会工作专业服务融入社区建设的要求。这样，社会工作专业服务才能够在社区建设中立足，帮助社区提升整体的专业化服务水平。

四　"网络化社区专业社会工作服务机制建设"项目中各活动之间的衔接

了解了"网络化社区专业社会工作服务机制建设"项目中三个方面的主要活动安排之后，我们再来看一看各活动在时间安排上是怎样衔接的，分析各活动之间的关系，领会其背后的基本逻辑。只有掌握了各活动之间的内在联系，社会工作者才能够在规划和设计社会工作专业服务时，将各种不同的活动有机地组合在一起，形成一个综合的专业服务，在整体上把握专业服务活动的开展。"网络化社区专业社会工作服务机制建设"项目中各专业服务活动之间的衔接如表 9 - 3 所示。

表9-3 "网络化社区专业社会工作服务机制建设"
项目中各专业服务活动相互衔接表

服务阶段＼服务类型	社区资料库建设		社区资源与居民需求对接		社区网站交流平台	
	服务形式	服务内容	服务形式	服务内容	服务形式	服务内容
第一阶段:初步建立居民需求(居家养老)库和社区资源库	问卷调查和访谈	(1)针对社区60岁以上的老人开展问卷调查和访谈,了解老人的需求; (2)对社区60岁以上老人的需求信息进行电子化分类管理; (3)特别选出其中愿意做志愿服务的社区老人。			志愿者社区宣传	(1)选出社区以往活动中的积极分子,将他们的事迹写成社区宣传材料; (2)在社区的报栏展出社区活动积极分子的事迹; (3)注意宣传"一次义工,终身义工"的志愿服务精神。
	志愿者的招募	(1)登记志愿者的基本信息,建立社区资源库(志愿者资源库); (2)对志愿者的信息进行电子化分类管理; (3)注意区分社区居民志愿者和非社区居民志愿者。			志愿者胸卡制作	(1)由社区志愿者设计; (2)突出"关爱他人,成长自己"的志愿服务理念。
第二阶段:社区资源与居民需求对接	招募志愿者工作日常化	(1)在活动中注意了解居民的需求,发现新的志愿者; (2)随时更新居民需求库信息和资源库信息。	社区居家养老的"走出来"系列活动	(1)根据社区老人的兴趣爱好组织系列社区活动; (2)登记社区老人的需求,补充居民需求库的信息; (3)登记社区老人的志愿服务要求,补充社区资源库的信息; (4)选出社区老人活动中的积极分子,由他们来组织社区活动; (5)培养社区老人活动中的精英分子,组成社区的支持网络。		

续表 9 − 3

服务类型 / 服务阶段	社区资料库建设		社区资源与居民需求对接		社区网站交流平台	
	服务形式	服务内容	服务形式	服务内容	服务形式	服务内容
第三阶段:进一步深化社区资源与居民需求的对接工作,并且加强对志愿者的培训和管理	社区医疗志愿队的建设	(1)发掘社区中有医学知识和技能并且愿意奉献业余时间和精力的志愿者; (2)由他们组建社区医疗志愿队; (3)让他们培训其他志愿者,提高专业服务水平。	社区居家养老的"走进去"系列活动	(1)针对社区中行动不便的老人进行入户访谈,了解老人的需求,补充居民需求库的信息; (2)为每一位行动不便的社区老人建立健康档案,并且定期跟踪; (3)采用个案管理的方式,为社区行动不便的老人设计个性化的服务方案。	志愿者的培训和管理	(1)针对每类志愿者的要求,开展志愿者培训; (2)加强志愿者之间的交流; (3)规范志愿者培训的程序; (4)建立有关志愿者培训和管理的各种规章制度。
第四阶段:加强社区居民之间的交流,鼓励更多的居民参与社区志愿服务,进一步促进社区资源与居民需求的对接	社区志愿服务成果展	(1)收集社区志愿服务中的精彩故事和图片; (2)以艺术的形式将社区志愿者的精彩故事和图片展现出来,吸引更多的人参与社区志愿服务; (3)宣传社区的"一次义工,终身义工"的志愿服务精神和"关爱他人,成长自己"的志愿服务理念等。	社区居家养老的"走进去"系列活动(续)	(1)宣传健康饮食知识,促进居民健康生活方式的养成; (2)对行动不便老人的亲属和照顾者进行照顾技能和知识的培训; (3)创建社区医疗保健论坛,请专家定期解答社区居民的疑问和困惑。	社区居家养老创意大赛	(1)组织社区居家养老创意大赛宣传活动,让社区的所有居民都知道这项比赛的内容和要求; (2)邀请有关专家和居民组建评审小组,对参加创意大赛的作品进行评审; (3)评选获胜者; (4)邀请获胜者参与社区的志愿服务,与社区中的其他志愿者一起实现居家养老的创意。

仔细分析表 9 − 3 就可以发现,"网络化社区专业社会工作服务机制建设"项目是以资料库的建设作为初始阶段的活动,包括对社区 60 岁以上的老人进行需求调查和访谈,建立居民需求库,并招募志愿者,建立社区资源库。这样,社会工作者就能够根据社区 60 岁以上老人的需求和社区拥有的志愿者资源,规划和设计社会工作专业服务活动,为下一阶段的社区资源和居民需求的对接做好准备。在初始阶段,社会工作者还设计了志愿者社区宣传和志愿者胸卡制作活动。志愿者社区宣传活动的目的是发现社区活动中的

积极分子，宣传志愿服务的"一次义工，终身义工"精神，吸引更多的社区居民参与社区志愿服务，为下一阶段的社区志愿服务活动做好准备。志愿者胸卡的制作也一样，也是为下一阶段的社区志愿服务活动做好准备，让志愿者们感受到自己的独特身份和志愿服务的精神。

"网络化社区专业社会工作服务机制建设"项目第二阶段活动的重点，是以第一阶段的资料库建设为基础，通过社会工作专业服务活动的规划和设计，将社区的资源与居民的需求对接起来。具体的服务活动包括社区居家养老的"走出来"系列活动。在这项服务中，社会工作者与社区活动中的积极分子和志愿者一起组织各种不同类型的活动，让身体健康的社区老人走出家门，加强他们之间以及他们与社区其他居民之间的交流；同时，在活动中，社会工作者还注意培养社区老人活动中的精英分子，让他们成为社区活动中的骨干力量。随着社区居家养老"走出来"系列活动的逐步展开，对志愿者的需求就会增加，做好志愿者的招募工作就逐渐成为开展社区服务的一项日常工作。

到了"网络化社区专业社会工作服务机制建设"项目的第三阶段，如何进一步深化社区资源与居民需求的对接以及加强对志愿者的培训和管理就成为这一阶段的主要任务。社区资源与居民需求对接的活动逐渐由关注身体健康的社区老人转到关注行动不便的社区老人。除了对这些社区老人进行入户访谈之外，还要为他们建立健康档案，并且根据每一位行动不便老人的需求设计个性化的服务方案。在这个阶段，社区老人的健康问题成为最应该关注的焦点。因此，组建社区医疗志愿队的工作就提到日程上来了。社区医疗志愿队的建设也为下一阶段社区居家养老"走进去"系列活动的继续深化提供了必要的条件。此外，随着社区资源与居民需求对接活动的深入，对志愿者的培训和管理逐渐变得越来越重要。不仅对志愿者的培训需要规范化，而且对志愿者的管理也需要制度化，以便为社区各种志愿活动的开展提供人员保证。

在"网络化社区专业社会工作服务机制建设"项目的第四阶段，社会工作者除了需要继续深化社区资源与居民需求的对接工作之外，还需要加强社区居民之间的交流，鼓励更多的居民参与社区志愿服务。如果说第三阶段中的社区居家养老"走进去"系列活动的重点是为行动不便的社区老人提供直接的健康服务指导，那么第四阶段中的社区居家养老"走进去"系列活动的焦点则是帮助行动不便的社区老人的照顾者及老人身边的亲属提高照顾的水平和质量，给行动不便的社区老人提供更好的支持。在这一阶段，社会工作者还设计了社区居家养老创意大赛和社区志愿服务成果展等活动。前者是希望促进社区居民之间的交流，让更多的社区居民成为社区活动的志愿者；后者是希望通过展现社区志愿活动中的精彩故事和图片，让更多的社区居民喜欢参与社区志愿活动。

通过上面的介绍和分析我们可以发现，"网络化社区专业社会工作服务机制建设"项目是以社区为服务对象，通过社区资料库的建设、社区资源与居民需求的对接以及社区网站交流平台的建设三个方面的活动，充分发掘社区资源从而服务于社区居民，促进社区居民的互助自助，在社区建设的整体层面上加入社会工作的专业服务元素，提升社区的专业化服务水平。

第四节　社区互助自助服务项目设计中的基本概念

"网络化社区专业社会工作服务机制建设"项目涉及社区资料库的建设、社区资源与居民需求的对接以及社区网站交流平台的建设三个方面的活动，而且每一方面的活动又有不同的内容。将这些不同方面、不同内容的活动整合起来形成一个有效的综合服务项目，显然依赖于社会工作者对这些活动背后一些基本概念的准确理解和把握，如社会工作专业服务、志愿服务和互助自助等。对这些基本概念的不同理解，将影响社会工作者对专业服务活动的规划和设计。

一　社会工作专业服务

所谓专业服务与一般依据日常生活经验提供的服务不同，它有科学的依据作为支撑。社会工作专业服务也不例外，也强调与日常生活的区别，注重科学分析和验证。[1] 这也是社会工作成为一门专业的依据。但是社会工作在追求专业化的过程中也遇到了一些无法回避的挑战：与实际的日常生活越来越脱节，越来越对立，甚至强调所谓专业服务就是与依据日常生活经验提供的服务有着根本的不同。[2] 带着这样的观点走进社区，社会工作者将会面临

---

① Abramovitz, M. (1998). "Social Work and Social Reform: An Arena of Struggle". *Social Work*, 43 (6), 512–526.

② Halpern, R. (1995). "Neighborhood-Based Services in Low-Income Neighborhood: A Brief History". In P. Adams and K. Nelson (eds.), *Reinventing Human Services: Community and Family-Centred Practice* (pp. 19–39). New York: Aldine de Gruyter, p. 21.

心理上的冲突，特别是在目前许多社区居民还不了解社会工作的情况下，如果社会工作者强调社会工作者提供的是一种专业服务，与依据日常生活经验提供的服务有着根本的不同，就会把自己孤立在社区居民的日常生活之外，就会把社会工作专业服务限定在社区的日常工作之外。这样，社会工作专业服务也就无法真正融入社区建设中。

因此，当社会工作者走进社区面对社区居民开展专业服务时，首先需要端正对社会工作专业服务的看法。只有改变追求"纯粹"社会工作专业服务的观点，才有可能将社会工作专业服务融入社区居民的日常生活中。社会工作服务的专业性，不仅仅关系到社会工作自身的专业性，同时更为重要的是，还关系到如何与非专业的日常实践活动结合起来，让社会工作专业服务扎根于社区居民的日常生活中。解决了专业服务如何融入日常生活的问题，社会工作专业服务才能有生命力，才能够影响社区居民的日常生活，发挥它的影响力。社会工作是一门注重实践的学科。脱离了服务人群的日常生活，社会工作也就没有了立足之处。社会工作专业服务与社区居民的日常生活不是一种对立的关系，而是一种相互补充、相互支持的关系。社会工作服务的专业性首先体现在如何融入社区居民的日常生活，发掘社区居民的能力和资源，寻找社会工作专业服务与居民日常生活的结合方式上。"网络化社区专业社会工作服务机制建设"项目很好地体现了这一要求。社会工作者走进社区之后，关注的焦点不是如何规划和设计专业的社会工作服务，而是如何及时了解居民的需求，充分发掘社区的资源，让社区的资源与居民的需求快速对接起来。这样，社会工作专业服务才能真正融入社区居民的日常生活，改善社区居民的生活状况。

社会工作专业服务可以在两个层面上融入社区居民的日常生活：①社区的某项活动或者某个人群；②社区的整体建设或者社区的所有居民。如果社会工作者关注如何服务于社区的某项活动或者某个人群，就会强调对社会工作自身的专业服务方法和技巧的运用，如个案工作、小组工作和社区工作的专业服务方法和技巧等，目的是提高服务活动的专业性；如果社会工作者强调如何将社会工作专业服务在整体上融入社区建设或者服务于社区的所有居民，就会首先注重社区资源的发掘和利用，充分调动社区居民自身的能力帮助其他有需要的居民，促进社区居民的互助自助。这就是社会工作者对社区资源的整合能力。整合社区资源是社会工作服务专业性的重要体现。在整合视角下再来考虑社会工作自身服务的专业性，这时的社会工作服务的专业性就能够真正反映整个社区居民的需求，促进社区居民的互助自助，提升整个社区的专业化服务水平。显然，"网络化社区专业社会工作服务机制建设"项目的着眼点，是将社会工作专业服务在整体层面上融入社区建设，如结合社区居家养老开展社会工作专业服务活动、注重社区资源与居民需求的对接以及社区网站交流平台的建设等。在这样的整合视角下，将社会工作的个案、小组和社区等专业服务方法与技巧结合到具体的服务活动中。这样，社会工作专业服务就能够真正融入社区居民的日常生活，成为社区居民生活中不可缺少的一部分。

总之，在面对社区居民开展专业服务时，社会工作服务的专业性体现在两个层面：[1] 社区资源整合的整体专业性和服务于特定人群的学科专业性，只有将两者结合起来才能保证社会工作专业服务扎根于社区居民的日常生活中，让社会工作专业服务在整体层面上融入社区建设，提升社区的专业化服务水平。

二 志愿服务

如果面对一个或者几个服务对象，社会工作者也许能够应付得过来。但是如果面对一个人群或者整个社区的居民，则社会工作者就需要其他力量的帮助。其中，志愿者是社会工作者最可以借助的力量。事实上，社会工作从19世纪末20世纪初诞生之日起，就与志愿服务结下了不解之缘。[2] 可以说，社会工作产生于志愿服务，而且在社会工作的整个发展过程中都离不开志愿服务的帮助。即使在社会工作与志愿服务的合作关系出现裂痕的四五十年代，志愿服务对社会工作的影响也从来没有中断过，它作为社会工作的助手，为社会工作提供必要的人力和资源。[3] 当社会工作者把整个社区作为服务对象时，就会面临一个非常实际的问题：人力和资金的不足。此时，社会工作者首先就会想到社区中总有一些愿意奉献自己业余时间和精力的志愿者，他们能够为社会工作者提供所需要的人力和其他资源，因而是社会工作

① Sherr, M. E. (2008). *Social Work with Volunteers.* Chicago, Illinois: Lyceum Books, Inc., p. 94.

② Morales, A. T. & Sheafor, B. W. (2004). *Social Work: A Profession of Many Faces* (10th ed.). Boston: Allyn and Bacon, p. 40.

③ Trattner, W. I. (1999). *From Poor Law to Welfare State: A History of Social Welfare in America.* New York: The Free Press, p. 103.

者最好的合作伙伴。这样，志愿者的招募、培训和管理就成为社会工作者在社区开展专业服务的一项重要任务。"网络化社区专业社会工作服务机制建设"项目也体现了这个特点。在社会工作者规划和设计的专业服务中就包括了志愿者的招募、社区医疗志愿队的建设、志愿者社区宣传、志愿者胸卡制作以及志愿者的培训和管理等。通过这些活动，让社区志愿者了解在社区中开展的各种专业服务活动，掌握必要的专业知识和技能，为社会工作者提供有力的支持。

当然，志愿者不仅仅是社会工作者的助手，只承担专业服务的辅助角色，他们同时也是社区的重要资源，是社区发展不可忽视的力量。如果社会工作者跳出社会工作专业服务的视角看志愿服务就会发现，志愿服务本身就是带动社区居民互助自助的重要方式，是促进社区发展的重要途径。从这个角度而言，招募、培训、管理志愿者不仅仅是为了给社会工作专业服务提供人力和资金上的保障，它们本身也是社会工作专业服务必须关注的一部分，因为社区志愿者队伍的壮大能够促进社区的发展。在"网络化社区专业社会工作服务机制建设"项目中，社会工作者就是依据这个原则规划和设计志愿者服务活动的，除了关注志愿者的招募、培训和管理之外，同时还要注意加强志愿者之间的交流，如社区志愿服务成果展就是很好的例子。社会工作者希望通过加强志愿者之间的交流，促进志愿者的成长，让志愿者内化像"一次义工，终身义工"的志愿服务精神和"关爱他人，成长自己"的志愿服务理念。

如果把志愿服务视为带动社区居民互助自助的重要方式，那么它就不仅仅是一种服务，而是一种生活的原则，能够促进社区居民形成积极健康的生活方式。这样的原则既可以表现在帮助他人的专业服务和志愿服务中，也可以体现在家庭或者个人的私人生活空间里。这样，社会工作专业服务和志愿服务就能与社区居民的健康生活方式结合起来，成为推动社区居民改善生活状况的重要力量。

概括起来，志愿服务与社会工作专业服务之间的关系可以体现在以下三个不同的层面上：①就具体的某项服务活动而言，志愿服务是社会工作专业服务的补充，为社会工作专业服务提供必要的人力和资金；②就帮助社区居民形成互助自助的生活方式而言，志愿服务与社会工作专业服务一样，都是促进社区居民互助自助的重要方式；③就促进社区居民形成健康的生活方式而言，志愿服务和社会工作专业服务都是不可忽视的重要推动力量。

三 互助自助

社会工作把"助人自助"视为自己重要的专业服务理念，让服务对象在接受帮助的过程中学会帮助自己，帮助别人。在这样的专业合作关系中，社会工作者是帮助者的角色，服务对象则是接受帮助的角色。只要社会工作者走进社区就会发现，社区中既存在需要帮助的弱势群体，也存在愿意奉献自己业余时间和精力的志愿者，让社区中的志愿者帮助社区中有需要的居民，就能够真正实现社会工作所倡导的"助人自助"的专业服务理念。可见，互助自助原则是"助人自助"理念在社区服务活动中的体现。其实，社会工作者不可能站在服务对象的日常生活之外为服务对象提供专业服务。如果把社会工作者也纳入专业服务活动系统加以考察就会发现，社会工作者帮助服务对象的过程就是让服务对象学会自助的过程，整个过程就体现了社会工作者与服务对象之间的互助自助原则。而在日常生活中，互助自助的原则更容易被普通居民接受，它能够和志愿服务活动甚至居民的健康生活方式结合起来。这样，社会工作专业服务就能够体现更大的包容性，能够真正走进居民的日常生活中，充分发挥自己的影响力。

如果说"助人自助"价值理念关注的是社会工作者与服务对象单个人之间的关系，那么互助自助的原则强调的则是服务对象与服务对象之间的关系。在这样的服务原则指导下，社会工作者在面对不同的服务对象时，就能更好地规划和设计社会工作专业服务。因为这个时候常常既涉及需要帮助的服务对象，也涉及能够提供一定帮助的服务对象，让不同的服务对象相互帮助，这是发掘和利用服务对象能力的最好方式。社会工作者在规划和设计"网络化社区专业社会工作服务机制建设"项目时，就在每项服务活动中都贯彻了互助自助的原则，如志愿者社区宣传就是将社区活动中积极分子的事迹挖掘出来，让更多的社区居民了解"一次义工，终身义工"的志愿服务精神；在社区居家养老创意大赛中，让在比赛中获胜的居民参与社区的志愿服务，帮助社区中其他有需要的居民；即使在对社区 60 岁以上的老人进行问卷调查和访谈时，社会工作者也注意了解社区老人的需求和志愿服务意愿，让社区的志愿者有机会服务于社区中有需要的老人；像社区居家养老的"走出来"和"走进去"系列活动，就直接将社区的志愿者资源与社区居民的需求对接起来，促进社区居民的互助自助。

互助自助的原则还要求社会工作者改变对服务对象的看法，把服务对象视为变化的，而不是没有变化的需要接受帮助的对象，就像我们中的普通人一样，有时候需要别人的帮助，有时候也可以帮助别人。帮助和被帮助的角色是可以转化的。互助自助原则注重的就是这样一种相互转化的关系，而不是帮助或者接受帮助的固定角色。在服务对象接受帮助的时候，就需要鼓励服务对象成为帮助者；在服务对象成为帮助者的时候，也要看到他们需要帮助的时候，帮助他们建立相互支持的社会关系。

因此，社会工作者在以社区为服务对象规划和设计社会工作专业服务时，互助自助是一项重要的原则，它是社会工作所倡导的"助人自助"价值理念的体现，能够帮助社会工作者充分发掘社区资源，鼓励接受帮助的社区居民成为帮助者，帮助其他有需要的居民，让社区居民相互帮助。显然，以社区为服务对象的专业服务的规划和设计注重发掘社区资源，尤其是志愿者资源，让社区资源与居民的需求快速对接起来，促进社区居民的互助自助，将社会工作专业服务融入社区建设中，在整体层面上提升社区的专业化服务水平。

社会工作专业服务的规划与设计包括两部分内容：案例的规划与设计和项目的规划与设计。案例的规划与设计是针对单个案例开展的规划和设计活动，目的是提高社会工作者对整个案例的总体把握能力。本书的第一部分分别介绍了问题和能力的静态视角、动态视角、结构互动视角、叙事视角、双向互动视角五种案例规划与设计的基本逻辑框架。项目的规划与设计是针对多个不同的案例开展的规划和设计活动，其目的是提高社会工作者将各种不同的服务活动整合起来的综合服务能力。本书的第二部分重点分析了以服务对象为主导的项目规划与设计、以特殊人群为服务对象的项目规划与设计、以高危人群为服务对象的项目规划与设计和以社区为服务对象的项目规划与设计四种类型。总之，社会工作专业服务的规划与设计让社会工作者直接面对服务对象的实际生活场景，凸显了社会工作的"社会"性。它既有一定的规则可循，同时又需要社会工作者的热情和想象力。

主要参考文献

中文文献

巴赫金：《陀思妥耶夫斯基诗学问题》，白春仁、顾亚玲译，三联书店，1988。

曹基础：《庄子浅注》，中华书局，1982。

Corsini, R. J. & Wedding, D、：《当代心理治疗的理论与实务》，朱玲亿等译，（台北）心理出版社股份有限公司，2000。

狄尔泰：《精神科学（第一卷）引论》，童奇志译，中国城市出版社，2002。

樊富岷：《社会工作教育中的督导制度与事实》，载中国社会工作教育协会社会工作教育专刊《反思·选择·发展》，中国青年政治学院，1999。

方成：《精神分析与后现代批评话语》，中国社会科学出版社，2001。

弗洛伊德：《弗洛伊德后期著作选》，林尘等译，上海译文出版社，1986。

高刘宝慈、黄陈碧苑等：《个案工作——理论及案例》，（香港）集贤社，1988。

关颖：《家庭、学校、社会：少年儿童教育的协调之忧》，《社会》1996年第10期。

郭巧芸：《人力资源开发的新理念：能力建设》，《民族论坛》2002年第11期。

韩庆祥、郭之新：《能力建设与社会体系创新》，《唯实》2002年第4期。

韩庆祥、戚鲁：《能力建设：一项迎接时代挑战的宏伟工程》，《教学与研究》2002 年第 3 期。

　　侯欣：《论行动研究在社会工作实习教育中的作用》，载中国社会工作教育协会主编《中国社会工作教育协会成立十周年庆典暨社会工作发展策略高级研讨班论文摘要》，2004，北京。

　　吉儿·佛瑞德门、金恩·康姆斯：《叙事治疗——解构并重写生命的故事》，（台北）张老师文化事业股份有限公司，2000。

　　江光荣：《心理咨询和治疗》，安徽人民出版社，1995。

　　矫杨：《专业实习制度的再探索》，载中国社会工作教育协会主编《中国社会工作教育协会成立十周年庆典暨社会工作发展策略高级研讨班论文摘要》，2004，北京。

　　金良年：《论语译注》，上海古籍出版社，1995。

　　卡尔·罗杰斯：《成为一个人——一个治疗者对心理治疗的观点》，宋文里译，（台北）桂冠图书股份有限公司，1990。

　　库少雄：《社会工作实务》，社会科学文献出版社，2002。

　　《拉康选集》，褚孝泉译，上海三联书店，2001。

　　莱恩：《分裂的自我——对健全与疯狂的生存论研究》，林和生、侯东民译，贵州人民出版社，1994。

　　李洪涛：《教学基地——社会工作本土化的实践园地》，《中国社会工作》1996 年第 4 期。

　　李幼蒸：《结构与意义》，中国社会科学出版社，1996。

　　李幼蒸：《理论符号学导论》，社会科学文献出版社，1999。

　　李幼蒸：《形上逻辑与本体虚无》，商务印书馆，2000。

　　梁漱溟、陈来编《梁漱溟选集》，吉林人民出版社，2005。

　　刘少杰：《后现代西方社会学理论》，社会科学文献出版社，2002。

　　《罗洛·梅文集》，冯川、陈刚译，中国言实出版社，1996。

　　马凤芝：《中国社会工作实习教学的模式与选择——北京大学社会工作实习教育的经验》，载王思斌主编《发展·探索·本土化——华人社区社会工作教育发展研讨会论文集》，中国和平出版社，1996。

　　马丽庄：《家庭治疗在西方和香港的发展——回顾与前瞻》，《香港心理卫生》1998 年第 1 期。

　　蒙培元：《中国哲学主体思维》，人民出版社，1993。

　　蒙培元：《心灵超越与境界》，人民出版社，1998。

蒙培元：《蒙培元讲孔子》，北京大学出版社，2005。

穆斯达法、萨福安：《结构精神分析学——拉康思想概述》，怀宇译，天津社会科学院出版社，2001。

皮埃尔·布迪厄：《实践与反思——反思社会学导论》，李猛等译，中央编译出版社，2004。

乔治·H. 米德：《心灵、自我与社会》，赵月瑟译，上海译文出版社，1992。

秦炳杰等《社会工作实践基础理论》，香港理工大学应用社会科学系，2002。

清宁子注解《老子道德经通解》，鹭江出版社，1996。

阮新邦：《批判诠释与知识重建——哈贝马斯视野下的社会研究》，社会科学文献出版社，1999。

阮曾媛琪：《国际社会工作教育发展的趋势及对中国的启示》，http：//www. china-social service，2002。

史铁尔：《社会工作实习方式与效果》，《中国社会工作》，1998 年增刊。

童敏：《社会个案工作》，中国社会出版社，2000。

童敏：《个案辅导后现代转向的两个基本问题》，载王思斌主编《中国社会工作研究》（第三辑），社会科学文献出版社，2005。

童敏：《中国本土社会工作专业实践的基本处境及其督导者的基本角色》，《社会》2006 年第 3 期。

童敏：《东西方的碰撞和交流：社会工作的本土化与和谐社会建构》，《马克思主义与现实》2007 年第 4 期。

童敏：《社会工作实务基础——专业服务技巧的综合与运用》，社会科学文献出版社，2008。

童敏：《社会工作专业实习——常见疑难问题及其处理》，社会科学文献出版社，2010。

汪民安、陈永国、马海良：《后现代性的哲学话语——从福柯到赛义德》，浙江人民出版社，2001。

王丽、傅金芝：《父母教养方式与儿童发展》，《四清师范学院学报》2004 年第 6 期。

王思斌：《试论我国社会工作的本土化》，《浙江学刊》2001 年第

2 期。

王思斌主编《社会工作综合能力》，中国社会出版社，2010。

王小章、郭本禹：《潜意识的诠释》，中国社会科学出版社，1998。

夏光：《拉康的（后）结构主义精神分析学》，北京大学 2002 年社会理论高级研讨班讲稿，2002。

向荣：《中国社会工作实习教育模式再探索》，载中国社会工作教育协会社会工作教育专刊《反思·选择·发展》，中国青年政治学院，1999。

许莉娅、贾存福、童敏：《个案工作》，高等教育出版社，2004。

许卢万珍主编《社会工作实习的教与学》，（香港）永明印刷厂，2005。

杨心恒：《社会学概论》，知识出版社，1997。

杨曾文：《中国佛教史论》，中国社会科学出版社，2002。

俞宁：《对社会工作本土化的认识和思考》，《高等农业教育》2002 年第 1 期。

曾拓：《家庭资源的优化配置与学习不良儿童的教育》，《嘉应大学学报》2000 年第 5 期。

翟进、张曙：《个案社会工作》，社会科学文献出版社，2001。

张洪英：《后现代范式下本土处境社会工作实习督导模式建构的行动研究》，载中国社会工作教育协会主编《中国社会工作教育协会成立十周年庆典暨社会工作发展策略高级研讨班论文摘要》，2004，北京。

张曙：《社会工作方法的本土化实践——一个小组工作案例分析》，《华东理工大学报》（社会科学版）2002 年第 3 期。

张叶玲：《家庭治疗的新领域："叙事"的理念与实践原则》，载王思斌主编《中国社会工作研究》（第一辑），社会科学文献出版社，2002。

张友琴、童敏、欧阳马田：《社会学概论》，科学出版社，2000。

张宇莲：《叙事治疗的技术与方法》，载王思斌主编《中国社会工作研究》（第一辑），社会科学文献出版社，2002。

张昱：《社会工作的本土化发展——上海社会工作发展过程分析》，《华东理工大学学报》（社会科学版）2004 年第 1 期。

章之明：《温洛克"妇女能力建设与农村发展项目"培训个案研究》，《妇女研究论丛》2003 年第 5 期。

朱伟正：《家庭结构的变动与当代儿童教育》，《南京人口管理干部学院学报》1995 年第 4 期。

英文文献

Abramovitz, M. (1998). "Social Work and Social Reform: An Arena of Struggle". *Social Work*, 43 (6), 512 −526.

Adams, P. & Nelson, K. (1995). "The Context of Community and Family-Centred Practice". In P. Adams and K. Nelson (eds.), *Reinventing Human Services: Community and Family-Centred Practice* (pp. 15 −17). New York: Aldine de Gruyter.

Adams, R. (1996). *Social Work and Empowerment* (2nd ed.). London: Macmillan Press.

Addams, J. (1910). *Twenty Years at Hull-House*. New York: Macmillian.

Anderson, H. (1993). "On a Roller Coaster: A Collaborative Language Systems Approach to Therapy". In Friedman, S. (ed.), *The New Language of Change: Constructive Collaboration in Psychology*. New York: The Guiford Press.

Anderson, H. (1997). *Conversation, Language and Possibilities: A Postmodern Approach to Therapy*. New York: Basic Books.

Anderson, H. & Gollishian, H. (1988). "Humans System as Linguistic Systems: Preliminary and Evolving Ideas about the Implications for Clinical Theory". *Family Process*, 27, 371 −394.

Anderson, H., Goolishian, H., & Winderman, L. (1986). "Problem-determined System: Toward Transformation in Family Therapy". *Journal of Strategic and Systemic Therapy*, 5 (4), 1 −14.

Anderson, T. (1991). *The Reflecting Team: Dialogues and Dialogues about the Dialogues*. New York: Norton.

Anderson, T. (1992). "Reflections on Reflecting with Families". In S. McNamee & K. J. Gerge, *Therapy as Social Construction* (pp. 54 −68). London: Sage Publications Ltd.

Anderson, T. (1998). "One Sentence on Five Lines about Creating Meaning". *Human Systems*, 9, 73 −80.

Andreae, D. (1996). "Systems Theory and Social Work Treatment". In F. J. Turner (4th ed.), *Social Work Treatment: Interlocking Theoretical Approaches* (pp. 601 −616). New York: The Free Press.

Anthony, W. A. (1993). "Recovery from Mental Illness: The Guiding Vision of the Mental Health Service System in the 1990's". *Psychosocial Rehabilitation Journal*, 16 (2), 521 −538.

Austin, D. M. (1997). "The Institutional Development of Social Work Education: The First 100 Years and Beyond". *Journal of Social Work Education*, 33 (3), 601 −602.

Baber, K. M. & Allen, K. R. (1992). *Women, Families and Feminist Reconstructions*. New York: Guilford Press.

Bahktin, M. (1981). *The Dialogic Imagination*. Austin: University of Texas Press.

Berg, I. (1990). *Solution-focused Approach to Family Based Services*. Milwaukee: Brief Family Therapy Center.

Berg, I. K. & de Shazer, S. (1993). "Making Numbers Talk: Language in Therapy". In S. Friedman, *The New Language of Change: Constructive Collaboration in Psychotherapy*. New York: The Guilford Press.

Bolye, J. (2004). "Cranny Close: The Challenge of Normalization". *Mental Health Practice*, 7 (5), 33 −36.

Boscolo, L., Ccchin, G., Hoffman, L., & Penn, P. (1987). *Milan Systemic Family Therapy: Conversations in Theory and Practice*. New York: W. W. Norton & Company, Inc.

Broadhurst, B. P. (1972). "Social Thought, Social Practice, and Social Work Education". *Dissertation Abstracts International*, 32 (9), 5432A.

Bruno, F. J. (1948). *Trends in Social Work 1874 − 1956*. New York: Columbia University Press.

Canda, E. R. & Furman, L. D. (1999). *Spiritual Diversity in Social Work Practice: The Heart of Helping*. New York: The Free Press.

Carpenter, J. (2002). "Mental Health Recovery Paradigm: Implications for Social Work". *Health & Social Work*, 27 (2), 86 −94.

Carver, C. S. & Scheier, M. F. (2003). "Three Human Strengths". In L. G. Aspinwall & U. M. Staudinger (eds.), *A Psychology of Human Strengths: Fundamental Questions and Future Directions for a Positive Psychology* (pp. 87 −102).

Washington, DC: American Psychological Association.

Cecchin, G., Lane, G., & Ray, W. (1992). "From Strategizing to Non-intervention: Toward Irreverence in Systemic Practice". *Journal of Marital & Family*, 19 (2), 125 −136.

Cecchn, G. (1987). "Hypothesizing, Circularity and Neutrality Revisited: An Invitation to Curiosity". *Family Process*, 26, 405 −413.

Chevalier, A. J. (1995). *On the Client's Path: A Manual for the Practice of Solution-focused Therapy.* Oakland: New Harbinger Publishers, Inc.

Combs, G. & Freedman, J. (1990). *Symbol, Story and Ceremony: Using Metaphor in Individual and Family Therapy.* New York: W. W. Norton & Campany, Inc.

Cowger, C. D. (1994). "Assessing Client Strengths: Clinical Assessment for Client Empowerment". *Social Work*, 39 (3), 262 −268.

Cowley, A. (1993). "Transpersonal Social Work: A Theory for the 1990s". *Social Work*, 28 (5), 527 −534.

Davidson, L. & Strauss, J. (1992). "Sense of Self in Recovery from Mental Illness". *British Journal of Medical Psychology*, 65 (3), 131 −145.

de Shazer, S. (1984). "The Death of Resistance". *Family Process*, 23, 11 −17, 20 −21.

de Shazer, S. (1985). *Keys to Solutions in Brief Therapy.* New York: Norton.

de Shazer, S. (1988). *Clues: Investigating Solutions in Brief Therapy.* New York: Norton.

de Shazer, S. (1994). *Words Were Originally Magic.* New York: W. W. Norton & Company, Inc.

Emard, P. A. (1999). "A Brief Look at Brief Therapy". In W. A. Ray & S. de Shazer (eds.), *Evolving Brief Therapies: In Honor of John H. Weakland.* Illinois: Geist & Ruessell Companies Limited.

Enns, R. A., Reddon, J. R., & McDonald, L. (1999). "Indications of Resilience among Members of People Admitted to a Psychiatric Facility". *Psychiatric Rehabilitation Journal*, 23 (2), 127 −136.

Epston, D. (1989). *Collected Papers.* Adelaide: Dulwish Center Publications.

Epston, D. & White, M. (1992). *Experience, Contradiction, Narrative and Imagination. Adelaide: Dulwish Center Publications.*

Evans, Dylan. (1996). *An Introductory Dictionary of Lacanian Psychoanalysis.* London & New York, Routledge.

Fook, J. (2003). "Critical Social Work: The Current Issues". *Qualitative Social Work*, 2 (2), 123 −130.

Friedman, L. (1991). *The New Language of Change: Constructive Collaboration in Psychotherapy.* New York: The Guiford Press.

Gergen, K. (1991). "Saturated Family". *Family Therapy Networker*, 15.

Gergen, K. (1992). "Toward a Postmodern Psychology". In S. Kvale (ed.), *Psychology and Postmodernism.* Landon: Sage.

Gergen, K. (1999). *An Invitation to Social Construction.* London: Sage Publications Ltd.

Gergen, K. & Kaye, J. (1992). "Beyond Narrative in Negotiation of Therapeutic Meaning". In McNamee, S. & Gergen, K. (eds.), *Therapy as Social Construction.* London: Sage Publications Ltd.

Gibelman, M. (1999). "The Search for Identity: Defining Social Work— Past, Present, Future". *Social Work*, 44, 298 −310.

Gilligan, C. (1982). *In a Different Voice.* Cambridge, MA: Harvard University Press.

Glicken, M. D. (2004). *Using the Strengths Perspective in Social Work Practice: A Positive Approach for the Helping Professions* . Boston: Allyn and Bacon.

Goldner, V. (1991). "Feminism and Systemic Practice: Two Critical Traditions in Transition". *Journal of Strategic and Systems Therapy*, 10, 118 −126.

Halpern, R. (1995). "Neighborhood-Based Services in Low-Income Neighborhood: A Brief History". In P. Adams and K. Nelson (eds.), *Reinventing Human Services: Community and Family-Centred Practice* (pp. 19 −39). New York: Aldine de Gruyter.

Hamilton, G. (1951). *Theory and Practice of Social Work* (2nd ed.). New York: Columbia University Press.

Hare-Mustin, R. & Maracek, J. (1994). "Feminism and Postmodernism: Dilemmas and Points of Resistance". *Dulwich Center Newsletter*, 4, 13 −19.

Heron, J. (1996). *Co-Operative Inquiry: Research into Human Condition.* London: Sage.

Heron, J. & Reason, P. (1997). "A Participatory Inquiry Paradigm". *Qualitative Inquiry*, 3 (3), 247 −294.

Herron, S., Barlow, J., Kavanagh, C., Nevin, I., & Jones, P. (1997). "Mental Health in General Practice". In D. Trent & C. Reed (eds.), *Promotion of Mental Health. Vol. 6, 1997* (pp. 163 −170). Avebury: Aldershot.

Hoffman, L. (1990). "Constructing Realities: An Art of Lenses". *Family Process*, 29, 1 −12.

Hoffman, L. (1993). *Exchanging Voices.* London: Karnac Books (U. S. Distribution: Bruner/Mazel).

Hoffman, L. (2002). *Family Therapy: An Intimate History.* New York: W. W. Norton & Company, Inc.

Johnson, J. L. & Wiechelt, S. A. (2004). "Introduction to the Special Issue on Resilience". *Substance Use & Misuse*, 39 (5), 657 −670.

Karasu, T. (1999). "Spirituality Psychotherapy". *American Journal of Psychotherapy*, 53 (2), 143 −162.

Kirby, L. D. & Fraser, M. W. (1997). "Risk and Resilience in Childhood". In M. Fraser (ed.), *Risk and Resilience in Childhood: An Ecological Perspective* (pp. 10 −33). Washington, DC: NASW Press.

Kivnick, H. Q. (1993). "Everyday Mental Health: A Guide to Assessing Life Strengths". *Progress and Prospects in Mental Health*, Winter/Spring.

Lacan, Jacque. (1977). *Ecrits: A Selection.* London, Tavistock.

Lantz, J. (1996). "Cognitive Theory and Social Work Treatment". In F. J. Turner (4th ed.), *Social Work Treatment: Interlocking Theoretical Approaches* (pp. 94 −115). New York: The Free Press.

Lee, J. A. B. (2001). *The Empowerment Approach to Social Work Practice: Building the Beloved Community* (2nd ed.). New York: Columbia University Press.

Lee, Jonathan Scott. (1990). *Jacques Lacan.* Amherst: The University of Massachusetts Press.

Lee, R. P. L. (1995). "Cultural Tradition and Stress Management in Modern

Society: Learning from the Hong Kong Experience". In T. Y. Lin, W. S. Tseng, & Eng-kung Yeh (eds.), *Chinese Societies and Mental Health* (pp. 41 –52). New York: Oxford University Press.

Lipchik, E. & de Shazer, S. (1988). "Purposeful Sequences for the Solution-focused Interview". In *E. Lipchik Interview* (pp. 105 –117) Rockvill, MD: Apsen.

Lyotard, L. -F. (1996). *Just Gaming* (Wlad Godzich, Trans.). Minneapolis: University of Minnesota Press.

Macmillan, R. & Townsend, A. (2006). "A 'New Institutional Fix'? The 'Community Turn' and the Changing Role of the Voluntary Sector". In C. Milligan and D. Conradson (eds.), *Landscapes of Volunteerism: New Spaces of Health, Welfare and Governance* (pp. 15 –32). UK, Bristol: The Policy Press.

Mandleco, B. L. & Peery, J. C. (2000). "An Organizational Framework for Conceptualizing Resilience in Children". *Journal of Child & Adolescent Psychiatric Nursing*, 13 (3), 99 –112.

Marty, D., Rapp, C., & Carlson, L. (2001). "The Experts Speak: The Critical Ingredients of Strengths Model Case Management". *Psychiatric Rehabilitation Journal*, 24 (4), 214 –221.

McMillen, J. C., Morris, L., & Sherraden, M. (2004). "Ending Social Work's Grudge Match: Problems versus Strengths". *Families in Society*, 85 (3), 317 –325.

McNamee, S. & Gergen, K. (1999). *Relational Responsibility*. Thousand Oaks, CA: Sage.

Mead, S. & Copeland, M. (2000). "What Recovery Mean to Us: Consumer Perspectives". *Community Mental Health Journal*, 36, 315 –328.

Moluar, A. & de Shazer, S. (1987). "Solution-focused Therapy: Toward the Identification of Therapeutic Tasks". *Journal of Marital and Family Therapy*, 13 (4), 349 –358.

Morales, A. T. & Sheafor, B. W. (2004). *Social Work: A Profession of Many Faces* (10th ed.). Boston: Allyn and Bacon.

Mullaly, B. (2007). *The New Structural Social Work* (3rd ed.). Canada: Oxford University Press.

Munn-Giddings, C. & Borkman, T. (2005). "Self-Help/Mutual Aid as a Psychosocial Phenomenon". In S. Ramon & J. Williams (eds.), *Mental Health at the Crossroads: The Promise of the Psychosocial Approach* (pp. 138 - 154). England, Aldershot: Ashgate Publishing Limited.

National Association of Social Workers. (1996). *Code of Ethics.* Washington, DC: Author.

National Mental Health Center. (2004). *National Consensus Statement on Mental Health Recovery*, http://www. samhsa. gov.

Nichols, M. P. & Schwartz, R. C. (2004). *Family Therapy Concepts and Methods* (6th eds.). New York: Pearson Educations Inc.

Noble, C. (2004). "Postmodern Thinking: Where Is It Taking Social Working". *Journal of Social Work*, 4 (3), 289 -304.

O'Hanlon, W. H. & Weiner-Davis, M. (1989). *In Search of Solution: A New Direction in Psychotherapy.* New York: W. W. Norton & Company, Inc.

Pardeck, J. T. , Murphy, J. W. , & Choi, J-M. (1994). "Some Implications of Postmodernism for Social Work Pratice". *Social Work*, 39 (4), 343 -346.

Payne, M. (2000). *Narrative Therapy: An Introduction for Counselors.* Landon: Sage Publications.

Payne, M. (2005). *Modern Social Work Theory* (3rd ed.). London: Palgrave Macmillan.

Penn, P. (1985). "Feed Forward: Future Question, Future Maps". *Family Process*, 24, 299 -311.

Penn, P. (2001). "Chronic Illness: Trauma, Language and Writing". *Family Process*, 40, 33 -52.

Potter, D. (2001). *History of Consumer Operated Services in the United States.* Available online at http://www. hsri. org/ILRU/consumeroperatedservices.

Pulice, R. T. & Miccio, S. (2006). "Patient, Client, Consumer, Survivor: The Mental Health Consumer Movement in the United States". In J. Rosenberg & S. Rosenberg (eds.), *Community Mental Health: Challenges for the 21st Century* (pp. 7 -14). Routledge: Taylor & Francis Group.

Rapp, C. A. & Chamberlain, R. (1985). "Case Management Services for the Chronically Mentally Ill". *Social Work*, 30, 417 −422.

Ray, W. A. & de Shazer, S. (1999). *Evolution of Brief Therapies: In Honor of John H. Weakland*. Illinois: Geist & Russell.

Reason, P. & Bradbury, H. (2001). "Inquiry and Participation in Search of a World Worthy of Human Aspiration". In P. Reason and H. Bradbury (eds.), *Handbook of Action Research: Participative Inquiry and Practice* (pp. 1 −14). London: Sage.

Richards, P. S. & Bergin, A. E. (1997). *A Spiritual Strategy for Counseling and Psychotherapy*. Washington, DC: American Psychological Association.

Richardson, C. F., Fowers, J. B., & Guignon, B. C. (1999). *Re-envisioning Pschology: Moral Dimensions of Therapy and Practice*. San Francisco: Jossey-Bass Publishers.

Saleebey, D. (1996). "The Strengths Perspective in Social Work Practice: Extensions and Cautions". *Social Work*, 41 (3), 296 −305.

Saleebey, D. (1997) (2nd ed.). *The Strength Perspective in Social Work Practice*. New York: Allyn and Bacon.

Saleebey, D. (2000). "Power in the People: Strength and Hope". *Advances in Social Work*, 1, 127 −136.

Saleebey, D. (2006a). "Introduction: Power in the People". In D. Saleebey (4th ed.), *The Strengths Perspective in Social Work Practice* (pp. 1 − 24). Boston: Allyn and Bacon.

Saleebey, D. (2006b). "The Strengths Perspective: Possibility and Problem". In D. Saleebey (4th ed.), *The Strengths Perspective in Social Work Practice* (pp. 278 −302). Boston: Allyn and Bacon.

Seibel, W. (1989). "The Function of Mellow Weakness: Nonprofit Organizations as Problem Solvers in Germany". In E. James (ed.), *The Nonprofit Sector in Comparative Perspective* (pp. 177 − 192). New York, N. Y.: Oxford University Press.

Sheafor, B. W., Horejsi, C. R., & Horesj, G. A. (1991). *Techniques and Guidelines for Social Work Practice* (2nd.). Needham Heights, Mass: Allyn and Bacon.

Sherr, M. E. (2008). *Social Work with Volunteers*. Chicago, Illinois:

Lyceum Books, Inc.

Shon, A. Donald. (1983). *The Reflective Practitioner: How Professionals Think in Action*. U. S. : Basic Books.

Shotter, J. (1993a). *Conversational Realities*. Thousand Oaks, CA: Sage.

Shotter, J. (1993b). *The Cultural Politics of Everyday Life*. Buffalo, N. Y. : University of Toronto Press.

Specht, H. (1988). *New Directions for Social Work Practice*. Englewood Cliffs, New Jersey: Prentice-Hall, Inc.

Specht, H. & Courtney, M. E. (1994). *Unfaithful Angels: How Social Work Has Abandoned Its Mission*. New York: The Free Press.

Stavrakakis, Yennis. (1999). *Lacan and the Political* . London & New York, Routledge.

Thomlison, B. & Thomlison, R. J. (1996). "Behavior Theory and Social Work Treatment". In F. J. Turner (4th ed.), *Social Work Treatment: Interlocking Theoretical Approaches* (pp. 39 −68). New York: The Free Press.

Tong, Min. (2010). "A Study on the Concept of Mental Health and Its Implications for Social Work Education in the Context of Chinese Communities". *Candian Social Sciences*, 6 (6), 151 −160.

Trattner, W. I. (1999). *From Poor Law to Welfare State: A History of Social Welfare in America*. New York: The Free Press.

Wallcraft, J. (2005). "The Place of Recovery". In S. Ramon & J. Williams (eds.), *Mental Health at the Crossroads: The Promise of the Psychosocial Approach* (pp. 128 −136). England, Aldershot: Ashgate Publishing Limited.

Walsh, F. (2002). "A Family Resilience Framework: Innovative Practice Applications". *Family Relations*, 51 (2), 130 −137.

Walsh, F. (2003). "Family Resilience: A Framework for Clinical Practice". *Family Process*, 42 (1), 1 −19.

Walter, L. J. & Peller, E. J. (1992). *Becoming Solution-focused in Brief Therapy*. New York: Brunner/Mazel Publishers.

Watzlawick, P. (1984). *The Invented Reality: How do We Know What We Believe We Know*? New York: Norton.

Weick, A. & Chamberlin, R. (1997). "Putting Problems in Their Place:

Further Exploration in the Strengths Perspective". In D. Saleebey (2nd ed.), *The Strengths Perspective in Social Work Practice* (pp. 95 - 104). New York: Allyn and Bacon.

Weick, A. , Rapp, C. , Sullivan, W. P. , & Kisthardt, W. (1989). "A Strengths Perspective for Social Work Practice". *Social Work*, 34 (4), 350 -354.

White, M. (1995). *Re-authoring Lives: Interviews and Essays*. Adelaide: Dulwish Center Publications.

White, M. (1997). *Narratives of Therapists' Lives*. Adelaide, South Australia: Dulwich Center Publications.

White, M. & Epston, D. (1990). *Narrative Means to Therapeutic Ends*. New York: W. W. Norton & Company, Inc.

Wittgenstein, L. (1953). *Philosophical Investigations* (G. E. M. Anscombe, Trans.). New York: Macmillan.

Zimmerman, J. L. & Dickerson, V. C. (1996). *If Problems Talked: Narrative Therapy in Action*. New York: Guilford Publications.

后　记

　　在香港理工大学应用社会科学系和北京大学社会学系老师的支持与鼓励下，从2003年起我开始关注如何在中国本土处境中开展社会工作专业服务活动的问题，希望能够总结出在中国本土开展社会工作专业服务活动的具体方法、程序和技巧，为服务对象提供简洁、快速、有效的社会工作专业服务，在实务场景中推进中国社会工作本土化和专业化的发展。于是，我和一些学生志愿者一起进入厦门的康乐社区、康乐小学、成功小学和晋江市疗养院开始了中国本土社会工作专业服务活动的探索之旅。其间得到了凯瑟克基金会、中国社会工作教育协会、康乐社区居委会、康乐小学、成功小学、厦门大学社会学与社会工作系社会工作专业的志愿者的支持，我想特别感谢香港理工大学的阮曾媛琪教授、宋陈宝莲博士、叶锦成教授和北京大学的王思斌教授的直接指导和关心，尤其是厦门大学社会学与社会工作系的张友琴教授的热情指导和帮助。没有这些老师的指导和关心，没有各方的支持和帮助，要在社区开展社会工作专业服务活动是难以想象的。这本书稿的顺利完成让我感到欣慰，这是对我们十多年来在社区开展的社会工作专业服务活动的总结，让我们有机会向从事社会工作的老师和同行学习与请教。

　　希望能够借此机会表达我对从事社会工作专业实践活动的厦门大学社会学系社会工作专业的志愿者们的感谢，他们是2004、2005、2006、2009级社会工作专业研究生黄慧、刘建敏、朱燕燕、王圣莉、余瑞萍、姚进忠和陈肖凤，2002级社会工作专业的本科生庄惠鑫、陆娟、刘颖、郑莹、陈超、王俊超、郝小鹿和王哲，2003级社会学系的本科生张文婷、陈怡、叶娜、孙抒彦、郭丽蓉、黎翔、熊颖、孙瑜、孙云、连陇海、魏利全、陈珊、林小庆、阚万芹、饶超平、吴据珍、田哲彰、李硕芬、姚少志、元佳君、包銮、林开富、刘忻和马毅，2004 级社会工作专业的本科生陈海萍、刘光煜、张栩溦、赖琦、金凡、钟春燕、周碧蕴、龚巧艺、赵小铝、谢筑娟、陈小红、金蓓菁、陈曙光、王华星、张旸、孙聪、胡祥保、杨艳刚、王益锋、张浩、黄峰、贺彩霞和范霁雯（2004 级中文系），2005 级社会工作专业的本科生阿木尔日、杨旦、綦琪、陈伟慰、赖剑平、魏莹、冒皎娇、柯艺江、冯雨婷、于靖、游辉、王莹、游雪珠、罗均丽、诺敏、李哲敏、顾琼和高婕，2007 级社会工作专业的本科生黄欣彤、宋磊华、汤玲、黄亚、邱亮亮和牛津，2008 级社会工作专业的本科生曹永玖、陈紫璘、黄兰、的确拉姆、赵华、王白茹、袁彬、郑琳雅、杨艳、陈韵和周原瑾。他们积极参与的热情、认真负责的态度以及不辞辛苦的精神让我感动，也让我看到了中国社会工作发展的动力和前景。

这本书之所以能够面世离不开社会科学文献出版社编辑的辛勤劳动，特别是杨桂凤女士的大力支持，在此一并致以诚挚的谢意！

本书是教育部人文社会科学研究 2009 年度一般项目"城市社区和机构社会工作专业化服务发展的研究"的阶段性成果（项目批准号：09YJA840026）。由于时间仓促以及水平有限，书中还存在不少需要改进的地方，希望各位老师和同行不吝赐教。

童　敏

图书在版编目（CIP）数据

社会工作专业服务的规划与设计/童敏著. —北京：社会
科学文献出版社，2011.4（2021.4 重印）
（社会工作硕士专业丛书. 实务系列）
ISBN 978 - 7 - 5097 - 2131 - 5

Ⅰ. ①社… Ⅱ. ①童… Ⅲ. ①社会工作 - 研究生 - 教学
参考资料 Ⅳ. ①C916

中国版本图书馆 CIP 数据核字（2011）第 020184 号

·社会工作硕士专业丛书·实务系列·

社会工作专业服务的规划与设计

著　　者／童　敏

出 版 人／王利民
项目统筹／杨桂凤
责任编辑／杨桂凤

出　　版／社会科学文献出版社·群学出版分社（010）59366453
　　　　　　地址：北京市北三环中路甲 29 号院华龙大厦　邮编：100029
　　　　　　网址：www. ssap. com. cn
发　　行／市场营销中心（010）59367081　59367083
印　　装／北京虎彩文化传播有限公司

规　　格／开　本：787mm×1092mm　1/16
　　　　　　印　张：15.75　字　数：270 千字
版　　次／2011 年 4 月第 1 版　2021 年 4 月第 4 次印刷
书　　号／ISBN 978 - 7 - 5097 - 2131 - 5
定　　价／39.00 元

本书如有印装质量问题，请与读者服务中心（010 - 59367028）联系